河南省中等职业教育规划教材
河南省中等职业教育校企合作精品教材

运输作业实务

河南省职业技术教育教学研究室　编

电子工业出版社
Publishing House of Electronics Industry
北京·BEIJING

内容简介

本书是"河南省中职教育校企合作物流服务与管理专业精品教材"之一，为体现"做中学、做中教"的职教特色和满足企业需要，采用了项目式编写方法。全书共分 8 个项目 30 个任务，通过阐述身边的运输公司与运输作业，激发学生学习物流运输的兴趣，继而具体介绍了公路运输基本知识、公路运输作业实务、铁路运输作业实务、航空运输作业实务、水路运输作业实务、多式联运与甩挂运输作业实务、特种物品运输作业实务等相关专业知识。针对企业的用人需求，作为一名即将踏入职场的"物流人"，需要学生学习了解的物流运输的基本技能，本书也都一一进行了深入讲解。

本书既可作为中等职业学校物流服务与管理专业及其他相关专业的教学用书，也可作为物流企业岗位培训和自学参考用书。

本书还配有电子教学参考资料包（包括电子教案、习题答案），详见前言。

未经许可，不得以任何方式复制或抄袭本书之部分或全部内容。
版权所有，侵权必究。

图书在版编目（CIP）数据

运输作业实务/河南省职业技术教育教学研究室编．—北京：电子工业出版社，2015.8
河南省中等职业教育规划教材 河南省中等职业教育校企合作精品教材
ISBN 978-7-121-26950-9

Ⅰ.①运… Ⅱ.①河… Ⅲ.①物流–货物运输–中等专业学校–教材 Ⅳ.①F252

中国版本图书馆 CIP 数据核字（2015）第 192514 号

策划编辑：徐 玲
责任编辑：徐 磊
印　　刷：北京虎彩文化传播有限公司
装　　订：北京虎彩文化传播有限公司
出版发行：电子工业出版社
　　　　　北京市海淀区万寿路 173 信箱　邮编 100036
开　　本：787×1 092　1/16　印张：15　字数：384 千字
版　　次：2015 年 8 月第 1 版
印　　次：2021 年 7 月第 4 次印刷
定　　价：37.00 元

凡所购买电子工业出版社图书有缺损问题，请向购买书店调换。若书店售缺，请与本社发行部联系，联系及邮购电话：(010) 88254888，88258888。
质量投诉请发邮件至 zlts@phei.com.cn，盗版侵权举报请发邮件至 dbqq@phei.com.cn。
本书咨询联系方式：xuling@phei.com.cn。

河南省中等职业教育校企合作精品教材
出版说明

为深入贯彻落实《河南省职业教育校企合作促进办法（试行）》（豫政〔2012〕48号）精神，切实推进职教攻坚二期工程，我们在深入行业、企业、职业院校调研的基础上，经过充分论证，按照校企"1+1"双主编与校企编者"1∶1"的原则要求，组织有关职业院校一线骨干教师和行业、企业专家，编写了河南省中等职业学校物流服务与管理专业的校企合作精品教材。

这套校企合作精品教材的特点主要体现在：一是注重与行业联系，实现专业课程内容与职业标准对接，学历证书与职业资格证书对接；二是注重与企业的联系，将"新技术、新知识、新工艺、新方法"及时编入教材，使教材内容更具有前瞻性、针对性和实用性；三是反映技术技能型人才培养规律，把职业岗位需要的技能、知识、素质有机地整合到一起，真正实现教材由以知识体系为主向以技能体系为主的跨越；四是教学过程对接生产过程，充分体现"做中学，做中教"、"做、学、教"一体化的职业教育教学特色。我们力争通过本套教材的出版和使用，为全面推行"校企合作、工学结合、顶岗实习"人才培养模式的实施提供教材保障，为深入推进职业教育校企合作做出贡献。

在这套校企合作精品教材编写过程中，校企双方编写人员力求体现校企合作精神，努力将教材高质量地呈现给广大师生，但由于本次教材编写是一次创新性的工作，书中难免会存在不足之处，敬请读者提出宝贵意见和建议。

河南省职业技术教育教学研究室
2015年5月

河南省中等职业教育校企合作精品教材
编写委员会名单

主　任：尹洪斌
副主任：董学胜　黄才华　郭国侠
成　员：史文生　宋安国　康　坤　高　强
　　　　冯俊芹　田太和　吴　涛　张　立
　　　　赵丽英　胡胜巍　曹明元

前　　言

"运输作业实务"是物流服务与管理专业必修的专业核心课之一。在编写过程中，我们以《国务院关于加快发展现代职业教育的决定》和河南省职教攻坚有关加强职业教育校企合作的精神为指导，力求体现"做中学、做中教"的职教特色，满足企业需要，使学生初步掌握与物流运输相关的基础理论与技能，突出职业技能的培养，为学生今后的学习和工作打下坚实的基础。

本书改变了传统"大而全"的思想，本着"必需"和"够用"的原则，降低了整本书知识点的难度；为了实现与职业岗位的"零距离"对接，我们聘请企业极富有经验的一线技术及管理人员参与本书编写并进行指导，突出应用与实践活动相结合，兼顾知识点和技能点；随着"一带一路"战略构想的逐步实现，将郑欧班列单独作为一个任务来学习是本书的一个亮点。

本书突破了传统课程体系的模式，采用了更加贴近中等职业学校学生特点的任务引领模式进行讲解和学习。在课堂上通过领取任务、知识准备、任务实施和拓展提升等环节，使学生不仅具备了一定的专业知识和专业技能，还培养了学生语言表达、沟通协调、团队协作等职场必备的"软"技能。

本书共分为八个项目，学时分配建议如下：

项目	项目内容	建议学时
项目一	运输公司与运输作业	8
项目二	公路运输基本知识	14
项目三	公路运输作业实务	12
项目四	铁路运输作业实务	12
项目五	航空运输作业实务	10
项目六	水路运输作业实务	12
项目七	多式联运与甩挂运输作业实务	10
项目八	特种物品运输作业实务	8
总学时		86

本书由郑州商贸技师学院郝冰、河南省商务中等职业学校段彪任主编，河南长通物流有限公司副总经理崔晓明、河南省宇鑫物流有限公司运输部总监王政委共同担任副主编。本书编写具体分工如下：郑州市经济贸易学校陈卓编写项目一；河南省理工中等专业学校马永藏编写项目二；王政委编写项目三；陈卓、马永藏共同编写项目四；段彪编写项目五、项目八；郝冰编写项目六；崔晓明、郑州铁路局铁路东站货运技师周爱明共同编写项目七；全书由郝冰统稿。

为方便教师教学，本书还配有电子教学参考资料包，包括电子教案、教学指南、习题答案（电子版），请有此需要的教师登录华信教育资源网（www.hxedu.com.cn）免费注册后再进行下载，有问题请在网站留言板留言或与电子工业出版社联系（E-mail：hxedu@phei.com.cn）。

  本书在编写过程中借鉴和参考了大量的文献资料，引用了国内外众多学者的研究成果，改编或直接引用了诸多案例，在此表示衷心的感谢和敬意。由于编者水平所限，书中难免存在不足之处，敬请读者提出宝贵意见。

编 者

2015 年 5 月

目 录

项目一 运输公司与运输作业 … 1
任务一 走进运输公司 … 2
一、运输的概念 … 2
二、运输在物流中的作用 … 3
三、运输与物流各环节的关系 … 4
四、运输系统的参与方 … 5
任务二 认识运输作业 … 8
一、运输作业的组织 … 8
二、一般运输作业流程 … 9
任务三 选择运输方式 … 13
一、运输方式的定义 … 14
二、运输方式的实现手段 … 14
三、运输方式的分类 … 14
四、各种运输方式的特点 … 15
五、影响运输方式选择的因素 … 20

项目二 公路运输基本知识 … 26
任务一 公路货物运输基本知识 … 27
一、公路运输的概念 … 27
二、公路运输的特点 … 27
三、公路运输分类 … 28
任务二 认识公路运输设施及设备 … 29
一、公路货运车辆 … 30
二、公路 … 34
三、公路运输货运站 … 35
任务三 公路运单 … 38
一、公路运输业务受理流程 … 38
二、公路运单的含义 … 38
三、公路运单的特点 … 39
四、公路运单的流转 … 39
五、填制要求 … 39
任务四 公路货物运输合同 … 48
一、公路货物运输合同的概念 … 49
二、公路货物运输合同的特点 … 49
三、公路货物运输合同的构成要素 … 49
任务五 公路运输的成本核算与运费计算 … 52
一、公路运输成本的核算 … 52
二、公路货物运输运费的计算 … 55

项目三 公路运输作业实务 … 67
任务一 整车运输 … 68
一、认知整车运输 … 68

二、整车运输收货注意事项 ·· 70
　任务二　零担运输 ·· 74
　　一、运输调度管理 ·· 74
　　二、运输统计管理 ·· 76
　　三、外请运力管理 ·· 79
　任务三　公路运输司机管理 ·· 83
　　一、公路运输安全管理知识 ·· 83
　任务四　公路运输事故保险与索赔 ·· 89
　　一、公路运输事故处理流程 ·· 89
　　二、公路运输事故处理技巧 ·· 89
　　三、车辆保险购置 ·· 90

项目四　铁路运输作业实务 ·· 94
　任务一　铁路运输基本知识 ·· 95
　　一、铁路运输的概念 ·· 95
　　二、铁路运输的特点 ·· 96
　　三、铁路运输的形式 ·· 97
　　四、我国主要铁路干线的分布 ·· 98
　任务二　认识铁路运输设施与设备 ·· 104
　　一、铁路机车与车辆 ·· 104
　　二、铁路车站 ·· 106
　　三、铁路线路 ·· 107
　　四、铁路信号设备 ·· 107
　任务三　铁路运费计算 ·· 109
　　一、计算运价里程 ·· 109
　　二、确定运价号 ·· 109
　　三、确定运价 ·· 109
　　四、确定计费重量 ·· 109
　　五、计算运价 ·· 110
　任务四　铁路运输作业 ·· 113
　　一、发送作业 ·· 114
　　二、途中作业 ·· 120
　　三、到达交付作业 ·· 122

项目五　航空运输作业实务 ·· 129
　任务一　认识航空运输 ·· 130
　　一、航空货物运输的含义 ·· 130
　　二、航空运输的历史发展 ·· 131
　　三、航空运输的特点 ·· 131
　　四、航空运输分类 ·· 132
　　五、航空运输的组织管理机构 ·· 133
　任务二　航空运输业务流程 ·· 135
　　一、航空运输中涉及的专业术语 ·· 135
　　二、航空货运代理 ·· 136
　　三、航空货物运输的出口业务流程 ·· 136
　任务三　航空运单的缮制 ·· 140

一、航空运单的概念 …………………………………………………………………………… 140
　　二、航空运单的性质 …………………………………………………………………………… 141
　　三、航空运单的作用 …………………………………………………………………………… 141
　　四、航空运单各联的用途 ……………………………………………………………………… 141
　　五、国内航空运单的格式 ……………………………………………………………………… 142
　　六、国内航空运单的填写说明 ………………………………………………………………… 142
　任务四　航空运输运费计算 ……………………………………………………………………… 145
　　一、航空运费的含义 …………………………………………………………………………… 146
　　二、航空运价的含义 …………………………………………………………………………… 146
　　三、国内航空运价 ……………………………………………………………………………… 147
　　四、计费重量 …………………………………………………………………………………… 148

项目六　水路运输作业实务 …………………………………………………………………………… 153
　任务一　认识水路货物运输 ……………………………………………………………………… 154
　　一、什么是水路运输和水路货物运输 ………………………………………………………… 154
　　二、水路运输设施设备 ………………………………………………………………………… 155
　　三、水路货物运输所涉及的当事人 …………………………………………………………… 162
　任务二　班轮运输 ………………………………………………………………………………… 164
　　一、班轮运输的特点 …………………………………………………………………………… 165
　　二、经营班轮运输必须具备的条件 …………………………………………………………… 165
　　三、班轮运费的计算 …………………………………………………………………………… 165
　任务三　租船运输 ………………………………………………………………………………… 170
　　一、租船运输特点和分类 ……………………………………………………………………… 170
　　二、租船市场 …………………………………………………………………………………… 172
　　三、租船运输业务流程 ………………………………………………………………………… 172
　任务四　水路运输的单证填制 …………………………………………………………………… 175
　　一、水路运输单证 ……………………………………………………………………………… 175
　　二、海运提单 …………………………………………………………………………………… 176

项目七　多式联运与甩挂运输作业实务 ……………………………………………………………… 182
　任务一　多式联运作业 …………………………………………………………………………… 183
　　一、多式联运的定义 …………………………………………………………………………… 183
　　二、多式联运构成要素 ………………………………………………………………………… 183
　　三、多式联运的特点 …………………………………………………………………………… 184
　　四、多式联运相关合同 ………………………………………………………………………… 184
　　五、多式联运作业程序 ………………………………………………………………………… 184
　　六、多式联运主要组织形式 …………………………………………………………………… 186
　任务二　公路甩挂运输作业 ……………………………………………………………………… 190
　　一、甩挂运输的含义和意义 …………………………………………………………………… 190
　　二、开展甩挂运输的条件支撑 ………………………………………………………………… 192
　　三、甩挂运输匹配要求 ………………………………………………………………………… 194
　　四、甩挂运输模式 ……………………………………………………………………………… 194
　　五、甩挂运输的联盟运作 ……………………………………………………………………… 195
　　六、甩挂运输的国际、国内运作现状 ………………………………………………………… 196
　　七、国家政策对甩挂运输的支持 ……………………………………………………………… 196
　任务三　郑欧班列运输 …………………………………………………………………………… 199

一、郑欧班列概述 ……………………………………………………………… 200
　　二、郑欧班列的办理程序 ………………………………………………………… 200
　　三、郑州海关关于"郑欧"国际货运班列的临时监管方案 ……………………… 201

项目八　特种物品运输作业实务 …………………………………………… 210
任务一　危险品运输 …………………………………………………………… 211
　　一、危险品运输的定义 …………………………………………………………… 212
　　二、危险品的定义 ………………………………………………………………… 212
　　三、危险品的分类 ………………………………………………………………… 212
任务二　鲜活易腐物品运输 …………………………………………………… 219
　　一、鲜活易腐物品 ………………………………………………………………… 220
　　二、鲜活易腐物品运输的特点 …………………………………………………… 221
　　三、鲜活易腐物品运输设备 ……………………………………………………… 221
任务三　超限大件物品运输 …………………………………………………… 225
　　一、超限大件物品运输的定义 …………………………………………………… 226
　　二、超限大件物品类型 …………………………………………………………… 227
　　三、超限大件运输业务流程 ……………………………………………………… 227

参考文献 ……………………………………………………………………………… 230

项目一

运输公司与运输作业

项目目标

- ❖ 了解运输与物流各环节的关系
- ❖ 掌握运输的概念、功能、特点及作用
- ❖ 掌握各种运输方式的优缺点、适用范围
- ❖ 理解选择运输方式需考虑的因素
- ❖ 能根据不同货物合理地安排运输
- ❖ 培养学生良好的职业素质及团队协作精神

任务一　走进运输公司

任务情境：

杨洋是一名即将毕业的中职生，偶然看到郑州畅达运输有限公司在报纸上刊登的招聘广告，他认为该公司各方面都很适合自己，于是就投递了简历。为了能应聘成功，杨洋做了充足的准备。由于在学校学习的就是物流专业，因此他希望在应聘过程中能尽可能地展示自己的专业特长，发挥自己的优势。

任务要求

请通过学习任务一，完成以下问题：

（1）什么是运输？
（2）运输与物流有什么关系？
（3）将班级分成若干小组，以小组为单位，组织一次畅达公司模拟招聘会，展现杨洋现场应聘的过程。
（4）各小组模拟演示完毕后，要进行小组自评、小组互评和教师点评。

知识准备

一、运输的概念

（一）运输的定义

运输作为联结社会生产、生活各部门的桥梁与纽带，对整个经济活动产生着重要影响。从古到今，社会文明的发展与运输密切相关。水运能力的强大成就了古埃及的强盛，而罗马帝国的成功部分是由于运输网络把遥远的地方联结起来，使通信、贸易和军事战争成为可能。没有现代化的交通运输，经济活动就要停顿，社会生产也无法进行。列宁说："运输是我们整个经济的主要基础。"

中华人民共和国国家标准《物流术语》（GB/T 18354—2006）对运输的定义是，"用专用运输设备将物品从一地点向另一地点运送。其中包括集货、分配、搬运、中转、装入、卸下、分散等一系列操作。"运输是在不同的地域范围间（两座城市、两个企业间，或者一个企业内的两个车间之间），以改变"物"的空间位置为目的的活动，是对"物"进行的空间位移。

（二）运输的功能

运输提供两大功能：物品移动和短时储存。

（1）物品移动：运输的主要目的就是以最短的时间、最低的成本将物品转移到指定地点。运输的主要功能就是使产品在价值链中实现位移，运输可以创造空间效用和时间效用。

（2）短时储存：运输的另一功能是对物品在运输期间进行短时储存，即将运输工具（汽车、火车、飞机、船舶、管道等）作为临时的储存设施。

(三) 运输的特征

1. 运输不生产有形的产品

运输作为一种特殊的物质生产，并不生产有形的产品，只提供无形的服务。运输的目的是要实现物品的空间位移，在运输过程中，既不增加运输对象的数量，也不改变运输对象的形态、性质等，只是增加了原有的使用价值。

2. 运输对自然条件的依赖性很大

运输不同于工农业生产等其他的物质生产部门，它对自然条件的依赖性很大。例如，在几种基本的运输方式中，大部分的运输都是在露天作业的，尤其是航空运输和水路运输，由于受航线等条件的制约，其运输效率很大程度上都取决于自然条件的优劣。

3. 运输创造了"空间效用"

所谓空间效用（或称"场所效用"），指同种货物由于所处的位置不同，其使用价值实现的程度也不同，即效用价值不同。通过运输，可将货物从效用价值低的地方位移到效用价值高的地方，从而使货物的使用价值得到更好的体现，创造出货物的最佳效用价值。

4. 运输是具有一定垄断性的资本密集型产业

运输不生产有形的物质，所以其资本构成与其他物质生产部门不一样，它只包含了垫付在劳动资料和劳动者这两方面的资本。运输的基础设施设备建设都需要先期的大量投资，这就造成在运输成本中的固定成本比重很大，所以运输属于资本密集型产业，同时也具有一定的垄断性。

5. 运输是"第三利润源"的主要源泉

（1）运输费用在整个物流费用中占有最大的比重。运输的实现需要借助大量的动力消耗，一般社会物流费用中运输费用约占50%以上，有些产品的运输费用甚至远高于其生产制造费用。

（2）运输费用存在节约的可能。运输活动和静止的储存不同，要靠大量的动力消耗才能实现，而其承担的任务是大跨度的空间位移，所以其活动的时间长、距离远、消耗大。而通过体制改革、技术创新、运输合理化措施等，可减少运输的吨千米数，从而成为"第三利润源"的主要源泉。

二、运输在物流中的作用

（一）运输是物流网络的构成基础

物流系统是一个网络结构系统，由物流据点（物流中心、配送中心或车站、码头）与运输线路构成。物品位置在空间发生的位移，称为线路活动；其他物流活动是在据点上进行的，称为节点活动。线路活动和节点活动构成物流网络，从而满足生产和消费的需要。生产和消费是物流的源泉。就生产而言，从原材料的采购开始，就有相应的供应物流活动，所采购而来的原材料通过长、短途运输到位，以保证生产的顺利进行；进入生产过程中，产生了原材料、半成品的物流过程，以实现生产的延续性、流动性；部分余料、不合格物品的返修、退货及周转使用的包装容器等，需要有废弃物物流。就消费领域而言，无论是政府消费还是个人消费，无论是生产性消费还是生活性消费，物品都需要经过空间移动才能到达消费

运输作业实务

者手中。可见物流的全过程始终伴随着生产和消费的全过程，而整个物流过程的实现，则始终离不开运输车辆，如图1-1所示。

图1-1 运输车辆

（二）运输是物流系统功能的核心

物流系统具有创造物品的时间效用、空间效用和形质效用三大功能。时间效用通过仓储活动来实现，空间效用主要由运输来实现，形质效用由流通加工业务来实现。运输是物流系统中不可缺少的功能，而物流系统的三大功能是主体功能，其他功能（装卸、搬运和信息处理等）是附属功能。而主体功能中运输功能的主导地位更加凸显，成为所有功能的核心。

（三）运输是成本消耗最大的物流活动

有关研究数据表明，货物运输费用占物流总成本的1/3~2/3。对于许多货物来说，运输成本和费用要占到货物价格的5%~10%。也就是说，运输成本占物流总成本的比重较其他物流环节要大。

（四）运输合理化是物流系统合理化的关键

物流合理化是指在各物流子系统合理化的基础上形成的最优物流系统总体功能，即系统以尽可能低的成本创造更多的时间效用、空间效用和形质效用。或者从物流承担的主体来说，应以最低的成本为用户提供更多优质的物流服务。运输是各功能的基础与核心，它直接影响着各物流子系统，只有运输合理化，才能使物流结构更加合理，总体功能更加优化。因此，运输合理化是物流系统合理化的关键。

三、运输与物流各环节的关系

（一）运输与储存的关系

储存保管是货物暂时停滞的状态，是货物投入消费前的准备，其最终目的是将货物分拨到合适的地点。货物的储存量虽然会直接受到需求量的影响，但货物的运输同样也会给储存带来重大影响。例如，当仓库中储存货物数量相对固定，而加工或消费领域又对其急需时，运输就成了保证供应的关键。如果运输活动组织不善或运输方式选择不合理，会导致货物运输时间的延长，这样不仅会增加不必要的库存量，增加资金占用，还会造成货物损耗增大。

（二）运输与装卸搬运的关系

装卸搬运活动是伴随物流运输全过程的作业。一般来说，物流运输发生一次，至少伴随两次装卸搬运活动，即物流运输前后的装卸搬运作业。如果货物在运输前的装车、装船等活动组织得力，装卸搬运活动开展顺利，就可以使物流运输工作顺利进行。当货物通过运输顺利到达目的地后，装卸搬运为最终完成运输任务做补充劳动，使物流运输的目的最终实现。除此之外，装卸搬运也是实现各种运输方式有效衔接的重要环节，特别是在多式联运的情况下，货物的装卸效率直接影响运输过程的整体效率。

（三）运输与配送的关系

平时，我们经常将"运输"与"配送"放在一起使用。其原因是要完成整个物流活动，往往需要通过运输与配送两个环节之后才能将货物安全送达消费者手中。中华人民共和国国家标准《物流术语》（GB/T 18354—2006）中配送的定义是指，在经济合理区域范围内，根据客户要求，对物品进行拣选、加工、包装、分割、组配等作业，并按时送达指定地点的物流活动。它是从最后一个物流节点到用户之间的物品空间位移过程。通过运输与配送的定义可看出它们的区别：运输是两设施点之间货物的移动过程，而配送是一点对多点的综合性的物流过程，运输只是其中一个环节。两者关系如表1-1所示。

表1-1 运输与配送的区别

项　　目	运　　输	配　　送
活动范围	大	小
运输性质	干线运输	支线运输
运输距离	较远	短途
功能方面	移动与储存	多功能
批量方面	大	小
运输工具	多	汽车
附属功能	装卸、捆包	装卸、保管、包装、分拣、流通加工、订单处理等

（四）运输与包装的关系

运输与包装之间也是相互影响的。货物的包装材料、包装程度、包装规格都会不同程度地影响运输方式的选择，以及同一种运输方式对运输工具的选择。即使确定了货物的包装规格（长、宽、高），货物在车厢内如何码放也会直接影响到运输的效率。只有当包装的外廓尺寸与承接车厢的内部尺寸构成可约倍数时，车辆的容积才能得到最充分的利用。其具体做法就是实现标准化包装。

四、运输系统的参与方

（一）货主

货主是货物的所有权者，包括托运人（委托人）和收货人，有时托运人与收货人是同一主体。托运人和收货人的共同目的是要在规定时间内以最低的成本将物品从起始点运送到目的地，他们对收发货的时间、地点、转移方式、是否丢失、损坏和在途信息都有要求。

（二）承运人

承运人是运输对象的承担者（可以是运输公司、储运公司、物流公司及社会各种个体运输业者）。承运人受托运人（委托人）或收货人的委托，按委托人的意愿来完成运输任务，同时获取报酬。承运人根据委托人的要求，合理地组织运输活动，包括选择运输的方式、确定运输的路线、确定运输的工具，进行配货配载等，以降低运输成本，尽可能获取最大利润。

（三）货运代理人

货运代理人与承运人有所区别。首先，货运代理人把从各种客户手中揽取的小批量货物装运整合成大批量货物进行装载，利用专业承运人运输到目的地，然后再把大批量装载的货物拆成原来较小的装运量，送往收货人处。货运代理人与承运人相比，主要优势在于大批量装运可以实现较低的费用率，从中获取较高的利润。

（四）政府

政府是进行运输服务的协调者。由于运输是国民经济的基础性行业，所以政府会通过各种规章制度和政策，来保证一个稳定而有效率的运输环境。

（五）公众

公众是最后的运输参与者。一方面，公众按合理的价格产生购买商品的需求并最终确定运输需求；另一方面，公众关注运输的可达性、费用和效果，以及整体环境和安全上的标准，并能对政府的决策产生一定影响。运输系统的参与方如图 1-2 所示。

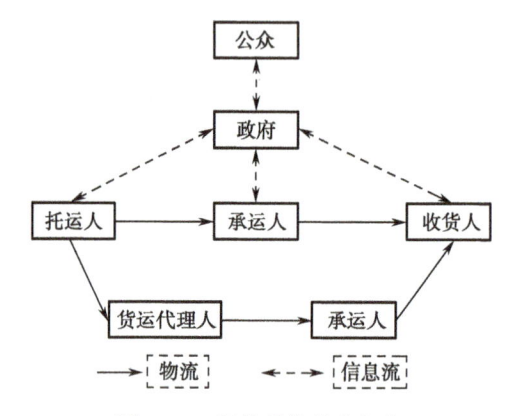

图 1-2 运输系统的参与方

任务实施

步骤一：小组分工，解读任务。

教师导入"任务情境"，进行班级学生分组，每组选出组长，由小组组长带领全组成员解读"任务要求"。

步骤二：小组合作，讨论、完成任务。

小组成员通过学习"知识准备"，了解运输的相关基础知识后，可再通过网络等途径补充学习，了解运输公司的相关招聘信息。

以小组为单位，进行准备，模拟演示。

步骤三：展示成果，共同交流分享。

各小组轮流模拟展示，其他小组进行观摩学习。

步骤四：总结评价，记录提升。

各小组先对展示成果进行自评，然后小组互评，最后教师点评，每人各自完成"任务评价"中的表格（见表 1-2 和表 1-3）。

任务评价

表 1-2 小组评价表

班级		小组			
任务名称		学习运输基础知识技能			
考核项目	评价标准	参考分值	评价得分		
			自评	组间互评（平均）	教师评价
任务完成	按时正确完成任务	20			
	操作规范，具有良好的安全作业意识	20			
	具有良好的团队协作精神和全局观念	10			
	小计	50			
合计（自评×20% + 互评×40% + 教师评×40%）					

表 1-3 小组成员评价表

班级		小组		姓名	
任务名称		学习运输基础知识技能			
考核项目	评价标准	参考分值	评价得分		
			自评	组内互评（平均）	教师评价
基本素养	参与活动的态度	10			
	语言表达与沟通能力	5			
	团队合作	5			
专业知识和技能	掌握相关的专业基础知识	10			
	在小组任务完成中能应用所学相关专业知识，发挥专业技能水平	20			
	小计	50			
合计（自评×20% + 互评×40% + 教师评×40%）					

注：1. 学生实际得分 = 小组评价得分 + 小组成员评价得分；
2. 考评满分为100分，59分及以下为不及格；60~70分为及格；71~89分为良好；90分及以上为优秀。

拓展提升

运输的增值效用

一、时间效用

时间效用表现为通过物品流转过程中的劳动克服了物品生产和消费时间上的不一致。这种不一致，表现为多种情况，运输服务投入的劳动能很好地解决这种矛盾，使时间效用增值。

二、空间效用

空间效用表现为通过物品流转过程中的劳动克服了物品生产和消费在地理空间上的矛

盾。不同的地区有不同的生产优势和结构，可物品的消费却是无限制范围的。运输服务可以使人们享受到无地域限制的各种消费产品。例如，在寒冷的北方地区，也能吃到热带的新鲜水果。

三、批量效用

批量效用表现为通过物品流转过程中的劳动克服了生产和消费批量的不一致。社会化大生产的一种重要方式是生产的专业化和规模化，而很多时候消费的需求量都是有限的。运输服务可将生产的大批量分割成最终的小批量需求，具体表现为由整到散的分流过程，反之亦然。

四、信息效用

信息效用表现为通过物品流转过程，运输企业可以收集大量的市场信息，如买卖双方的供求信息、用户的意见、技术发展的趋势等，并可对这些信息进行过滤、处理，总结规律，发现问题。

任务二 认识运输作业

任务情境：

杨洋通过自己的努力，顺利进入到了畅达运输有限公司工作。因为是刚毕业的学生，对具体的业务流程还不是很熟悉，公司的人力资源主管就先让杨洋在公司的收货部门实习。杨洋也很珍惜这个工作机会，希望能通过一段时间的学习，尽快熟悉公司的业务流程，顺利通过实习期，转正成为正式员工。

任务要求

请通过学习任务二，完成以下问题：
（1）运输作业如何组织？
（2）一般的运输作业环节包括哪些？
（3）将班级分成若干活动小组，每小组选择一种主要的运输方式，了解该种运输方式下的具体作业业务流程。
（4）各小组将主要的运输作业流程，用流程图或图表的方式表现出来。
（5）每小组成果要进行小组自评、小组互评和教师点评。

知识准备

一、运输作业的组织

合理地组织货物运输，要遵循"及时、准确、安全、经济、高效"的原则。主要可从以下几个方面入手：

（一） 选择合理的运输路线

在明确生产和需要的前提下，从现有的物流运输状况考虑，科学地选择运输路线，尽量做到使物品从产地到销地的运输里程最短，消除各种不合理的运输现象及增大运输总里程的各种因素，最大限度地缩短物品平均运输里程，从而缩短物品在途时间，加速商品流通，降低流通费用，节约社会总运力。

（二） 确定正确的运输方式

正确的运输方式能减少不必要的中转环节和多余的装卸搬运次数，减少冗余的手续，缩短物品在途时间并节省费用。企业应根据具体情况选择正确的运输方式。运输方式概括起来有两种：一是直达运输，二是转运。企业应尽可能开展直达运输，即在物品运输中尽量越过中间仓储环节，把物品从产地直接运到销地，采取最短的运输路线，避免对流、迂回、倒流、过远等不合理的运输现象，减少中间环节，缩短物品在途时间，加快流通过程，节省流通费用。

（三） 使用合适的运输工具

常用的运输工具主要有火车、汽车、船舶、飞机、管道等几种，此外还有畜力、人力运输车等传统运输工具，不同的运输工具具有不同的特点。选择运输工具时，首先要分析对比各种运输工具的运价和运速，然后根据价值大小、自然属性、运输距离及市场急需程度加以选择。无论用哪种运输工具，都应尽量提高其利用率。可通过改进商品包装方法、完善装载技术的方式，提高运输工具的实载率；还可大力开展联运和集装箱运输方式，提高装卸搬运效率，加速运输工具周转。同时应合理安排货源，消除或减少空驶里程。

（四） 完善运输计划制度，密切各方协作关系

要科学地编制运输计划，做到有计划地组织商品运输，以减少不合理的运输现象，节约运力，降低运输费用。加强同交通运输部门、中转环节和仓储部门的协作，使各部门、各环节紧密配合，从而达到"及时、准确、安全、经济、高效"的要求。

二、一般运输作业流程

运输作业管理可以使运输企业有组织、有计划地将客户所需要的货物准确送达，实现各运输作业环节在时间、空间上的平衡衔接和紧密配合。

运输作业根据不同环节可以分为托运、承运、到达三种作业方式。

（一） 托运

1. 订立合同

进行物品运输首先要订立合同。合同可以采用书面形式、口头形式或其他形式。书面形式合同种类分为运输合同和货物运单。货物运输合同由承运人和托运人本着平等、自愿、公平、诚实、信用的原则签订。

（1）货物运输合同如图1-3所示。主要包含以下内容：托运人、收货人和承运人的名称、地址、电话、邮政编码；货物名称、性质、质量、数量、体积；装货地点、卸货地点、运距；货物的包装方式；承运日期和运到期限；运输质量；装卸责任；货物价值，是否报价、保险；运输费用的结算方式；违约责任；解决争议的办法。

```
                         货物运输合同
   甲方（托运人）：
   乙方（承运人）：
   甲、乙双方经过协商，根据合同法有关规定，订立货物运输合同，条款如下：
   一、货物运输期限从____年____月____日起到____年____月____日为止。
   二、货物运输期限内，甲方委托乙方运输货物，运输方式为_____运输，具体货物收货人等事项，由甲、乙
双方另签运单确定，所签运单作为本协议的附件与本协议具有同等的法律效力。
   三、甲方须按照货物买卖合同约定的标准对货物进行包装。
   四、乙方须按照运单的要求，在约定的期限内，将货物运到甲方指定的地点，交给甲方指定的收货人。
   五、甲方支付给乙方的运输费用为：_____元，乙方将货物交给甲方指定的收货人及开具全额运输费用
之日起_____日内甲方支付全部运输费用。
   六、乙方在将货物交给收货人时，同时应协助收货人亲笔签收货物以作为完成运输义务的证明。如乙方联系不
上收货人时，应及时通知甲方，甲方有责任协助乙方及时通知收货人提货。
   七、甲方交付乙方承运的货物乙方对此应予以高度重视，避免暴晒、雨淋，确保包装及内容物均完好按期运达
指定地。运输过程中如发生货物灭失、短少、损坏、变质、污染等问题，乙方应确认数量并按照甲方购进或卖出时
价格全额赔偿。
   八、因发生自然灾害等不可抗力造成货物无法按期运达目的地时，乙方应将情况及时通知甲方并取得相关证明，
以便甲方与客户协调；非因自然灾害等不可抗力造成货物无法按时到达，乙方须在最短时间内运至甲方指定的收货
地点并交给收货人，且赔偿逾期承运给甲方造成的全部经济损失。
   九、本协议未尽事宜，由双方协商解决，协商不成，可向甲方住所地法院提起诉讼。
   十、本协议一式两份，双方各持一份，双方签字盖章后生效。
   甲方：                                      乙方：
          年    月    日                              年    月    日
```

图 1-3　货物运输合同书

（2）货物运单。托运人按运单填写以上相关内容并注意以下要求：一张运单托运的货物，必须是同一托运人、收货人；危险货物与普通货物，以及性质相互抵触的货物不能用一张运单；若自行装卸货物需在运单内注明；字迹清楚，内容准确；托运的货物品种不能在一张运单内逐一填写的，应填写货物清单；已签订货物运输合同的，运单由承运人填写，并在运单托运人签字盖章处填写合同序号。

2. 物品托运

为保证物品安全运输、准时到达，对物品托运有如下相关规定：

托运的物品中，不得夹带危险物品、贵重物品、鲜活物品和其他易腐物品、易污染物品、货币、有价证券以及政府禁止或限制运输的物品等。

托运物品的包装，应按照承托双方约定的方式包装。对包装方式没有约定或者约定不明确的，可以协议补充；不能达成补充协议的，按照通用的方式包装，没有通用方式的，应在足以保证运输、搬运装卸安全和货物完好的原则下进行包装。

托运人应根据物品性质和运输要求，按照国家规定，正确使用运输标志和包装储运图示标志。

托运特种物品，托运人应按要求在运单中注明运输条件和特约事项。

运输途中需要饲养、照料的有生物、植物、尖端精密产品、稀有珍贵物品、文物、军械弹药、有价证券、重要票证和货币等，托运人必须派人押运；大型特型笨重物件、危险物品、贵重和个人搬家物品，是否派人押运，由承托双方根据实际情况约定。

（二）承运

1. 物品承运

承运标志着企业对发货人托运的货物开始承担运送义务和责任。承运以签章合同或签章返还道路货物托运人存查联为凭。物品承运后，承运人对货物运输的全过程负责，必须适时检查，妥善保管，注意防火、防潮、防腐、防丢失，发现情况，及时采取措施。有特殊要求的货物，必须遵守商定的事项。

承运人应与托运人约定运输路线。起运前运输线路发生变化必须通知托运人，并按最后确定的路线运输。运输期限应由承托双方共同约定后在运单上注明。承运人应在约定的时间内将货物运达。零担货物按批准的班期时限运达，快件货物按规定的期限运达。

2. 变更和解除

在承运人未将货物交付收货人之前，托运人可以要求承运人中止运输、返还货物、变更到达地或者将货物交付给其他收货人，但应当赔偿承运人因此受到的损失。允许变更和解除的主要原因如下：

（1）由于不可抗力使货物运输合同无法履行。

（2）由于合同当事人一方的原因，在合同约定的期限内确实无法履行货物运输合同。

（3）合同当事人违约，使合同的履行成为不可能或不必要。

（4）经合同当事人双方协商同意解除或变更合同，但承运人提出解除合同的，应退还已收的运费。

3. 不可抗力

货物运输过程中，因不可抗力造成道路阻塞导致运输阻滞，承运人应及时与托运人联系，协商处理，发生货物装卸、接运和保管费用按以下规定处理：

（1）接运时，货物装卸、接运费用由托运人负担，承运人收取已完成运输里程的费用，退回未完成运输里程的运费。

（2）回运时，承运人收取已完成运输里程的运费，回程运费免收。

（3）托运人要求绕道行驶或改变到达地点时，承运人收取实际运输里程的运费。

（4）货物在受阻处存放，保管费由托运人负担。

4. 运输装卸

货物受理后，承运人应根据承运货物的需要，按货物的不同特性，提供技术状况良好、经济适用的车辆，并能满足所运货物质量的要求。

（三）到达

货物运达承、托双方约定的地点后，到达站或收货人应组织卸车。卸车时，对卸下货物的品名、件数、包装和货物状态应做必要的检查。

收货人应凭有效单证提（收）货物，无故拒提（收）货物，应赔偿承运人因此造成的损失。收货人不明或者收货人无正当理由拒绝受领货物的，依照《中华人民共和国合同法》的相关规定，承运人可以提存货物。货物交付时，承运人与收货人应当做好交接工作，发现货损货差，由承运人与收货人共同编制货运事故记录，交接双方在货运事故记录上签字确认。货物交接时，承托双方对货物的质量和内容有质疑，均可提出查验与复磅，费用由责任方承担。

运输作业实务

任务实施

步骤一：小组分工，解读任务。

教师导入"任务情境"，进行班级学生分组，每组选出组长，由小组组长带领全组成员解读"任务要求"。

步骤二：小组合作，讨论、完成任务。

小组成员通过在课堂上学习"知识准备"，了解了运输作业的基本流程等知识后，可将理论知识进行总结归纳，以流程图或图表的方式展示出来。展示的工具可选择使用电脑或小黑板等。

步骤三：展示成果，共同交流分享。

各小组轮流展示成果，其他小组进行观摩学习。

步骤四：总结评价，记录提升。

各小组先对展示成果进行自评，然后小组互评，最后教师点评，每人各自完成"任务评价"中的表格（见表1-4和表1-5）。

任务评价

表1-4 小组评价表

班级		小组				
任务名称			了解运输作业流程			
考核项目	评价标准		参考分值	评价得分		
				自评	组间互评（平均）	教师评价
任务完成	按时正确完成任务		20			
	操作规范，具有良好的安全作业意识		20			
	具有良好的团队协作精神和全局观念		10			
	小计		50			
合计（自评×20%＋互评×40%＋教师评×40%）						

表1-5 小组成员评价表

班级		小组		姓名		
任务名称			了解运输作业流程			
考核项目	评价标准		参考分值	评价得分		
				自评	组内互评（平均）	教师评价
基本素养	参与活动的态度		10			
	语言表达与沟通能力		5			
	团队合作		5			
专业知识和技能	掌握相关的专业基础知识		10			
	在小组任务完成中能应用所学相关专业知识，发挥专业技能水平		20			
	小计		50			
合计（自评×20%＋互评×40%＋教师评×40%）						

注：1. 学生实际得分＝小组评价得分＋小组成员评价得分；

2. 考评满分为100分，59分及以下为不及格；60～70分为及格；71～89分为良好；90分及以上为优秀。

拓展提升

运输作业的关键因素

从企业物流管理的角度来看，成本、速度和一致性是运输作业的关键因素。

一、运输成本

运输成本是指为两个地理位置间的运输所支付的款项，以及管理和维持转移中存货的有关费用。设计物流系统时应该选用能把系统总成本降低到最低限度的运输，因为最低费用的运输并不一定导致最低的物流总成本。

二、运输速度

运输速度是指为完成特定的运输作业所需花费的时间。运输速度和成本的关系，主要表现在以下两个方面：首先，运输商提供的服务越快，他实际需要收取的费用也越高；其次，运输服务越快，转移中的存货就越少，同时可利用的运输间隔时间就越短。因此，在选择最合理的运输方式时，至关重要的问题是如何平衡其服务的速度和成本。

三、运输的一致性

运输的一致性是指在若干次装运中履行某一特定的运输所需的时间，与原定时间或与前几次运输所需时间的一致性。它是运输可靠性的反映。多年来，运输经理们已把一致性看作是高质量运输的最重要的特征。如果给定一项作业运输，第一次花费了2天时间，而第二次却花费了6天时间，这种意想不到的变化就会使物流作业产生严重的问题。如果运输作业缺乏一致性，就需要增加安全储备存货以防止措手不及的服务故障。

任务三 选择运输方式

任务情境：

郑州四海货运代理有限公司是一家专门从事物流货运代理业务的股份制公司，公司业务遍布全国。程芳刚到该公司负责货物的运输业务。她在上班的第一天，就收到了几家大型企业的运输代理订单：2吨活鱼，运往深圳；棉布15箱，每箱4500千克，运往四川；衣服50箱，每箱100千克，运往陕西；茶叶100袋，每袋500克，运往湖南……

面对如此多需要运输的货物，程芳不知所措。

任务要求

请通过学习任务三，完成以下问题：

(1) 运输方式有哪些？
(2) 每种运输方式有什么特点？
(3) 每种运输方式下适合运输什么样的货物？

(4) 各小组帮助程芳来完成运输任务的分配。
(5) 每小组成果要进行小组自评、小组互评和教师点评。

知识准备

一、运输方式的定义

运输方式是客、货运输所赖以完成的手段、方法与形式，是为完成客货运输任务而采取一定性质、类别的技术装备（运输线路和运输工具）和一定的管理手段。现代运输方式有铁路运输、公路运输、水上运输、航空运输和管道运输等。

二、运输方式的实现手段

由于运输需要借助一定的运输工具，并经由一定的交通线路与港站来完成，故而运输方式取决于所使用的运输工具、交通线路与港站的类别和性质，并受天气、基本设施与技术装备的特点，以及主要技术经济指标的影响。

三、运输方式的分类

（一）按运输设备及运输工具不同分类（见表1-6）

表1-6 按运输设备及运输工具不同分类

运输分类	适用范围
公路运输	具有很强的灵活性，主要承担近距离、小批量的货运
铁路运输	主要适用于长距离、大数量的货运和没有水运条件的地区的货运
水路运输	承担大数量、长距离的运输；在内河及沿海，承担补充及衔接大批量干线运输的作用
航空运输	主要适用于对时效性要求高的高价值的货物运输
管道运输	主要适用于大宗流体货物的运输，如石油、天然气、煤浆、矿石浆体等

（二）按运营主体不同分类（见表1-7）

表1-7 按运营主体不同分类

运输分类	特点
自营运输	多限于公路运输，以汽车为主要运输工具，且多以近距离、小批量货物运输为主
经营性运输	广见于公路、铁路、水路、航空等运输业中，是运输业的发展方向。最常见的汽车营业运输系统一般可分专线运输及包车运输
公共运输	体系的构筑投资相当大，回收期长，风险大，与国民经济的发展息息相关，是一种基础性系统，在我国一般设有相应的企业投资经营

（三）按运输的范围分类（见表1-8）

表1-8 按运输的范围分类

运输分类	特点
干线运输	速度一般较同种工具的其他运输要快，成本也较低，是运输的主体
支线运输	收、发货地点之间的补充性运输形式，路程较短，运输量相对较小
二次运输	由于是某个单位的需要，所以运量也较小
厂内运输	一般在车间与车间之间，以及车间与仓库之间进行

（四）按运输的作用分类（见表1-9）

表1-9 按运输的作用分类

运输分类	特 点
集货运输	货物"集中"后才能利用干线运输形式进行远距离及大批量运输
配送运输	干线运输完成后将货物"分发"给零散分布的各个用户

（五）按运输的协作程度分类（见表1-10）

表1-10 按运输的协作程度分类

运输分类	特 点
一般运输	运输工具及运输方式单一，运输服务的适应性不强
联合运输	可缩短货物的在途运输时间，加快运输速度，节省运费，提高运输工具的利用率，同时可以简化托运手续，方便用户
多式联运	比一般的联合运输规模要大，并且反复地使用多种运输手段，以实现最优化运输服务

（六）按运输中途是否换装分类（见表1-11）

表1-11 按运输中途是否换装分类

运输分类	特 点
直达运输	可以避免中途换装所出现的运输速度减缓、货损增加、费用增加等一系列弊端，从而能缩短运输时间、加快车船周转、降低运输费用
中转运输	可以将干线、支线运输有效地衔接起来，可以化整为零或集零为整，从而方便用户，提高运输效率

四、各种运输方式的特点

主要介绍铁路运输、公路运输、水路运输、航空运输和管道运输这五种运输方式的特点。

（一）铁路运输

铁路运输是使用机车牵引列车在铁路上行驶，运送旅客和货物的一种运输方式。自1825年英国修建从斯托克顿至达林顿的第一条铁路开始，铁路运输已经有190余年的历史。由于铁路具有速度快、运力大的特点，在我国各种运输方式构成的综合交通运输网络中，铁路运输起着大动脉的作用。

铁路运输主要承担长距离、大数量的货运。在没有水运条件的地区，几乎所有大批量货物都是依靠铁路运输，它是干线运输中起主力运输作用的运输形式。

1. 适应性强

铁路运输可以全年、全天候不停止地运输，受地理和气候条件的限制很少，具有较好的连续性。

2. 运输能力大

铁路运输能够担负大量的运输任务。

3. 安全程度高

计算机和自动控制等高新技术和新装置设备的使用，有效地防止了列车冲突事件和旅客伤亡事故，大大减轻了行车事故的损害程度。

4. 运送速度较快

常规列车的运行速度一般为 60~80 千米/小时，提速后，铁路的运行速度可高达 200 千米/小时以上，磁悬浮列车速度可达 300~400 千米/小时。

5. 能耗小

铁路单位运量的能耗要比汽车运输小得多。

6. 环境污染程度小

铁路运输对环境和生态平衡的影响程度较小，特别是电气化铁路影响更小。

7. 运输成本较低

一般来说，铁路的单位运输成本要比公路运输和航空运输低得多，有的甚至要比内河航运还低。

（二）公路运输（如图 1-4 所示）

公路运输主要是指以汽车为主要运输工具，在公路和城市道路上进行客货运输的一种运输方式，它是一种直达、便捷的运输方式，具有很强的普及性。公路运输主要承担近距离、小批量的客货运输，以及水运、铁路运输难以到达地区的长途、大批量的客货运输和铁路、水运优势难以发挥的短途运输任务。

2012 年以来，我国公路客货运输总体增长较快。仅上半年，完成公路客运量和旅客周转量就分别为 174.7 亿人和 9027 亿人每公里；完成公路货运量和货物周转量分别为 149.8 亿吨和 26 892 亿吨每公里。

图 1-4　公路运输

1. 机动、灵活，适应性强

汽车的技术水平有了很大的提高，主要表现在动力性能的提高和燃料消耗的降低等方面。随着公路网的发展和建设，公路等级不断提高，混合行驶的车道越来越少，而且汽车的技术性能与安全装置也大为改善。

2. 可实现门到门运输

公路运输灵活方便，可以实现"门到门"的直达运输。

3. 运输速度较快

公路运输一般不需要中途倒装，因而送达速度快，有利于保持货物的质量，从而提高货物的时间价值,加速流动资金周转。

4. 原始投资少,资金周转快,技术改造容易

汽车购置费用低,原始投资回收期短。美国有关资料表明,公路货运企业每收入 1 美元仅需投资 0.27 美元,而铁路则需要投资 2.7 美元。公路运输的资本每年周转 3 次,而铁路则需 3~4 年才能周转 1 次。

5. 单位运输成本较高,运行持续性较差

公路运输,尤其是长途运输的单位运输成本要比铁路运输和水路运输高,相对于环境的污染更为严重。

(三) 水路运输(如图 1-5 所示)

水路运输是指由船舶、航道和港口等组成的交通运输系统。按其航行的区域,可分为远洋运输、沿海运输和内河运输三种类型。

水路运输是目前各种运输方式中兴起最早、历史最长的运输方式。中国是世界上水路运输发展较早的国家之一。中国水路运输发展很快,目前中国的商船已航行于世界 100 多个国家和地区的 400 多个港口。中国当前已基本形成了一个相当规模的水运体系。

图 1-5 水路运输

1. 运输能力大

在海上运输中,目前世界上最大的超巨型油船载重量达 55 万吨以上,集装箱船箱已达 5000~6000TEU,矿石船重量达 35 万吨。

2. 运输成本低

水运的运输成本为铁路运输的 1/25~1/20,为公路运输的 1/100。因此,水运(尤其是海运)是最低廉的运输方式,适于运输费用负担能力较弱的原材料及大宗物资的运输。

3. 能耗低

在相同距离的条件下,运输 1 吨货物,水运(尤其是海运)所消耗的能源最少。内河航运的能源消耗仅为铁路运输的 1/2,公路运输的 1/10。

4. 劳动生产率高

由于船舶运载量大,配备船员少,因而其劳动生产率高。一艘 20 万吨的油船一般只需配备 40 名船员,平均每人运送货物达 5000 吨。

5. 航速较低

由于大型船舶体积大，水流阻力也大，因此船速一般较低。低速所需克服的阻力小，能够节约燃料，而航速增大所需克服的阻力将直线上升。例如，航速从 5 千米/小时增加到 30 千米/小时，所受的阻力将增大 35 倍。因此，一般船舶形式速度为 30 千米/小时左右，冷藏船可达 40 千米/小时，集装箱船可达 40～60 千米/小时。

（四） 航空运输 （如图 1-6 所示）

图 1-6 航空运输

航空公司提供的运输产品最突出的特点就是时间短、速度快。

航空运输是一种以飞机为运载工具，以空域为移动通路的运输方式。航空运输以其突出的高速直达性在交通运输系统中具有特殊的地位，并拥有很大的发展潜力；航空运输对于加速信息传递，促进国际经济合作等方面具有重要作用。特别在客运和进出口贸易中，尤其是在贵重物品、精密仪器、鲜活物资等运输方面，起着越来越大的作用。

1. 高速度

高速是航空运输最明显的特征。现代喷气式飞机的速度一般在 900 千米/小时左右，比火车快 5～10 倍，比海轮快 20～25 倍。

2. 不受地形条件限制

航空运输不受地形地貌、山川河流的限制，只要有机场并有航道设施保证，即可开辟航线。直升飞机的机动性更大。

3. 服务质量高，安全、可靠

随着科学技术的发展，空中飞机不如地面交通安全的错误认识逐渐被消除。空难事故大大下降，货物安全、旅客安全和舒适性都大大提高。

4. 运输成本高

在交通运输方式中，航空运输的单位货物运输成本最高。

5. 建设周期短

一般来说，修建机场比修建铁路和公路的周期短、投资少，若经营良好，投资回收也快。

6. 有些货物禁止空运，运输受气候影响较大

（五）管道运输（如图1-7所示）

图1-7 管道运输

　　管道运输指为运输某些特殊产品，如石油、天然气、煤等而建立起来的特殊运输系统，它是一种地下运输方式。通常情况下，公众很少会意识到它的存在，所以，管道运输又称为"藏起来的人"。管道运输已有140多年的历史，在各主要工业国均已成为独立的技术门类，形成了庞大的工业体系，与铁路、公路、水路和航运运输并列为五大运输方式。管道运输除广泛用于石油、天然气的长距离运输外，还可运输矿石、煤炭、建材、化学品和粮食等。管道运输可省去水运或陆运的中转环节，缩短运输周期，降低运输成本，提高运输效率。当前管道运输的发展趋势是，管道的口径不断增大，运输能力大幅提高；管道的运距迅速增加；运输物资由石油、天然气、化工产品等流体逐渐扩展到煤炭、矿石等非流体。中国目前已建成大庆至秦皇岛、胜利油田至南京等多条原油运输线。管道运输主要有以下特点：

（1）运量大、占地少；
（2）运营费用低；
（3）安全可靠、连续性强；
（4）有利于环境保护；
（5）适用的局限性。

　　在实践中，除了以上五种运输方式以外，还有邮政运输、集装箱运输、多式联运等运输方式。从成本上讲，五种运输方式的成本比较如表1-12所示。

表1-12 各种运输方式的成本比较

运输方式	固定成本	变动成本
铁路	高（车辆及轨道）	低
公路	高（车辆及修路）	适中（燃料、维修）
水路	适中（船舶、设备）	低
航空	低（飞机、机场）	高（燃料、维修）
管道	最高（铺设管道）	最低

五种运输方式的相关特征比较如表1-13所示。

表1-13 各种运输方式相关的特征

特　征	铁　路	公　路	水　路	航　空	管　道
运输速度	3	2	4	1	5
运输费用	3	4	1	5	2
运输能力	2	3	1	4	5
可靠性	3	2	4	5	1
可得性	2	1	4	3	5
频率	4	2	5	3	1
合计得分	17	14	19	21	19

注：得分越低越好。

五、影响运输方式选择的因素

（一）运输的时效性

运输时效能否符合客户的需要，是物流运输企业必须慎重考虑的因素。

（二）运输的成本

运输成本越低对客户越有利，因此运输成本的高低成为吸引客户的一项最重要指标。

（三）运输的安全性

货物若无法安全到达目的地，则其他所有优点都是无用的，不仅需赔偿客户的经济损失，更可能永远失去该客户。

（四）运输的可达性

运输工具必须能有效到达客户指定的目的地，如果选择的运输方式无法达到此要求，则表示运输任务未能真正完成。

（五）运输的效率性

选择不同的运输方式对运输效率将会产生不同的结果，若运输效率高，则不仅能节省运输作业时间，还能降低运输成本。

（六）运输的服务品质

运输的服务品质高，会使客户的满意度提高。

任务实施

步骤一：小组分工，解读任务。

教师导入"任务情境"，进行班级学生分组，每组选出组长，由小组组长带领全组成员解读"任务要求"。

步骤二：小组合作，讨论、完成任务。

小组成员通过在课堂上学习"知识准备"，了解了各种运输方式的分类及特点后，可再通过网络对"任务情境"中程芳需要安排运输的货物的特性进行学习，然后帮助她选择合适的运输方式，并说明理由。

同时还可以在每种运输方式中，列举适合运输的货物种类。

步骤三：展示成果，共同交流分享。

各小组轮流展示成果，可将运输的方式及适合运输的货物做成PPT的形式，并展示出来，其他小组进行观摩学习。

步骤四：总结评价，记录提升。

各小组先对展示成果进行自评，然后小组互评，最后教师点评，每人各自完成"任务评价"中的表格（见表1-14和表1-15）。

任务评价

表1-14　小组评价表

班级		小组		
任务名称		选择运输方式		
考核项目	评价标准	参考分值	评价得分		
^	^	^	自评	组间互评（平均）	教师评价
任务完成	按时正确完成任务	20			
^	操作规范，具有良好的安全作业意识	20			
^	具有良好的团队协作精神和全局观念	10			
	小计	50			
合计（自评×20%＋互评×40%＋教师评×40%）					

表1-15　小组成员评价表

班级		小组		姓名	
任务名称		选择运输方式			
考核项目	评价标准	参考分值	评价得分		
^	^	^	自评	组内互评（平均）	教师评价
基本素养	参与活动的态度	10			
^	语言表达与沟通能力	5			
^	团队合作	5			
专业知识和技能	掌握相关的专业基础知识	10			
^	在小组任务完成中能应用所学相关专业知识，发挥专业技能水平	20			
	小计	50			
合计（自评×20%＋互评×40%＋教师评×40%）					

注：1. 学生实际得分＝小组评价得分＋小组成员评价得分；
　　2. 考评满分为100分，59分及以下为不及格；60~70分为及格；71~89分为良好；90分及以上为优秀。

拓展提升

一、运输合理化

运输是物流中最重要的功能要素之一，物流合理化在很大程度上取决于运输合理化。所谓运输合理化，是指在实现货物从生产地到消费地转移的过程中，充分利用各种运力，以最少的人、财、物消耗，完成运输任务。具体表现为运输距离最短、运输环节最少、运输时间最短、运输费用最低和运输质量最高。

运输合理化的影响因素很多，起决定性作用的有以下五方面的因素，称为合理运输的"五要素"。

（一）运输距离

在运输过程中，运输时间、运输货损、运输费用、运输工具的周转等一系列技术经济指标都与运输距离有一定的比例关系，运距长短是运输是否合理的一个最基本因素。

（二）运输环节

每增加一个运输环节，不仅会增加总运费，还会增加运输的附属活动，如装卸搬运、包装等，各项经济技术指标也会因此发生变化。所以减少运输环节，尤其是同类运输工具的环节，对合理运输有一定的促进作用。

（三）运输时间

在全部物流时间中，运输时间占较多比例，尤其是远程运输。因此，运输时间的缩短对整个流通时间的缩短有决定性的作用。此外，运输时间短，有利于加速运输工具的周转，充分发挥运力效能，有利于货主资金的周转，有利于运输线路通过能力的提高，不同程度地改善不合理运输。

（四）运输工具

各种运输工具都有其优势领域，对运输工具进行优化选择，最大限度地发挥运输工具的优越性和作用，是运输合理化的重要一环。

（五）运输费用

运输费用在全部物流费中占较大比例，运费高低在很大程度上决定整个物流系统的竞争能力。实际上，运费的降低，无论对货主还是对物流企业来说都是运输合理化的一个重要标志。

二、不合理运输

不合理运输是在现有条件下可以达到的运输水平而未达到，从而造成了运力浪费、运输时间增加、运费超支等问题的运输形式。

（一）与运量有关的不合理运输

1. 返程或起程空驶

空车无货载行驶，可以说是不合理运输的最严重形式。在实际运输组织中，有时候必须调运空车，从管理上不能将其看成不合理运输。但是，因调运不当，货源计划不周，不采用运输社会化而形成的空驶，是不合理运输的表现。造成空驶的不合理运输主要有以下几种原因：

（1）能利用社会化的运输体系而不利用，却依靠自备车送货提货，这往往出现单程重车，单程空驶的不合理运输。

（2）由于工作失误或计划不周，造成货源不实，车辆空去空回，形成双程空驶。

（3）由于车辆过分专用，无法搭运回程货，只能单程实车，单程回空周转。

2. 重复运输

重复运输是指某种货物本来可以从起运地一次直运达到目的地，但由于批发机构或商业仓库设置不当，或者计划不周，出现使货物运到中途地点（如中转仓库）卸下后，又二次装运的不合理现象。重复运输增加了一道中间装卸环节，增加了装卸搬运费用，延长了商品在途时间。

3. 无效运输

无效运输是指被运输的货物杂质比较多，使运输能力浪费在不必要的货物运输上。例如，原木的成材率为70%，则原木运输中有30%的边角废料基本上都属于无效运输。

（二）与运力有关的不合理运输

1. 弃水走陆

弃水走陆指在同时可以利用水运和陆运时，不利用成本较低的水运或水陆联运，而选择成本较高的铁路运输或公路运输，使水运优势不能发挥。

2. 铁路和大型船舶的过近运输

这是指不在铁路及大型船舶的经济运行里程内，却利用这些运力进行运输的不合理做法。主要不合理之处在于火车及大型船舶起运及到达目的地的准备、装卸时间较长，且机动灵活性不足，用于过近运输时发挥不了其运速快的优势。另外，与小型运输工具相比，火车及大型船舶装卸难度大、费用也高。

3. 托运方式选择不当

例如，可以选择整车运输却选择了零担，应当直达却选择了中转运输，应当中转却选择了直达等，没有选择最佳托运方式。

4. 运输工具承载能力选择不当

这是指不根据承运货物的数量及重量选择运输工具，从而造成过分超载、损坏车辆或货物不满而浪费运力的现象。尤其是"大马拉小车"现象发生较多，由于装货量小，单位货物运输成本必然会增加。

（三）与运输方向有关的不合理运输

1. 对流运输

对流运输是指同一种货物或两种能够相互代用的货物，在同一运输线或平行线上，做相对方向的运输，与相对方向路线的全部或一部分发生对流。对流运输又分两种情况：一是明显的对流运输，即在同一运输线上对流，如一方面把甲地的货物运往乙地，而另一方面又把乙地的同样货物运往甲地，产生这种情况大都是由于货主所属的地区不同、企业不同所造成的；二是隐蔽性的对流运输，即把同种货物采用不同的运输方式在平行的两条路线上，朝着相反的方向运输。

2. 倒流运输

倒流运输是指货物从产地运往销地，然后又从销地运回产地的一种回流运输现象。倒流运输有两种形式：一是同一货物由销地运回产地或转运地；二是由乙地将甲地能够生产且已消费的同种货物运往甲地，而甲地的同种货物又运往丙地。

（四）与运输距离有关的不合理运输

1. 迂回运输

迂回运输是指货物运输舍近求远绕道而行的现象。物流过程中的计划不同、组结不善或调运差错都容易出现迂回现象。

2. 过远运输

过远运输是指舍近求远的运输现象，即销地本可以由距离较近的产地供应货物，却从远地采购进来；产品不是就近供应消费地，却调给较远的其他消费地，违反了近产近销的原则。远程运输，由于某些货物的产地与销地客观上存在着较远的距离，这种远程运输是合理的。

巩固提高

一、名词解释

1. 运输
2. 运输一致性
3. 运输方式
4. 运输合理化
5. 倒流运输

二、选择题

1. 运输不包括的功能有（　　）。
   A. 物品移动　　B. 创造价值　　C. 信息处理　　D. 短时储存

2. "通过运输，可将货物从效用价值低的地方位移到效用价值高的地方，从而使货物的使用价值得到更好的体现，创造出货物的最佳效用价值"体现了运输的（　　）特征。
   A. 不生产有形的产品　　　　B. 对自然条件的依赖性很大
   C. 是资本密集型产业　　　　D. 创造了"空间效用"

3. 运输系统的参与方不包括（　　）。
   A. 媒体　　B. 货主　　C. 承运人　　D. 政府

4. 运输作业的组织要遵循（　　）的原则。
   A. 及时　　B. 准确　　C. 安全
   D. 经济　　E. 高效

5. 运输作业一般包括（　　）环节。
   A. 托运　　B. 承运　　C. 中转　　D. 到达

6. 按运输的作用可将运输分为（　　）。
   A. 一般运输　　B. 集货运输　　C. 配送运输　　D. 特种运输

7. 自营运输、经营性运输、公共运输是按（　　）分类标准进行分类的。
   A. 运输设备及运输工具不同　　B. 按运营主体不同
   C. 按运输的作用　　　　　　　D. 按运输的范围

8. （　　）不是铁路运输的特点。
   A. 适应性强　　B. 安全程度高　　C. 灵活性强　　D. 运送速度较高

三、简答题

1. 运输功能有哪些？
2. 运输特征有哪些？
3. 运输与物流各环节有什么关系？
4. 如何组织运输作业？
5. 运输方式如何分类？
6. 叙述影响运输方式选择的因素有哪些。

四、技能训练题

1. 请实地参观本地主营运输业务的物流企业，了解当地的物流运输行业发展状况，并完成文字报告。

2. 请评价以下的运输方式是否合理，并提出改进意见。

（1）王强从温州购买了100双鞋子，准备运往乌鲁木齐销售。他雇了辆15吨的载货汽车进行运输。

（2）李欣要从漯河运50头生猪去郑州，他选择公路运输的方式。走漯河—平顶山—洛阳—郑州线。

（3）张宇要从重庆运送200吨土产杂品到上海，准备采用铁路运输方式。

3. 完成下表（见表1-16）。

表1-16 运输方式选择

货　　物	起 始 地 点	可选择运输方式	最佳方式及理由
鲜花	北京—广州		
急救药	哈尔滨—上海		
煤炭	山西—秦皇岛		
蔬菜	郊区—市区		
钢材	重庆—武汉		

4. 观察下表，找出不合理的运输方式，并选择出合适的运输方式（见表1-17）。

表1-17 选择合适的运输方式

具体情况描述	运输方式
某公司有一批煤炭（5000吨）要从郑州市运到大连	公路运输
要将一批手机（20箱）从郑州运送到深圳	航空运输
要从青岛将一批活海鲜运到郑州	铁路运输
将10 000立方米天然气从新疆运达郑州	管道运输
海尔要将10 000台冰箱运往欧洲	航空运输

项目二

公路运输基本知识

项目目标

- ❖ 了解公路货物运输的概念及业务分类
- ❖ 了解公路货物运输工具及设备
- ❖ 掌握公路运输合同条款及公路运费的计算
- ❖ 能够熟练填制公路运单
- ❖ 培养学生严谨的工作作风，人际沟通能力和团队合作协调能力

任务一　公路货物运输基本知识

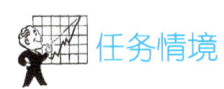

任务情境：

河南通达物流公司是集运输、仓储、物流配送、产品代理为一体的大型物流企业。公司秉承"以诚经营，服务为本"的经营理念，经过多年的发展，目前已形成以郑州为枢纽，南至广州、深圳，北到北京，东起上海，西达成都的综合物流配送网络。

目前，公司拥有管理人员600多名，一线员工6000多名，下设15个配送中心，300余个分支机构；拥有600余辆各种类型运输车，同时拥有近50 000家稳定的会员客户；资金流服务（代收货款）月均8亿元以上；零担业务占河南省市场份额30%，以每年数百万吨货物吞吐量在促进着郑州市的经济发展。

任务要求

根据以上资料分析该物流公司的经营方式是什么？

知识准备

一、公路运输的概念

公路货物运输从广义上来说，就是指利用一定的载运工具沿公路实现货物空间位移的过程；从狭义上来说，就是指汽车运输。

二、公路运输的特点

（一）适应性强

由于公路运输网一般比铁路、水路网的密度要大十几倍，分布面也广，因此公路运输车辆可以"无处不到、无时不有"。公路运输在时间方面的机动性也比较大，车辆可随时调度、装运，各环节之间的衔接时间较短。尤其是公路运输对客、货运量的多少具有很强的适应性，汽车的载重吨位有小（0.25～1吨）、有大（200～300吨），既可以单个车辆独立运输，也可以由若干车辆组成车队同时运输，这一点对抢险、救灾工作和军事运输具有特别重要的意义。

（二）直达运输

汽车体积较小，中途一般也不需要换装，除了可沿分布较广的公路网运行外，还可离开路网深入到工厂企业、农村田间、城市居民住宅等地，即可以把旅客和货物从始发地门口直接运送到目的地门口，实现"门到门"直达运输。这是其他运输方式无法与公路运输相比的特点之一。

（三）运送速度较快

在中、短途运输中，公路运输可以实现"门到门"直达运输，中途不需要倒运、转乘就可以直接将客、货运达目的地，因此，与其他运输方式相比，其客、货在途时间较短，运送速度较快。

（四）资金周转快

公路运输与铁、水、航运输方式相比，所需固定设施简单，车辆购置费用一般也比较低，因此，投资兴办容易，投资回收期短。据有关资料表明，在正常经营情况下，公路运输的投资每年可周转1~3次，而铁路运输则需要3~4年才能周转一次。

（五）运量较小

世界上最大的汽车是美国通用汽车公司生产的矿用自卸车，长20多米，自重610吨，载重350吨左右，但仍比火车、轮船少得多；由于汽车载重量小，行驶阻力比铁路大9~14倍，所消耗的燃料又是价格较高的液体汽油或柴油，因此，除了航空运输，就是汽车运输成本最高了。

三、公路运输分类

（一）按照货运营运方式分类

按照货运营运方式的不同可将公路运输分为整车运输、零担运输、集装箱运输、集中运输、联合运输、包车运输和甩挂运输等。

（二）按照托运的货物是否保险或保价分类

它可以分为不保险（不保价）运输、保险运输和保价运输。保险和保价运输均采取托运人自愿的办法，按规定缴纳保险金或保价金。保险运输须由托运人向保险公司投保或委托承运人代办。保价运输的托运人必须在货物运单的价格栏内向承运人声明货物的价值。

（三）按货物的种类分类

根据货物种类公路运输可分为普通货物运输和特种货物运输。普通货物分为一等、二等、三等三个等级。特种货物包括超限货物、危险货物、贵重货物及鲜活货物。

（四）按照运送速度分类

按运送速度公路运输可分为一般货物运输、快件货物运输和特快专运。

（1）一般货物运输即普通速度运输或称慢运。

（2）快件货运：根据《道路零担货物运输管理办法》的规定，快件货运是指从货物受理的当天15时起算，300公里运距内，24小时以内运达；1000公里运距内，48小时以内运达；2000公里运距内，72小时以内运达。

（3）特快专运是指按托运人要求在约定时间内运达。

任务实施

步骤一：教师导入"任务情境"，引出本次任务，并强调任务要求。

步骤二：以小组为单位进行讨论，完成任务。

步骤三：小组代表发言，展示并阐述该物流公司的经营方式。

步骤四：小组互评，教师点评，如表2-1和表2-2所示。

任务评价

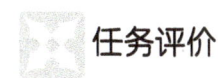

表 2-1 小组评价表

班级		小组				
任务名称		公路货物运输基本知识				
考核项目	评价标准		参考分值	评价得分		
				自评	组间互评（平均）	教师评价
任务完成	按时正确完成任务		20			
	操作规范，具有良好的安全作业意识		20			
	具有良好的团队协作精神和全局观念		10			
	小计		50			
合计（自评×20%＋互评×40%＋教师评×40%）						

表 2-2 小组成员评价表

班级		小组		姓名		
任务名称		公路货物运输基本知识				
考核项目	评价标准		参考分值	评价得分		
				自评	组内互评（平均）	教师评价
基本素养	参与活动的态度		10			
	语言表达与沟通能力		5			
	团队合作		5			
专业知识和技能	掌握相关的专业基础知识		10			
	在小组任务完成中能应用所学相关专业知识，发挥专业技能水平		20			
	小计		50			
合计（自评×20%＋互评×40%＋教师评×40%）						

注：1. 学生实际得分＝小组评价得分＋小组成员评价得分；
2. 考评满分为100分，59分及以下为不及格；60～70分为及格；71～89分为良好；90分及以上为优秀。

任务二　认识公路运输设施及设备

任务情境：

2014年7月10日，河南通达物流公司接到一单业务，托运一批药材，从郑州运到洛阳，重量3000千克，体积10立方米。公司现有可用运力资源如表2-3所示。

运输作业实务

表2-3 可用公路运力资源表

司 机 姓 名	车容/立方米	核载/吨	车型
刘大成	30	10	平板车
蒋雨	20	10	厢式车
王问贵	15	5	厢式车

任务要求

如果你是该物流公司调度，请为该批货物安排合理的运输工具。

知识准备

一、公路货运车辆

公路运输使用的车辆可以分为载货汽车、牵引车、挂车和专用运输车四种。

（一）载货汽车

1. 按车厢结构分类

载货汽车也称载重汽车。按车厢结构的不同，载货汽车可分为平板车、厢式货车和集装箱载货车。

（1）平板车也称敞开式货车，没有车厢，只有不到1米的车帮，一般的平板车都比较大，长度为9~16米，用于运输一些基础货品，如日化用品、化工制品、塑料粒子等，如图2-1所示。

图2-1 平板车

（2）厢式货车又称封闭式货车，有全封闭和半封闭之分，可使货物免受风吹、日晒、雨淋。厢式载货汽车一般具有滑动式侧门、后开车门、左右开门，货箱和底盘一般连为一体，厢式货车后侧可选装后液压托板，可托起0.5~5吨的物体，因此采用它进行货物装卸作业非常方便。厢式货车具有机动灵活、操作方便、工作高效、运输量大、空间利用充分及安全、可靠等优点，一般用于运距较短、货物批量小、对运达时间要求较高的货物运输。由于其小巧灵活，无论大街小巷均可出入，真正实现"门到门"运输，因此被广泛用于运输各类货物，且各大工厂、超市、个人均可使用，厢式货车如图2-2所示。

图2-2 厢式货车

（3）集装箱载货汽车是指用于运载可卸下的集装箱的专用运输车辆，是近年来国际货车市场上的一支主力军，其特点是载货容积大，货箱密封性好，能快速装卸，具备1立方米以上的体积。尤其是近年来轻质合金及合成材料的使用，为减轻车厢自重、提高有效载重量创造了良好的条件。该种货车的长度一般为4~17米，载重量一般为2~35吨，如图2-3所示。

图2-3 集装箱载货汽车

2. 按载重量分类

载货汽车按载重量的不同可分为微型、轻型、中型和重型四种。
（1）微型：总质量≤1.8吨，最大载重量为0.75吨。
（2）轻型：1.8吨＜总质量≤6吨，最大载重量为0.75~3吨。
（3）中型：6吨＜总质量≤14吨，最大载重量为3~8吨。
（4）重型：总质量≥14吨，载重量为8吨以上。

（二）牵引车

牵引车也称拖车，是专门用于拖挂或牵引挂车的汽车，如图2-4所示。

（三）挂车

挂车有全挂车和半挂车之分。全挂车相当于一个完全独立的车厢，所负荷载全部作用于

图 2-4 牵引车

挂车本身的轮轴，只不过是由牵引车拖着行驶而已，如图 2-5 所示。

图 2-5 全挂车

半挂车所负荷载只有一部分作用于挂车的轮轴，其余则通过连接装置作用于牵引车的轮轴上，如图 2-6 所示。

将牵引车和挂车两部分组合在一起，通过连接机构把二者连接成为汽车列车，这是拖挂运输时提高运输生产率的有效手段。

图 2-6 半挂车

（四）专用运输车

1. 冷藏车

冷藏车是用来运输冷冻或保鲜的货物的封闭式厢式运输车，是装有制冷机组的制冷装置和聚氨酯隔热厢的冷藏专用运输汽车，常用于运输冷冻食品（冷冻车）、奶制品（奶品运输车）、蔬菜水果（鲜货运输车）和疫苗药品（疫苗运输车）等，如图2-7和图2-8所示。

图2-7 冷藏车

图2-8 冷藏车内部

2. 运钞车

运钞车应用于银行业务之中，是专为武装押运量身订做的防弹的运送钞票的专用车辆，如图2-9所示。

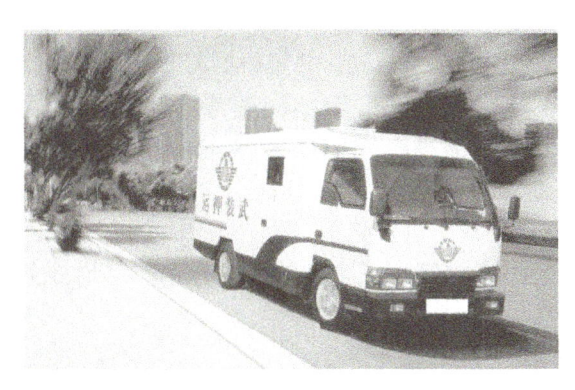

图2-9 运钞车

3. 罐式车

罐式车主要用来运输液体、气体、粉尘类等物品，如图2-10所示。

4. 牲畜车

牲畜车，又称笼车，专门用于运输牲畜的运输工具，如图2-11所示。

图2-10　罐式车

图2-11　牲畜车

二、公路

公路是指连接城市之间、乡村之间、工矿基地之间的，按照国家技术标准修建的，主要供汽车行驶并具备一定技术标准和设施的道路。公路是汽车运输的基础设施，由路基、路面、桥梁、隧道、防护工程、排水设施与设备等基本部分组成，还包括交通标志、安全设施、服务设施和绿化带等。

公路按行政等级可分为国家公路、省公路、县公路和乡公路，以及专用公路。一般把国道和省道称为干线，县道和乡道称为支线。公路按使用任务、功能和适应的交通量可分为以下几种：

（一）高速公路

高速公路为专供汽车分向、分车道行驶，并应全部控制出入的多车道公路。

四车道高速公路应能适应将各种汽车折合成小客车的年平均日交通量25 000～55 000辆。

六车道高速公路应能适应将各种汽车折合成小客车的年平均日交通量45 000～80 000辆。

八车道高速公路应能适应将各种汽车折合成小客车的年平均日交通量60 000～100 000辆。

（二）一级公路

一级公路为供汽车分向、分车道行驶，并可根据需要控制出入的多车道公路。

四车道一级公路应能适应将各种汽车折合成小客车的年平均日交通量15 000～30 000辆。

六车道一级公路应能适应将各种汽车折合成小客车的年平均日交通量25 000～55 000辆。

（三）二级公路

二级公路为供汽车行驶的双车道公路。

双车道二级公路应能适应将各种汽车折合成小客车的年平均日交通量5000～15 000辆。

（四）三级公路

三级公路为供汽车行驶的双车道公路。

双车道三级公路应能适应将各种车辆折合成小客车的年平均日交通量2000～6000辆。

（五）四级公路

四级公路为供汽车行驶的双车道或单车道公路。

双车道四级公路应能适应将各种车辆折合成小客车的年平均日交通量2000辆以下。

单车道四级公路应能适应将各种车辆折合成小客车的年平均日交通量400辆以下。

三、公路运输货运站

公路运输货运站是公路货物运输过程中进行货物集结、暂存、装卸搬运、信息处理、车辆检修等活动的场所。

（一）公路运输货运站的功能

1. 运输组织功能

公路运输货运站的运输组织功能主要包括货运组织管理、货源组织管理及运力组织管理。

货运组织管理从制订货物运输计划开始，进行货物运输全过程的质量监督与管理工作，包括公路承运货物的发送、中转、到达、装卸和保管等作业，并组织与其他运输方式的换装运输和联合运输作业。

2. 中转和装卸储运功能

公路货运站不仅要完成公路集装箱和零担货物运输的中转换装，而且还要为在不同的运输方式、不同企业之间的货物联合运输提供服务。货运站内部装卸设备、堆场、仓库及相应的配套设施是中转货物安全可靠地完成换装作业、及时运达目的地的基础保证。

3. 装卸储存功能

装卸储存功能是指公路货运站面向社会开放，为货主提供仓储保管、包装服务，代理货主销售、运输所仓储的货物，并在货运场内进行各种装卸搬运作业，利于货物的集、疏、运。

4. 运输代理功能

公路运输货运站的运输代理功能是指货运站为其服务区域内的各有关单位或个体，代办各种货物运输业务，为货主和车主提供双向服务，选择最佳运输线路，合理组织多式联运，实行"一次承运，全程负责"，达到方便货主、提高社会效益和经济效益的目的。

5. 信息化服务

通过信息网络系统，使公路货运站与港口、码头等交通设施实现关联、相互衔接，组织联网运输与综合运输。

6. 综合配套服务功能

公路运输货运站除了开展正常的货物运输业务外，还可以提供与货物运输相关的综合配套服务。

（1）为货主代办货物的销售、运输、结算、报关、报检、保险等业务。

（2）开展商品的包装、加工、展示等服务。

（3）为货运车辆提供存放、清洗、加油、检测、维修、保养等服务。

（4）为货主和司机提供餐饮、住宿等生活服务。

（二）公路运输货运站的选址

公路运输货运站是公路运输的构成要素之一，其选址应符合公路总体布局规划和所在地区货运站的发展规划。选址时应遵循以下原则：

（1）符合城镇总体布局规划。

（2）与其他运输网点合理衔接，交通便利，便于货物集散和换乘。

（3）少占农田，少拆民房，场地面积和形状要满足各建筑物及构筑物布置要求，并为未来发展留有余地。

（4）符合国家和当地政府现行的安全、消防、环保等有关规定。

（5）具备良好的排水、电力、道路、通信等条件。

（6）靠近较大货源点，并适应服务区内的货运需求。

（三）公路货运站的分级

公路货运站的货物运输以参与完成集装箱运输和零担货物运输为主。

1. 公路零担货运站的站级划分

根据公路零担货运站年货物吞吐量，可将零担货运站划分为一、二、三级。

一级站：年货物吞吐量大于6万吨。

二级站：年货物吞吐量大于2万吨，小于6万吨。

三集站：年货物吞吐量小于2万吨。

2. 公路集装箱货运站的站级划分

根据年运输量、地理位置和交通条件的不同，集装箱货运站可分为四级。年运输量是指计划年度内通过货运站运输的集装箱量总称。

一级站：年运输量大于3万标准箱。

二级站：年运输量大于1.6万标准箱，小于3万标准箱。

三级站：年运输量大于0.8万标准箱，小于1.6万标准箱。

四级站：年运输量大于0.4万标准箱，小于0.8万标准箱。

任务实施

步骤一：教师导入"任务情境"，引出本次任务，并强调任务要求。

步骤二：以小组为单位进行讨论分析，完成任务。

该案例中运输距离较短、货量较小，由此可以选择公路运输方式。另外，由于医药物品的储运条件为遮光密封，所以选择厢式货车。同时根据公司现有的公路运力，应选择核载和仓容能够充分利用的厢式货车。由此，该任务应该选择司机姓名为王问贵的车，核载为5吨，车容为15立方米的厢式货车。

步骤三：小组代表发言，展示并阐述小组分析过程及所选择的运输工具。

步骤四：小组互评，教师点评，完成评价表，如表2-4和表2-5所示。

任务评价

表 2-4 小组评价表

班级		小组				
任务名称			选择运输方式			
考核项目	评价标准		参考分值	评价得分		
				自评	组间互评（平均）	教师评价
任务完成	按时正确完成任务		20			
	操作规范，具有良好的安全作业意识		20			
	具有良好的团队协作精神和全局观念		10			
	小计		50			
合计（自评×20% + 互评×40% + 教师评×40%）						

表 2-5 小组成员评价表

班级		小组		姓名		
任务名称			选择运输方式			
考核项目	评价标准		参考分值	评价得分		
				自评	组内互评（平均）	教师评价
基本素养	参与活动的态度		10			
	语言表达与沟通能力		5			
	团队合作		5			
专业知识和技能	掌握相关的专业基础知识		10			
	在小组任务完成中能应用所学相关专业知识，发挥专业技能水平		20			
	小计		50			
合计（自评×20% + 互评×40% + 教师评×40%）						

注：1. 学生实际得分 = 小组评价得分 + 小组成员评价得分；
2. 考评满分为100分，59分及以下为不及格；60~70分为及格；71~89分为良好；90分及以上为优秀。

拓展提升

公路货运站的设施设备

一、设施配置

公路货运站设施包括生产设施、生产辅助设施和生活服务设施。其设施构成应根据货运站的业务范围和规模而定。

（一）生产设施：包括业务办公设施、仓库或货棚设施、场地设施和道路设施。

（二）生产辅助和生产服务设施：生产辅助设施主要包括维修维护设施、动力设施、供水供热设施、环保设施等；生活服务设施主要包括食宿设施和其他服务设施。

二、设备配置

设备配置包括运输车辆、装卸机械、计量设备、管理系统、维修设备和安全、消防设备等。

任务三　公路运单

任务情境：

2015年5月9日10时，郑州万象物流有限公司的信息员宫艳接到来自郑州顺达贸易发展公司发来的运输请求。具体内容如表2-6所示。

表2-6　托运信息

托运单号	YD4610000005201	客户编号：S0000721
托运人	郑州顺达贸易发展公司 联系人：李丽；联系电话：0371-52261003；地址：河南省郑州市管城回族区郑东新区泰山路66号；邮编：450016	
取货地联系人	郑州惠京有限公司 联系人：祁霞；联系电话：0371-52261543；地址：河南省郑州市管城回族区郑东新区泰山路70号；邮编：450016	
包装方式	木箱	
物品详情	物品名称：VIDD牌切纸机；数量：80件；总重量：1560千克；总体积：12立方米	
收货人	南京A公司销售中心 联系人：王梓棋；联系电话：025-64351003；地址：南京市崇安区解放南路520号；邮编：214000	
托运要求	(1) 要求上门取货和送货，送货地联系信息与收货人联系信息相同 (2) 要求2015年5月11日17时之前送到南京崇安区解放南路520号 (3) 凭客户签字的运单作为回执 (4) 不投保	

宫艳获得全部托运信息后，登录公司系统录入相关信息。将运单号为YD4610000005201的托运信息编制成一张《公路货物运单》。

任务要求

请你以信息员宫艳的身份来缮制这张《公路货物运单》。

知识准备

一、公路运输业务受理流程

公路运输业务受理流程如图2-12所示。

接收指令 → 客户管理 → 订单录入 → 填制运单 → 传递信息 → 确认受理 → 缮制投保单 → 投保

图2-12　运输业务受理流程图

二、公路运单的含义

《公路货物运单》是公路货物运输及运输代理的合同凭证，是运输经营者接受货物并在运输期间负责保管和据以交付的凭据，也是记录车辆运行和行业统计的原始凭证。

《公路货物运单》不是议付或可转让的单据，也不是所有权凭证。《公路货物运单》必须记载下列事项：运单签发日期和地点，发货人、承运人、收货人的名称和地址，货物交接地点、日期，一般常用货物品名和包装方法，货物重量、运费，海关报关须知等。

三、公路运单的特点

填在一张货物运单内的货物必须是属同一托运人的。对拼箱装分卸货物，应将拼装货分卸情况在运单记事栏内注明。易腐蚀货物、易碎货物、易溢漏的液体、危险货物与普通货物，以及性质相抵触、运输条件不同的货物，不得用同一张运单托运。托运人、承运人修改运单时须签字盖章。

四、公路运单的流转

公路运单的流转如表2-7所示。

表2-7 《公路货物运单》各联流转过程

联　次	说　明
承运人联	取货人取货回站后，将此联交始发站，客服人员将依据此联填写的信息录入运输管理系统（TMS），始发站留存归档
结算联	交结算地财务进行结算并留存； 到付（即目的站收费），则此联随货同行发往目的地，交目的站结算人员； 其他结算方式，则此联交始发站结算人员
收货人联	派送成功后，将此联交收货人保存
到站留存联	派送成功后，请收货人在此联签字确认，将此作为签收联由目的站留存归档
托运人联	发货人将运单填写完成，签字确认后，将此联交发货人保存

五、填制要求

（1）运单号码：请填写托运单号；

（2）托运人姓名、电话、单位、托运人详细地址、邮编：分别填写托运人的联系人姓名、电话、托运人的单位名称、托运人的地址、托运人的邮编；

（3）托运人账号：结算方式为月结的，必须填写有效的托运人账号；其他情况（如：现结）的，该栏目为空；

（4）取货地联系人姓名、电话、单位、取货地详细地址、邮编：分别填写取货地的联系人姓名、电话、取货地的单位名称、取货地的地址、取货地的邮编；

（5）收货人姓名、电话、单位、收货人详细地址、邮编：分别填写收货人的联系人姓名、电话、收货人的单位名称、收货人的地址、收货人的邮编；

（6）收货人账号：该栏目为空；

（7）送货地联系人姓名、电话、单位、送货地详细地址、邮编：分别填写送货地的联系人姓名、电话、送货地的单位名称、送货地的地址、送货地的邮编；

（8）始发站、目的站：请填写城市名称，如：广州；

（9）运距、全行程：请填写始发站到目的站的公路里程；

（10）路由：填写货物的行走路线，请按以下格式填写：

不需中转（不更换运输工具）的运单	始发站－目的站，如：北京－广州
需中转（更换运输工具）的运单	始发站－中转站－目的站，如：北京－武汉－广州

(11) 起运日期：需要取货的运单请填写取货时间，否则填写托运人自行送站时间；

(12) 取货人签字、签字时间：实际取货的工作人员签字和签字时间；

(13) 计费重量、体积：请填写货物的实际总重量、实际总体积；

(14) 取/送货费：请填写取货费用和送货费用的合计，无取/送货费的，该栏目为空；

(15) 杂费：精确到元，无杂费的，该栏目为空；

(16) 费用小计：请填写运费、取/送货费、杂费的合计；

(17) 运杂费合计：请填写费用小计、保险费的合计大写方式请用"零"补齐；

(18) 付费帐号：结算方式为月结的，必须填写有效的托运人付费账号；其他情况（如：现结）的，该栏目为空；

(19) 制单人：请填写初次填写单据的工作人员；

(20) 受理日期：需要取货的运单请填写取货时间，否则填写制单时间；

(21) 受理单位：请填写制单人的所在工作单位名称。

备注：单据填制过程中，各字段的内容须完全以题干中所提供的信息为准！

任务实施

步骤一：接收运输请求。

2015年5月9日10时，郑州万象物流有限公司的客服接到来自郑州顺达贸易发展公司发来的运输请求，客服代表宫艳对该订单的真实性进行确认，并与客户联系，确认此批物品运输的真实性。

2015年5月9日12时进行此批货物运输的受理业务，并得知调度员程润安排取货员赵青去取货，取货点到达时间为2015年5月10日10时。

步骤二：准备缮制单据。

《公路货物运单》填写较复杂，也并不是完全由一个人来填制的，需要经过公路运输的各个结点、各个经办人填制，最终由收货方签字确认后返回。

空白《公路货物运单》的具体内容如表2-8所示。

当物品运输信息确认后，根据客户提供的托运信息，登录公司系统录入相关信息，准备将运单号为YD4610000005201的托运信息编制成一张《公路货物运单》。

步骤三：缮制货物运单。

客服代表根据客户的运输请求开始缮制运单号为YD4610000005201的《公路货物运单》，并且核算出此张运单的运杂费，分别为运费207.48元、取/送货费50元及杂费103.74元，费用采用现金的结算方式，《公路货物运单》具体填制信息如表2-9所示。

步骤四：物品派送签收。

运单交至送货人处，开始进行物品的派送工作，物品送至目的地后，公路运单交至收货人处签字、盖章确认。经确认后双方各留一联留存归档。

技能训练

1. 活动准备

2~3人为一组，以小组为单位，对以下活动内容进行小组讨论。

表 2-8 公路货物运单

运单号码					
托运人姓名		电话		收货人姓名	电话
单位				单位	
托运人详细地址			邮编	收货人详细地址	邮编
托运人账号				收货人账号	
取货地联系人姓名			单位	送货地联系人姓名	单位
电话			邮编	电话	邮编
收货地详细地址				送货地详细地址	
始发站		目的站		起运日期	年 月 日 时 要求到货日期 年 月 日 时
运距	公里	全行程	公里	是否取货 是 否 送货 是否要求回执
路由				取货 年 月 日 时 运单 客户单据
货物名称	包装方式	件数	计费重量（kg）	体积（m³）	
合计					

取货人签字：

托运人或代理人签字或盖章：　　　　　　　实际发货件数　　　　件　　分

收货人或代理人签字或盖章：　　　　　　　实际发货件数　　　　件　　分

续表

收费项	运费	取/送货费	杂费	费用小计		年	月	日	时	分
费用金额（元）					送货人签字:					
客户投保声明	不投保		投保			年	月	日	时	分
	投保金额	万	仟	元	保险费	元	角	备注:		
运杂费合计（大写）				佰	拾	元				
结算方式	现结	月结			预付款	元				
	到付	付费账号								
制单人		受理日期			年	月	日	时	受理单位	
填写本运单前，请务必阅读背书条款，您的签名意味着您理解并接受背书条款。										

项目二 公路运输基本知识

表 2-9 公路货物运单

运单号码：	YD461000005201					
托运人姓名	李丽	电话	0371-52261003	收货人姓名	王梓棋	电话	025-64351003
单位	郑州顺达贸易发展公司			单位	南京A公司销售中心		
托运人详细地址	河南省郑州市管城回族区郑东新区泰山路66号			收货人详细地址	南京市崇安区解放南路520号		
托运人账号		邮编	450016	收货人账号		邮编	214000
取货地联系人姓名	祁霞	电话	0371-52261543	送货地联系人姓名	王梓棋	单位	南京A公司销售中心
单位	郑州惠京有限公司			电话	025-64351003	邮编	214000
取货地详细地址	河南省郑州市管城回族区郑东新区泰山路70号			送货地详细地址	南京市崇安区解放南路520号		
始发站	郑州	目的站	南京	起运日期	2015年5月10日10时	要求到货日期	2015年5月11日14时
运距	665	全行程	665 公里	是否送货：√ 是 否		是否要求回执：	
路由	郑州—南京			取货：√ 运单 客户单据			
物品名称	包装方式	件数	计费重量（kg）	体积（m³）			
VIDD牌切纸机	木箱	80	1560	12			
合计		80	1560	12			
收费项（元）	运费	取/送货费	杂费	费用小计			
金额（元）	207.5	50	104	361.5			
取货人签字：							
托运人或代理人签字或盖章： 年 月 日 时 分							
实际发货件数							
收货人或代理人签字或盖章： 年 月 日 时 分 件							
实际发货件数							
送货人签字： 年 月 日 时 分 件							

43

续表

客户投保声明	不投保	是	投保								备注：				
保费金额															
运杂费合计（大写）	零	万	零	仟	叁	佰	陆	拾	壹	元	伍	角	元		
结算方式	现结	√	月结		预付款		元								
	到付				付费账号										
制单人	宫艳		受理日期	2015	年	05	月	09	日	12	时		受理单位	郑州万象物流有限公司	年 月 日 时 分

填写本运单前，请务必阅读背书条款，您的签名意味着您理解并接受背书条款。

44

2. 活动内容

2015年5月25日14:30，天顺物流有限公司郑州分公司的客服代表李薇接到来自东京商城发来的运输请求。东京商城是天顺物流有限公司的合约顾客，顾客编号为KH001。东京商城的联系人齐飞通过邮件发来一份发货通知，有一批纸箱包装的丝蕴洗护发产品，如图2-13所示，需要从郑州发运至南京华城超市大光路门店。

（1）托运方详细信息。

东京商城地址：河南省郑州市新郑市8号院银丰大厦1号楼；联系人：齐飞；联系电话：15834573746；邮政编码：451100。

图2-13 丝蕴洗护发产品

取货地联系人：黄庆；单位：东京商城；联系电话：13562144879；邮政编码：450011；取货地址：河南省郑州市金水区北环路陈砦南一街3号。

（2）收货方详细信息。

南京华城超市大光路门店地址：江苏省南京市大光路17号；联系人：何清；联系电话：13965748374；邮政编码：223001。

（3）托运物品详细信息如表2-10所示。

表2-10 托运物品详细信息

序号	物品名称	规格	外包装箱尺寸	体积	重量	数量	总体积	总重量
1	丝蕴水润顺滑润发乳	500ml×12	298×236×249（mm）	0.018m^3	7kg/box	50箱	0.9 m^3	350kg
2	丝蕴滋养强韧发膜	300ml×12	323×217×198（mm）	0.014m^3	5.3kg/box	50箱	0.742m^3	265kg
3	丝蕴滋养强韧洗发露	500ml×12	298×236×249（mm）	0.018m^3	7kg/box	30箱	0.54 m^3	210kg

（4）托运要求。

① 此批物品要求取货和送货。

② 取货地址为托运方地址，取货时与托运方联系人联系，到货时与收货方联系人联系。到货时间要求2015年5月28日17:00之前。

③ 要求返回收货方签字的运单作为回执。

（5）结算方式。

① 结算方式为现结，货到回单后由托运方结算，以客户签字的运单作为回执。

② 此批物品为重货，运费的计算公式为：吨公里运价×运距×吨数，吨公里运价为0.8元。

③ 取派费用总共为100元，其他杂费为50元。

（6）投保。

该批物品需要投保，投保金额为20 000元，保险费为160元。

（7）调度。

调度员洪坤安排货运员李涛去取货，李涛于2015年5月25日17点到达取货点取货，同时现场填制运单号为20150525001的《公路货物运单》，请托运人签字。

如果你是取货员李涛，请准确填写《公路货物运单》（见表2-11）。

3. 活动结果（参考）

表2-11 公路货物运单

运单号码										
托运人姓名		电话		收货人姓名					电话	
单位				单位						
托运人详细地址			邮编	收货人详细地址					邮编	
托运人账号				收货人账号						
取货地联系人姓名				送货地联系人姓名					单位	
电话				电话						
取货地详细地址				送货地详细地址					邮编	
始发站				起运日期	年	月	日	时	要求到货日期	年 月 日 时
运距	公里	目的站		是否送送		否			是否要求回执	
路由		全行程	公里	取货					运单	
货物名称	包装方式	件数	计费重量（kg）	体积（m³）	送货		年 月 日 时		客户单据	件
					取货人签字:					
					托运人或代理人签字或盖章： 实际发货件数		年 月 日 时			分 件
合计					收货人或代理人签字或盖章： 实际发货件数					分 件

续表

收费项	运费	取/送货费	杂费	费用小计		年	月	日	时	分
费用金额（元）										
客户投保声明	不投保		投保	送货人签字：						
	投保金额		保险费							
运杂费合计（大写）	万	仟	佰	拾	元	角	分	年	月	日 时 分
					元			备注：		
结算方式	月结				元					
	到付	付费账号		预付款						
制单人		受理日期	年	月	日	时	受理单位			

填写本运单前，请务必阅读背书条款，您的签名意味着您理解并接受背书条款。

任务评价（见表2-12和表2-13）

表2-12 小组评价表

班级		小组				
任务名称	公路运单考核					
考核项目	评价标准		参考分值	评价得分		
				自评	组间互评（平均）	教师评价
任务完成	按时正确完成任务		20			
	操作规范，具有良好的安全作业意识		20			
	具有良好的团队协作精神和全局观念		10			
	小计		50			
合计（自评×20% + 互评×40% + 教师评×40%）							

表2-13 小组成员评价表

班级		小组		姓名		
任务名称	公路运单考核					
考核项目	评价标准	参考分值	评价得分		
			自评	组间互评（平均）	教师评价
基本素养	参与活动的态度	10			
	语言表达与沟通能力	5			
	团队合作	5			
专业知识和技能	掌握相关的专业基础知识	10			
	在小组任务完成中能应用所学相关专业知识，发挥专业技能水平	20			
	小计	50			
合计（自评×20% + 互评×40% + 教师评×40%）					

注：1. 学生实际得分 = 小组评价得分 + 小组成员评价得分；

  2. 考评满分为100分，59分及以下为不及格；60～70分为及格；71～89分为良好；90分及以上为优秀。

任务四　公路货物运输合同

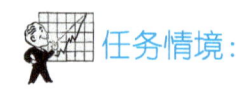

任务情境：

2014年5月17日，天翼发动机有限公司与通达物流公司在郑州签订了一份河南省公路运输合同书。合同约定托运货物为通机配件，数量为两件，纸箱包装，目的地为杭州。合同还对运费、运输起运时间、到达时间等内容进行了约定。合同签订后，该车按合同约定发车运输，运输途中货物丢失，导致收货人提不着货，造成损失共20 082元。此后，天翼发动机有限公司依据合同要求物流公司赔偿。我们应该怎样签订公路运输合同呢？

任务要求

（1）将班级同学分成若干小组，以小组为单位完成本次任务。

（2）小组代表要阐述本小组签订的公路运输合同条款内容。

知识准备

一、公路货物运输合同的概念

公路货物运输合同是指国内经营公路货物运输的企业与其他企业、农村经济组织、国家机关、事业单位、社会团体等法人之间，以及个人或联户之间，为了实现特定货物运输任务而明确相互权利义务关系的协议，要求托运货物的一方，称为托运方，承接货物运输任务的一方，称为承运方。

二、公路货物运输合同的特点

第一，公路货物运输合同的承运方必须持有经营公路货物运输的营业执照。否则，承运方无权对外签订货物运输合同。国家工商行政管理部门颁发的运输执照的主体包括：专业汽车运输企业（国营或集体）、工业企业运输队（在完成本企业运输任务以后所承接的任务）、联合运输企业和农村经营运输的专业户。

第二，具有门到门的优势和特点。公路汽车货物运输合同可以是全程运输合同，即交由公路承运人通过不同的运输工具一次完成运输的全过程。

第三，公路运输合同的标的是承运人的运送行为，而不是被运送的货物本身，属于提供劳务的合同，以货物交付给收货人为履行终点。

第三，承运人的许多义务是强制性的，如定期检修车辆，确保车辆处于适运状态；运费的计算和收取必须按照有关部门的规定，不得乱收费等。

第四，公路货物运输合同是双务有偿合同。承运人以承运货物为营业内容，以收取运费为营业目的。而且，在公路货物运输合同中双方当事人都负有义务，承运人须将货物从一地运送到另一地，托运人须向承运人支付运费。

第五，公路货物运输合同一般是诺成合同。公路货物运输合同一般是以托运人交付货物作为承运人履行合同义务的条件而非合同成立的条件，所以公路货物运输合同一般是诺成合同。

第六，公路货物运输合同大多是格式合同。格式合同是指由一方当事人预先拟定合同之内容，并以此与不特定相对人订定合同，不特定相对人在订定合同时无法磋商合同之内容，提供格式合同的一方处于要约人的地位，相对人则由承诺或拒绝要约之意思表示决定是否受合同拘束。

第七，公路货物运输合同可以采用留置的方式担保。《合同法》第三百一十五条规定：托运人或者收货人不支付运费、保管费以及其他运输费用的，承运人对相应的运输货物享有留置权，但当事人另有约定的除外。

三、公路货物运输合同的构成要素

（一）公路货物运输合同的主体

1. 托运人

货物托付承运人按照合同约定的时间运送到指定地点，向承运人支付相应报酬的一方当事人。

2. 承运人

本人或者委托他人以本人名义与托运人订立货物运输合同的当事人。

3. 收货人

公路货物运输合同中托运人指定提取货物的单位或个人。

（二）公路货物运输合同的客体

经济法律关系的客体又称标的，是指经济法律关系主体的权利和义务所共同指向的目标和所要达到的目的。公路货物运输合同的客体是指货物运输的劳务行为，即运送行为，而不是货物本身。

（三）公路货物运输合同的内容

（1）货物的名称、性质、体积、数量及包装标准。
（2）运输质量及安全要求。
（3）货物装卸责任和方法。
（4）货物的交接手续。
（5）批量货物运输起止日期。
（6）年、季、月度合同的运输计划（文书、表式、电报）提送期限和运输计划的最大限量。
（7）货物起运和到达地点、运距、收发货人名称及详细地址。
（8）运杂费计算标准及结算方式。
（9）变更、解除合同的期限。
（10）违约责任。
（11）双方商定的其他条款。

任务实施

步骤一：教师导入"任务情境"，引出本次任务，并强调任务要求。

步骤二：小组内部分成托运人和承运人两个角色，模拟签订公路货物运输合同，完成任务。

步骤三：小组互评，教师点评，如表2–14和表2–15所示。

任务评价

表2–14 小组评价表

班级		小组			
任务名称		公路货物运输合同考核			
考核项目	评价标准	参考分值	评价得分		
			自评	组间互评（平均）	教师评价
任务完成	按时正确完成任务	20			
	操作规范，具有良好的安全作业意识	20			
	具有良好的团队协作精神和全局观念	10			
	小计	50			
合计（自评×20% + 互评×40% + 教师评×40%）					

表 2-15 小组成员评价表

班级		小组		姓名	
任务名称	公路货物运输合同考核					
考核项目	评价标准	参考分值	评价得分		
			自评	组内互评（平均）	教师评价
基本素养	参与活动的态度	10			
	语言表达与沟通能力	5			
	团队合作	5			
专业知识和技能	掌握相关的专业基础知识	10			
	在小组任务完成中能应用所学相关专业知识，发挥专业技能水平	20			
	小计	50			
合计（自评×20%＋互评×40%＋教师评×40%）					

注：1. 学生实际得分＝小组评价得分＋小组成员评价得分；
　　2. 考评满分为 100 分，59 分及以下为不及格；60~70 分为及格；71~89 分为良好；90 分及以上为优秀。

拓展提升

一、货物运输合同的分类

根据不同的标准，运输合同可以划分为不同的种类。

（一）按运输方式分类

根据运输方式的不同，运输合同可以分为铁路运输合同、公路运输合同、水路运输合同、航空运输合同和多式联运合同五大类。这五类运输合同主体的承运人是不同的运输企业，而托运人和旅客可以是企事业单位，也可以是公民个人。

（二）按照运送对象分类

根据运送对象不同，运输合同可以分为旅客运输合同和货物运输合同两类。

旅客运输合同是指把旅客作为运送对象的合同。根据运输方式的不同，旅客运输合同又分为铁路旅客运输合同、公路旅客运输合同、水路旅客运输合同及航空旅客运输合同。与旅客运输相关的行李包裹运输，可以看作是一个独立的运输合同关系，也可以作为旅客运输合同的一个组成形式。

货物运输合同是指以货物作为运送对象的合同。根据运送方可以分为铁路、公路、水路、航空、管道、多式联运等货物运输合同。

（三）按照是否有涉外因素分类

根据是否有涉外因素，运输合同还可以分为国内运输合同和涉外运输合同两类。

国内运输合同是指运输合同当事人是中国的企业事业单位或者公民，起运地和到达地等都在国内的运输合同。

涉外运输合同是指当事人或者货物的起运地、到达地有一项涉及国外的合同，如国际铁路货物联运合同、国际航空运输合同等。

二、公路货物运输合同的变更与解除

公路货物运输合同的变更与解除，应遵守《中华人民共和国合同法》、《公路货物运输合同实施细则》和《汽车货物运输规则》的规定。

根据《汽车货物运输规则》规定，凡发生下列情况之一者，允许变更和解除合同：

第一，由于不可抗力使运输合同无法履行；

第二，由于合同当事人一方的原因，在合同约定的期限内确实无法履行运输合同；

第三，合同当事人违约，使合同的履行成为不可能或不必要；

第四，经合同当事人双方协商同意解除或变更，但承运人提出解除运输合同的，应退还已收的运费。

任务五 公路运输的成本核算与运费计算

任务情境：

吴华在呼和浩特通达物流公司工作。有一客户要求运送一批散装碎砖瓦，共4230千克，始发站是呼和浩特，目的地是天津塘沽，没有回程货物。该物流公司公布的一级普货费率为1.1元/（吨·千米），吨次费为15元/吨，途中通行费为80元，使用核载为5吨的敞车运输。货主要求运费为3500元。如果按照公路货物整车运输的计费要求计算运费，这批货物可以承运吗？

任务要求

结合以上"任务情境"，完成下列任务：

（1）将班级同学分成若干小组，以小组为单位完成本次任务。

（2）小组代表要展示本小组计算运费的过程。

（3）小组代表要阐述本小组通过计算得出的结论。

知识准备

一、公路运输成本的核算

（一）直接材料

1. 燃料

燃料是指营运车辆运行过程中所耗用的各种燃料，如运输过程中耗用的汽油、柴油、天燃气等燃料。

2. 轮胎

轮胎是指营运车辆所耗用的外胎、内胎、垫带，以及轮胎翻新费和零星修补费用等。

（二）直接人工

（1）工资：指按规定支付给营运车辆司机的基本工资、工资性津贴和生产性奖励金。

（2）职工福利费：指按规定的工资总额和比例计提的职工福利费。

（三）其他直接费用

1. 折旧费

折旧费指按规定计提的营运车辆折旧费。

2. 维修保养费

维修保养费指营运车辆进行各级保养及各种修理所产生的料工费、修复旧件费和行车耗用的机油、齿轮费等。

3. 养路费

养路费专指中国现在实行的，对在普通公路上行驶的车辆征收的专用于普通公路修建养护的行政事业性收费。

4. 其他费用

不属于以上各项目的与营运车辆运行直接有关的费用都算作其他费用。

（1）车管费：按规定向运输管理部门交纳的营运车辆管理费。

（2）行车事故损失：营运车辆在运行过程中，因行车事故发生的损失，但不包括非行车事故发生的货物损耗及由于不可抗力造成的损失。

（3）车辆牌照和检验费。

（4）保险费。

（5）车船使用税：指对在中国境内应依法到公安、交通、农业、渔业、军事等管理部门办理登记的车辆、船舶，根据其种类，按照规定的计税依据和年税额标准计算征收的一种财产税。以车船为征税对象，向拥有车船的单位和个人征收。

（6）过桥费：我国实行改革开放后，为加快经济发展，改善投资环境，道路桥梁由原来的政府统一规划建设改为政府、集体或个人投资建设，其中集体或个人投资修建的道路、桥梁允许投资人在一定时期内对过往机动车辆实行收费，以便收回建设成本和实现利润回报。属于桥梁收费的叫过桥费。

（7）轮渡费：是指汽车或列车等客货、车辆渡过河流、港湾或海峡所产生的费用。

（8）司机途中的住宿费、行车杂费等。

（四）营运间接费用

营运间接费用是指车队、车站、车场等基层营运单位为组织与管理营运过程所发生的，应由各类成本负担的管理费用和营业费用，包括工资、职工福利费、劳动保护费、取暖费、水电费、办公费、差旅费、修理费、保险费、设计制图费和试验检验费等。

（五）公路运输其他费用

1. 调车费

（1）应托运人要求，车辆调往外省、自治区、直辖市或调离驻地临时外出驻点参加营运，调车往返空驶者，可按全程往返空驶里程、车辆标记吨位和调出省基本运价的50%核收调车费。

（2）经承托双方共同协商，可核减或核免调车费。

（3）经铁路、水路调车，按汽车在装卸船、装卸火车前后行驶里程计收调车费；在火车、在船期间包括车辆装卸及待装待卸时，每天按 8 小时、车辆标记吨位和调出省计时包车运价的 40% 计收调车延滞费。

2. 延滞费

发生下列情况时，应按计时运价的 40% 核收延滞费。

（1）因托运人或收货人责任引起的超过装卸时间定额、装卸落空、等装待卸、途中停滞和等待检疫的时间。

（2）应托运人要求运输特种或专项货物需要对车辆设备改装、拆卸和清理延误的时间；因托运人或收货人造成不能及时装箱、卸箱、掏箱、拆箱和冷藏箱预冷等业务，使车辆在现场或途中停滞的时间。

延误时间从等待或停滞时间开始计算，不足 1 小时者，免收延滞费；超过 1 小时及以上者，以半小时为单位递进计收，不足半小时进整为半小时。车辆改装、拆卸和清理延误的时间，从车辆进场起计算，以半小时为单位递进计收，不足半小时进整为半小时。

（3）由托运人或收、发货人责任造成的车辆在国外停留延滞时间（夜间住宿时间除外），计收延滞费。延滞时间以小时为单位，不足 1 小时进整为 1 小时。延滞费按计时包车运价的 60%～80% 核收。

（4）在执行合同运输时，因承运人责任引起货物运输期限延误，应根据合同规定，按延滞费标准，由承运人向托运人支付违约金。

3. 装货落空损失费

应托运人要求，车辆开至约定地点装车（箱）落空造成的往返空驶里程，按其运价的 50% 计收装车（箱）落空损失费。

4. 道路阻塞停运费

汽车货物运输过程中，如发生自然灾害等不可抗力造成的道路阻滞，无法完成全程运输，需要就近卸存、接运时，卸存、接运费用由托运人负担。已完运程收取运费；未完运程不收运费；托运人要求回运的，回程运费减半；应托运人要求绕道行驶或改变到达地点时，运费按实际行驶里程核收。

5. 车辆处置费

应托运人要求，运输特种货物、非标准箱等需要对车辆改装、拆卸和清理所发生的工料费用，均由托运人负担。

6. 车辆通行费

车辆通过收费公路、渡口、桥梁、隧道等发生的费用，均由托运人负担。

7. 运输变更手续费

托运人要求取消或变更货物托运手续，应核收变更手续费。因变更运输，承运人已发生的有关费用，应由托运人负担。

二、公路货物运输运费的计算

（一）货物基本运价

1. 整批货物基本运价

整批货物基本运价是指一整批普通货物在等级公路上运输的每吨千米运价。在计算整批货物运输运费的同时，按货物重量加收吨次费。

2. 零担货物基本运价

零担货物基本运价是指零担普通货物在等级公路上运输的每千克千米运价。

3. 包车运价

计时包车货运计费时间以小时为单位，起码计费时间为 4 小时；使用时间超过 4 小时，按实际包用时间计算。整日包车，每日按 8 小时计算；使用超过 8 小时，按实际使用时间计算。时间位数不足半小时舍去，达到半小时进整为 1 小时。包车运输以元/吨位小时为计费单位。

（二）货物等级的确定

公路运输中，货物分为普通货物和特种货物。

1. 普通货物

普通货物又分为三个等级，即一等货物、二等货物和三等货物，如表 2-16 所示。以一等货物为基础，二等货物加成 15%，三等货物加成 30%。

表 2-16　普通货物运价分等表

等级	序号	货 类	货 物 名 称
一等货物	1	砂	砂子
	2	石	片石、渣石、寸石、石硝、粒石、卵石
	3	非金属矿石	各种非金属矿石
	4	土	各种土、垃圾
	5	渣	炉渣、炉灰、水渣、各种灰烬、碎砖瓦
二等货物	1	煤	原煤、块煤、可燃性片岩
	2	粮食及加工品	各种粮食（稻、麦、各种杂粮、薯类）及其加工品
	3	棉花、麻	皮棉、籽棉、旧棉、棉胎、木棉、各种麻类
	4	油料作物	花生、芝麻、油菜子、蓖麻子及其他油料作物
	5	烟叶	烤烟、土烟
	6	蔬菜、瓜果	鲜蔬菜、鲜菌类、鲜水果、甘蔗、甜菜、瓜类
	7	植物油	各种食用、工业、医药用植物油
	8	植物的种子、草、藤、树条	树、草、菜、花的种子，牧草、谷草、稻草、芦苇、树条、树跟、木柴、藤

续表

等级	序号	货 类	货 物 名 称
二等货物	9	蚕、茧	蚕、蚕子、蚕蛹、蚕茧
	10	肥料、农药	化肥、粪肥、土杂肥、农药（具有危险货物的除外）
	11	糖	各种食用糖（包括饴糖、糖稀）
	12	肉、油脂及制品	鲜、腌、酱肉类，油脂及制品
	13	水产品	干鲜鱼类、虾、蟹、贝、海带
	14	酱菜、调料	腌菜、酱菜、酱油、醋、酱、花椒、茴香、生姜、芥末、腐乳、味精及其他调味品
	15	土产杂品	土产品、各种杂品
	16	皮毛、塑料	生皮张、生熟皮毛、鬃毛绒及其加工品、塑料及制品
	17	日用百货、棉麻制品	各种日用小百货，棉麻纺织品，针织品，服装鞋帽
	18	药材	普通中药材
	19	纸、纸浆	普通纸及纸制品，各种纸浆
	20	文化体育用品	文具、教学用具、体育用品
	21	印刷品	报刊、图书及其他印刷品
	22	木材	圆木、方木、板料、成材、杂木棍
	23	橡胶、可塑材料及其制品	生橡胶、人造橡胶、再生胶及其制品、电木制品、其他可塑原料及其制品
	24	水泥及其制品	袋装水泥、水泥制品、预制水泥构件
	25	钢材、有色金属及其制品	钢材（管、丝、绳、板、皮条）、生铁、毛坯、铸铁件、有色金属材料、大/小五金制品、配件、小型农机具
	26	矿物性建筑材料	普通砖、瓦、缸砖、水泥瓦、乱石、块石、级配石、条石水磨石、白云石、蜡石、莹石及一般石制品、滑石粉、石灰膏、电石灰、矾石灰、石膏、石棉、白垩粉、陶土管、石灰石、生石灰
	27	金属矿石	各种金属矿石
	28	焦炭	焦炭、焦炭木、石油焦、沥青焦、木炭
	29	原煤加工品	煤球、煤砖、蜂窝煤
	30	盐	原盐及加工煤盐
	31	泥、灰	泥土、淤泥、煤泥、青灰、粉煤灰
	32	废品及散碎品	废钢铁、废纸、破碎布、碎玻璃、废鞋靴、废纸袋
	33	空包装容器	篓、坛罐、桶、瓶、箱、筐、袋、包、箱皮、盒
	34	其他[1]	未列入表中的其中的其他的货物
三等货物	1	蜂	蜜蜂、蜡虫
	2	观赏用花、木	观赏用长青树木、花草、树苗
	3	蛋、乳	蛋、乳及其制品
	4	干菜、干果	干菜、干果、子仁及各种果脯
	5	橡胶制品	轮胎、橡胶管、橡胶布类及其制品

续表

等级	序号	货 类	货 物 名 称
三等货物	6	颜料、染料	颜料、染料及助剂及其制品
	7	食用香精、树胶、木腊	食用香精、糖精、樟脑油、芳香油、木溜油、木腊、橡腊（橡油、皮油）、树胶
	8	化妆品	护肤、美容、卫生、头发用品等各种化妆品
	9	木材加工品	毛板、企口板、胶合板、刨花板、纤维板、木构件
	10	家具	竹、藤、钢、木家具
	11	交电器材	电影机、电唱机、收音机、家用电器[2]、打字机、扩音机、闪光灯、收发报机、普通医疗器械、无线电广播设备、电缆电线、电灯用品、蓄电池（未装酸液）、各种电子元件、电子或电动儿童玩具
	12	毛、丝、呢绒、化纤、皮革制品	毛、丝、呢绒、化纤、皮革制品的服装鞋帽
	13	烟、酒、饮料、茶	各种卷烟、各类瓶罐装的酒、汽水、果汁、食品、罐头、炼乳、植物油精、（薄荷油、桉叶油）、茶叶及其制品
	14	糖果、糕点	糖果、果酱（桶装）、水果粉、蜜饯、面包、饼干、糕点
	15	淀粉	各种淀粉及其制品
	16	冰及冰制品	天然冰、机制冰、冰淇淋、冰棍
	17	中西药品、医疗器具	西药、中药（丸、散、膏、丹、成药）及医疗器具
	18	贵重纸张	卷烟纸、玻璃纸、过滤纸、晒图纸、描图纸、绘图纸、国画纸、蜡纸、复写纸、复印纸
	19	文娱用品	乐器、唱片、幻灯片、录音带、录象带及其他演出用具及道具
	20	美术工艺品	刺绣、蜡或塑料制品、美术制品、骨角制品、漆器、草编竹编、藤编等各种美术工艺品
	21	陶瓷、玻璃及其制品	瓷器、陶瓷、玻璃及其制品
	22	机器及设备	各种机械及设备
	23	车辆	组成的自行车、摩托车、轻骑、小型拖拉机
	24	污染品	炭黑、铅粉、锰粉、乌烟（墨黑、松烟）、涂料及其他污染人体的货物、角、蹄甲、牲骨、死禽、死兽
	25	粉尘品	散装水泥、石粉、耐火粉
	26	装饰石料	大理石、花岗石、汉白玉
	27	带釉建筑用品	玻璃瓦、琉璃瓦、其他带釉建筑用品、耐火砖、耐酸砖、瓷砖瓦

注：1. 未列入表中的其他货物，除参照同类货物分等外，均列入二等货物；
　　2. 家用电器包括家用制冷电器、空气调节器、电风扇、厨房电器具、清洁卫生器具（洗衣机、吸尘器、电热淋浴器）、熨烫器、取暖用具、保健用具、家用电器专用配件等（摘自国家标准全国工农产品分类代码）。

2. 特种货物

特种货物又分为长大笨重货物、大型物件、危险货物、贵重货物、鲜活货物几类，如表 2-17 所示。其费用核算方法如下：

（1）一级长大笨重货物在整批货物基本运价的基础上加成40%～60%。
（2）二级长大笨重货物在整批货物基本运价的基础上加成60%～80%。
（3）一级危险货物在整批（零担）货物基本运价的基础上加成60%～80%。
（4）二级危险货物在整批（零担）货物基本运价的基础上加成40%～80%。
（5）贵重、鲜活货物在整批（零担）货物基本运价的基础上加成40%～60%。
（6）快速货物运价按计价类别在相应运价的基础上可加成40%。

表2-17 特种货物运价分类表

类别	分类概念	各类档次或序号	各类货物范围或货物名称
长大笨重货物		一级	货物长度6～10米或重量4吨以上（不含4吨）至8吨货物
		二级	货物长度10～14米或重量8吨以上（不含8吨）至20吨货物
大型物件		一级	（1）长度大于14米（含14米）小于20米； （2）宽度大于3.5米（含3.5米）小于4.5米； （3）高度大于3米（含3米）小于3.8米； （4）重量大于20吨（含20吨）小于100吨
		二级	（1）长度大于20米（含20米）小于30米； （2）宽度大于4.5米（含4.5米）小于5.5米； （3）高度大于3.8米（含3.8米）小于4.4米； （4）重量大于100吨（含100吨）小于200吨
		三级	（1）长度大于30米（含30米）小于40米； （2）宽度大于5.5米（含5.5米）小于6米； （3）高度大于4.4米（含4.4米）小于5米； （4）重量大于200吨（含200吨）小于300吨
		四级	（1）长度在40米以上者； （2）宽度在6米以上者； （3）高度在5米以上者； （4）重量在300吨以上者
危险货物类	交通部《汽车危险货物运输规则》中列名的所有危险货物	一级	《汽车危险货物运输规则》中规定的爆炸物品、一级氧化剂压缩气体和液体气体、一级自然物品、一级遇水易燃物品、一级易燃固体、一级易燃液体、剧毒物品、一级酸性腐蚀物品、放射性物品
		二级	《汽车危险货物运输规则》中规定的二级易燃液体、有毒物品、碱性腐蚀物品、二级酸性腐蚀物品
贵重货物类	价格昂贵运输责任重大的货物	1	（目前没有货物归为该类）
		2	货币及主要证券：货币、国库券、邮票等
		3	贵重金属及稀有金属。贵重金属：金、银、钡、白金等及其制品；稀有金属：钴、钛等及其制品
		4	珍贵艺术品：古玩字画、象牙、珊瑚、珍珠、玛瑙、水晶宝石、钻石、翡翠、琥珀、猫眼及其制品，景泰蓝制品，各种雕刻工艺品，仿古艺术制品和壁毯刺绣艺术品等

续表

类别	分类概念	各类档次或序号	各类货物范围或货物名称
贵重货物类		5	贵重药材和药品：鹿茸、麝香、犀角、高丽参、西洋参、冬虫草、羚羊角、田三七、银耳、天麻、蛤蟆油、牛黄、熊胎、鹿胎、豹胎、海马、海龙、藏红花、猴枣、马宝及以其为主要原料的制品和贵重西药
		6	贵重皮毛：水獭皮、海龙皮、豹皮、灰鼠皮、玄虎皮、猞猁皮、金丝猴皮及其制品
		7	珍贵食品：海参、干贝、鱼肚、鱼翅、燕窝、鱼唇、鱼皮、鲍鱼、猴头、熊掌、发菜
		8	高级精密机械及仪表：显微镜、电子计算机、高级摄影机、摄像机、显像管、复印机及其他精密仪器仪表
		9	高级光学玻璃及其制品：照相机、放大机、显微镜等的镜头片，各种光学玻璃镜片，各科学实验光学玻璃仪器的镜片。电视机、录放音机、音响组合机、录像机、手表等
鲜活货物类	货物价值高、运输时间性强、运输效率低、责任大的鲜活货物	1	各种活牲畜、活禽、活鱼、鱼苗
		2	供观赏的野生动物：虎、豹、狮、熊、熊猫、狼、象、蛇、蟒、孔雀、天鹅等
		3	供观赏的水生动物：海马、海豹、金鱼、鳄鱼、热带鱼
		4	名贵花木：盆景及各种名贵花木

（三）货物计费重量的确定

（1）货物的重量一般以起运地过磅为准。起运地不能或不便过磅的货物，由承运和托运双方协商确定计费重量。如果承运车辆标记载重量大于货物重量，则按车辆标记载重量计费；反之，按货物重量计费。

（2）一般货物：无论整批、零担货物，计费重量均按毛重计算。

整批货物以吨为单位，吨以下计至100千克，尾数不足100千克的，四舍五入。

零担货物以千克为单位，起码计费重量为1千克。重量在1千克以上，尾数不足1千克的，四舍五入。

（3）对于散装货物，如瓦、砂、土、矿石和木材等，按体积由各省、自治区、直辖市统一规定重量换算标准计算重量。

（4）包车运输：按车辆的标记吨位计算。

（5）轻泡货物：每立方米重量不足333千克的轻泡货物，在整车装运时货物的长、宽、高，以不超过有关道路安全规定为限度，按车辆标记吨位计算重量。零担运输轻泡货物以货物包装最长、最宽、最高部位尺寸计算体积，按每立方米折合333千克计算重量。

（6）货物运输计价以元为单位，运费尾数不足1元时，采用四舍五入法计算。

（四）计费里程的确定

1. 里程单位

货物运输计费里程以千米为单位，尾数不足1千米的，进整为1千米。

2. 里程的确定

（1）货物运输的营运里程，按交通部和各省、自治区、直辖市交通行政主管部门核定、颁发的《营运里程图》执行。可以在网络上查看我国主要城市间公路运输里程表。

（2）货物运输的计费里程，按装货地点到卸货地点的实际载货的营运里程计算。

（3）城市市区里程按当地交通主管部门确定的市区平均营运里程计算；当地交通主管部门未确定的，由托承双方协商。

（4）因自然灾害造成道路中断，车辆需要绕道行驶的，按实际行驶里程计算。

（五）货物运费的计算公式

（1）整批货物的运费＝吨次费×计费重量＋整批货物运价×计费里程×计费重量＋货物运输其他费用。

吨次费是指对整批货物运输以吨为基本单位，以单程运输为一次，按货物重量加收的费用。它是实际限制运价时，因考虑到短途运输中始发地、终止地作业成本的实际支出，另加的一项作为公路货物运价的组成部分的费用。

（2）零担货物运费＝计费重量×计费里程×零担货物运价＋货物运输其他费用。

（3）包车运费＝包车时间×元/吨位小时。

（4）专线货物运输运费＝货物计费重量×运价率＋货物计费重量×运价率×加成率。在各地的专线运输中，由于计费里程是固定的，所以运价单位是元/吨。

任务实施

教师引导，学生分成小组完成任务。

步骤一：确定货物等级及基本运价。

经查阅《公路普通货物运价分等表》及《公路特种货物运价分等表》可知，碎砖瓦属于一等普通货物。所以，该批货物基本运价为1.1元/（吨·千米）

步骤二：确定货物计费重量。

根据计费重量确定规则：整批货物吨以下计至100千克，尾数不足100千克的，四舍五入。该批货物实际重量为4230千克，尾数30千克不足100千克，应该舍去。该批货物的计费重量为4200千克，即4.2吨，但该批货物使用核载为5吨的车辆运输，5吨大于4.2吨，最终货物的计费重量为5吨。

步骤三：确定计费里程。

经查阅《全国主要城市间公路里程表》可知，呼和浩特至天津的距离是696千米。

步骤四：确定货物运输其他费用为通行费80元。

步骤五：计算运费。

整批货物的运费＝吨次费×计费重量＋整批货物运价×计费里程×计费重量＋货物运输其他费用＝15元/吨×5吨＋1.1元/（吨·千米）×696千米×5吨＋80元＝3983元

步骤六：结论。

如果按照公路货物整车运输的计费要求计算运费为3983元，而客户要求运费为3500元，所以不能承运。

任务评价 （见表 2-18 和表 2-19）

表 2-18　小组评价表

班级			小组		
任务名称			公路运输的成本核算与运费计算		
考核项目	评价标准	参考分值	评价得分		
			自评	组间互评（平均）	教师评价
任务完成	按时正确完成任务	20			
	操作规范，具有良好的安全作业意识	20			
	具有良好的团队协作精神和全局观念	10			
	小计	50			
合计（自评×20% + 互评×40% + 教师评×40%）					

表 2-19　小组成员评价表

班级			小组		姓名	
任务名称			公路运输的成本核算与运费计算			
考核项目	评价标准	参考分值	评价得分			
			自评	组内互评（平均）	教师评价	
基本素养	参与活动的态度	10				
	语言表达与沟通能力	5				
	团队合作	5				
专业知识和技能	掌握相关的专业基础知识	10				
	在小组任务完成中能应用所学相关专业知识，发挥专业技能水平	20				
	小计	50				
合计（自评×20% + 互评×40% + 教师评×40%）						

注：1. 学生实际得分 = 小组评价得分 + 小组成员评价得分；

2. 考评满分为 100 分，59 分及以下为不及格；60~70 分为及格；71~89 分为良好；90 分及以上为优秀。

拓展提升

运杂费收款办法

（1）预收运费方式：是指托运人在货物运输之前将运杂费预付给承运人，在结算时，多退少补。

（2）现金结算方式：按实际发生的运杂费总额向托运人收取现金。

（3）财务托收：由承运方先垫付，定期凭运单回执汇总所有费用总额，由银行向托运方托收运费。

（4）月结方式：是指物流公司财务每月对某托运人当月托运的运费结算一次，统一付款。该方式适用于比较稳定的客户。

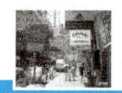

（5）其他结算办法，如预交转账支票、代收货款、按协议收取包干费用等。

巩固提高

一、名词解释
1. 公路货物运输
2. 公路货运站
3. 公路货物运单
4. 公路货物运输合同

二、选择题
1. 公路运输按照货运营运方式可分为（　　）。
　　A. 整车运输　　B. 零担运输　　C. 集装箱运输　　D. 集中运输
　　E. 联合运输　　F. 包车运输　　G. 甩挂运输
2. 快件货运是指从货物受理的当天（　　）时起算。
　　A. 12　　　　　B. 13　　　　　C. 14　　　　　　D. 15
3. 公路按使用任务、功能和适应的交通量可分为（　　）。
　　A. 高速公路　　B. 一级公路　　C. 二级公路　　D. 三级公路
　　E. 四级公路
4. 公路运输货运站设施包括（　　）。
　　A. 生产设施　　B．生产辅助设施　　C. 生活辅助设施
5. 公路零担货运站一级站年货物吞吐量大于（　　）万吨。
　　A. 4　　　　　B. 5　　　　　C. 6　　　　　　D. 7
6. 下列不属于公路货物运输合同主体的是（　　）。
　　A. 承运人　　　B. 运输工具　　C. 托运人　　　D. 收货人
7. 公路货物运输合同的客体是（　　）。
　　A. 货物　　　　B. 运输工具　　C. 运输劳务行为
8. 根据《汽车货物运输规则》规定，凡发生下列情况（　　）者，允许变更和解除合同。
　　A. 由于不可抗力使运输合同无法履行
　　B. 由于合同当事人一方的原因，在合同约定的期限内确实无法履行运输合同
　　C. 合同当事人违约，使合同的履行成为不可能或不必要
　　D. 经合同当事人双方协商同意解除或变更
9. 公路运输过程中的直接材料包括（　　）。
　　A. 燃料　　　　B. 轮胎　　　　C. 维修保养材料　　D. 公路
10. 运杂费收款办法有（　　）。
　　A. 预收运费　　B. 现金结算　　C. 财务托收　　D. 月结

三、简答题
1. 公路货物运输特点有哪些？
2. 公路货物运输组织形式有哪些？
3. 公路货物运输设施设备有哪些？

4. 公路运输货运站的选址原则有哪些？

5. 公路货物运输合同的主要条款有哪些？

四、技能训练题

1. 请调查本地两家物流企业的运输组织形式，制作成PPT进行汇报。

2. 有一批冷饮从郑州运到开封，根据所学知识选择合理的运输工具。

3. 有一批牲畜从郑州运到西安，根据所学知识选择合理的运输工具。

4. 有10吨液化气从郑州运往濮阳，根据所学知识选择合理的运输工具。

5. 将学生分成小组，各小组调查一家本地物流企业公路运输使用的运输工具资料，制作成PPT进行课堂汇报。

6. 上海双友物流有限公司是国内一家以货物运输为主营业务的第三方物流企业，公司内部分为业务部、仓储部、运输部、客服部等职能部门，并在全国各主要省会城市设有分公司。

2015年4月10日，上海双友物流有限公司上海总公司业务员杨静接到上海张裕酒业营销有限公司（客户编号KH0024）的业务需求，经双方商讨，签订货物托运合同，将上海工厂的纸箱包装货品运送到张裕酒业温州代售处。合同中涉及的托运货物如下：

（1）张裕珍藏级解百纳750毫升/瓶，900件，总量1350千克，体积7立方米。

（2）张裕金钻冰酒500毫升/瓶，1200件，总量1650千克，体积8立方米。

（3）张裕百年酒窖干红葡萄酒750毫升/瓶，800件，总量1200千克，体积6立方米。

联系方式如下：

上海办公室的地点是上海市闸北区灵石路122号，联系人陈志朋，电话021-56585821，邮编200072；

上海工厂的地址是上海市松江区九干路79号，联系人张斌，电话021-68657523，邮编200451；

温州代售处地址是温州市鹿城区人民西路278号，联系人王自强，电话0577-2641745，邮编325002。

合同细节要求如下：

上海张裕酒业营销有限公司将货物委托给上海双友物流有限公司进行货物运输及送货服务，为保障托运人的权利及货物的安全，对托运物品进行保险，针对合同中的三种商品均进行投保，货物投保总价值为300 000元人民币，投保费率为货品价值的1%，货物要求在4月13日17时之前送到托运人指定的地点，运费为4000元，取派费用为300元，预付50%费用，凭客户签字的运单作为回执单，方可结清剩余运费。

杨静根据上海张裕酒业营销有限公司的合同要求编制作业通知单，并下达指令给公司运输部门调度负责人陈启。运输部可以调度的资源如下：

车辆：车辆A，车牌号沪B-H7816，载重量10吨，容积18立方米；车辆B，车牌号沪C-A5882，载重量16吨，容积32立方米。

人员：司机秦波13565207816，搬运工人两人孙强、孙景。

调度部门员工刘秦安排车辆及货运员刘安进行取货，4月11日9时到达取货点取货，同时由货运员刘安编制运单号为YD0013的《公路货物运单》。上海到温州的距离为600千米。

假如你是刘安，请按实际情况填写如表2-20所示的《公路货物运单》。

表2-20 公路货物运单

运单号码									
托运人姓名		电话		收货人姓名				电话	
单位				单位					
托运人详细地址				收货人详细地址					
托运人账号		邮编		收货人账号				邮编	
取货地联系人姓名		单位		送货地联系人姓名				单位	
电话		邮编		电话				邮编	
取货地详细地址				送货地详细地址					
始发站		目的站		起运日期	年 月 日 时		要求到货日期	年 月 日 时	
运距	公里	全行程	公里	是否取送	取货 是 否	送货	是否要求回执		
路由				取货人签字: 年 月 日 时			运单	年 月 日 时	
货物名称	包装方式	件数	计费重量（kg）	体积（m³）				客户单据	
					托运人或代理人签字或盖章: 实际发货件数				分件
					收货人或代理人签字或盖章: 实际发货件数				分件
合计									件

续表

收费项	运费	取/送货费	杂费		费用小计			年	月	日	时	分
费用金额（元）							送货人签字：					
客户投保声明	不投保	投保金额	投保		保险费			年	月	日	时	分
		万 仟 佰	拾 元	角	元		备注：					
运杂费合计（大写）												
结算方式	现结	月结		预付款								
	到付	付费账号										
制单人		受理日期		年	月	日	时	受理单位				

填写本运单前，请务必阅读背书条款，您的签名意味着您理解并接受背书条款。

7. 2014年5月9日10时，顶通物流有限公司郑州分公司客服代表王秋接到春景服饰有限公司的业务需求，经双方商讨，签订货物托运合同，从郑州的工厂将物品运送到在杭州的分公司。合同中涉及的托运货物如下，货物均由纸箱包装：

(1) 女士长裙（黑色/S），2000件，总量4000千克，体积12立方米。
(2) 男士长裤（灰色/XL），800条，总量1000千克，体积4立方米。
(3) 男士衬衣（白色/XL），3000件，总量5000千克，体积14立方米。

郑州工厂的地址是郑州市嘉定区嘉定公路1192号，联系人张珊，电话0371-75836382。杭州分公司的地址是杭州市大学城1号大街344号，联系人吴明，电话0571-84739382。

合同中，要求顶通物流有限公司在5月12日之前将货物送到收货点，运费总价1000元，先行支付一半，凭收货签字的运单，支付剩余运费。

请根据以上案例描述模拟托运人和承运人签订公路货物运输合同。

五、公路运费计算题

1. 江西南昌有一批稻谷，重量为7吨，运往广东深圳，承运物流公司公布的整车运输的吨次费为8元/吨，基本运价率为0.3元/（吨·千米）。请计算运费。

2. 安徽合肥有一批木材，重量为2538千克，目的地是江苏徐州，承运物流公司公布的零担货物基本运价率为0.0025元/（千克·千米），道路通行费为160元，请问物流公司共核收托运人多少费用？

3. 湖南湘潭市宏旺玩具批发商王某托运两箱毛绒玩具，每箱规格为1.0米×0.8米×0.8米，毛重185.3千克，承运人公布该货物运费率为0.0025元/（千克·千米），运输距离120千米，货主要支付多少运费？

(1) 写出基本计算公式。
(2) 写出计算步骤及结果。

项目三 公路运输作业实务

项目目标

- ❖ 了解整车运输操作模式
- ❖ 了解零担运输流程
- ❖ 初步了解并会应用公路运输司机管理相关方法和技能
- ❖ 知晓公路运输事故保险与索赔方法
- ❖ 培养学生良好的职业素质及严谨的工作作风

运输作业实务

任务一　整车运输

任务情境：

随着西部大开发的推进，西部资源越来越引人关注，尤其是西部的太阳能资源，昆山有一批太阳能光板约合35吨，要运往青海，由于装卸地点均为一个，考虑到运输的时效性、便捷性、经济性，应使用什么运输方式呢？

任务要求

结合以上任务情境，完成下列问题：
（1）知道整车运输的含义。
（2）知晓并理解整车运输的操作模式。
（3）清楚整车运输的管理方式。
（4）班级分成若干小组，以小组为单位，进行小组自评、小组互评和教师点评。

知识准备

一、认知整车运输

（一）整车运输的含义

中华人民共和国国家标准物流术语（GB/T 18354—2006）对整车运输的定义是：按整车办理承托手续、组织运送和计费的货物运输。与之相应地是零担运输，零担运输即按零散货物办理承托手续、组织运送和计费的货物运输。

（二）整车运输背景

我国的整车市场份额与零担相比，比例大致为7∶3，通过与美国市场进行对比发现，我国的整车运输的市场份额还能不断增加，市场潜力非常大，如图3-1所示。

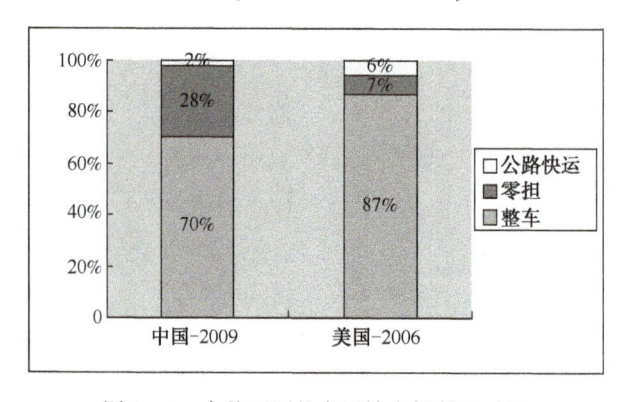

图3-1　中美两国整车运输市场份额对比

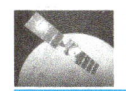

（三）整车运输现状

1. 业务模式

- **SWIFT 美国转运交通**：美国第一大整车运输公司，2011 年总收入为 33 亿美元，其中整车收入占 87%。模式特点：分公司——SWIFT 有 37 家直营分公司，负责所在地区域的客户开发、维护和业务拓展；承运商——拥有 75% 的自有车辆和 25% 的外请车辆；客户——主要发展发货稳定、不存在周期性的大型客户。

- **LANDSTAR Landstar 模式特点**：分公司——分公司区域代理以加盟形式加入 Landstar，主要负责开发货源；承运商——Landstar 承运商均为外请，公司无自有车辆；客户——通过专有信息系统与区域代理和承运商紧密联系。

- **罗宾逊模式特点**：分公司——直营，分公司设立销售人员负责开发客户，集中化运营商服务组负责开发承运商；承运商——公司仅有少量的自有卡车，绝大部分承运商为外请车辆；客户——公司内部有统一的信息系统用于匹配承运商那里的客户需求。

- **德邦 德邦物流模式特点**：分公司——直营，整车业务开发与零担融合，无独立的整车客户开发人员和整车运营体系；绝大部分运力为整合社会资源，少数为公司自有车辆；公司内部对于整车客户随意性强，没有特定的客户群体和客户维护机制，德邦的模式类似于美国转运交通，但是在客户群体上存在一定差异。

2. 客户类型

整车运输企业发货性质如图 3-2 所示。

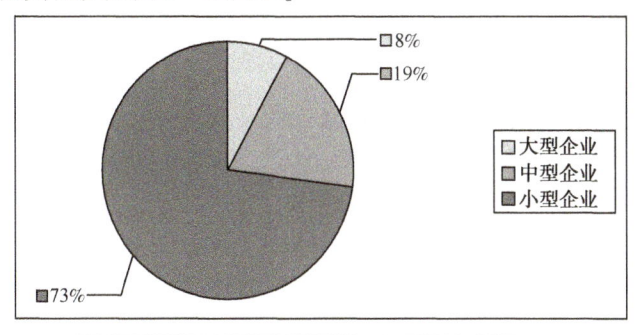

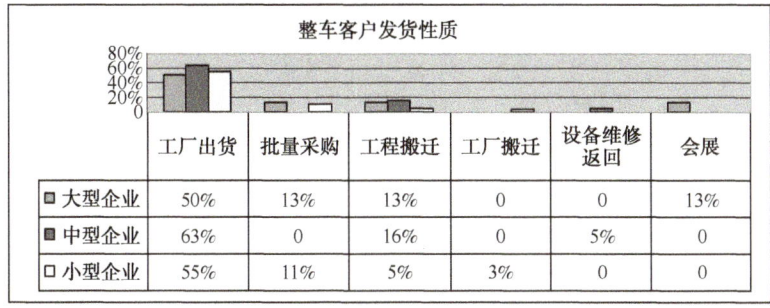

	工厂出货	批量采购	工程搬迁	工厂搬迁	设备维修返回	会展
大型企业	50%	13%	13%	0	0	13%
中型企业	63%	0	16%	0	5%	0
小型企业	55%	11%	5%	3%	0	0

图 3-2 整车运输企业发货性质

（饼图：大型企业 8%，中型企业 19%，小型企业 73%）

整车市场规模很大，但过于分散，多为小规模企业工厂出货，发货不稳定。

操作模式多为依托停车场成立交易中心，坐等客户上门；自有报价，对外无统一价格；无系统市场挖掘与营销；整车车辆资源多为由中介信息部整合对接的货物与车辆信息；资源整合水平较差。

二、整车运输收货注意事项

（一）违禁品分类（如表3-1所示）

表3-1 违禁品分类

整车违禁品明细表		
国家法定违禁品	枪支弹药警戒类	武器及其部件，各种类型的军用枪支、民用枪支、运动枪、猎枪、信号枪、麻醉注射枪、仿真武器、炸弹、手榴弹、子弹、照明弹、教练弹、烟幕弹、炸药、引信、雷管、导火索及其他爆炸物品，纵火器材
^	管制刀具类	匕首、三棱刀、三棱刮刀、半圆刮刀、侵刀、扒皮刀、羊骨刀、猎刀、弹簧刀、单刃及双刃（刀体8厘米以上，自带锁装置或非折叠式），武术用刀（能开刃的），少数民族用的藏刀、腰刀、靴刀、弓、弩（备注：若无法区分为何种刀具，则刀体超过25厘米的一律不可收运）
^	毒品类	鸦片、吗啡、大麻、可卡因、可待因、海洛因、摇头水、罂粟、杜冷丁、古柯、冰毒、K粉、咖啡因、三唑仑、安钠咖、氟硝安定、麦角乙二胺（LSD）、安眠酮、丁丙诺啡、地西泮、鼻吸剂
^	麻醉药品类	阿片粉、复方橘梗散、阿片酊、盐酸吗啡注射液、盐酸乙基吗啡、盐酸罂粟碱、福尔可定及其片剂、盐酸可卡因、全阿片素、大麻浸膏、杜冷丁注射液、杜冷丁片、安侬痛注射液、枸缘酸芬太尼注射液、美散痛注射液、美散痛片、曲马多（备注：具体明细见《营12-016收货管理制度》附件2"麻醉药品类明细"）
^	高价值类	所有国家的货币（现金等）、有价证券，伪造的国家货币及有价证券，黄金、白银、金箔、珍贵文物、古董、珠宝、玉器、钻石
^	禁运读物及音像制品	对中国政治、经济、文化、道德有害的，内容涉及国家机密，带有违反"一个中国"原则的所有印刷品及照片；淫秽、迷信、盗版类的印刷品；赌博设备及器具（不包括扑克牌、麻将等娱乐设施），光碟、磁带、录像带
^	烟草及动植物皮毛类	烟草、香烟（10条以上，含10条）、走私品、尸骨（包括已焚化的尸骨）、未经硝制或药制的兽皮兽骨、尸体、动植物活体、未经处理的动物皮毛
一级违禁品	易燃易爆物品	酒精、煤油、汽油、液压刹车油、干冰、丁烷、樟脑油、油墨、松节油、硝化甘油、松香油、香蕉水、易燃油漆、火柴、打火机、液压气瓶（包括空瓶）、闪光粉、显影液、化油器清洗剂、抛光液、稀释液、硝化纤维胶片、金属钠、金属钾、鞭炮、磷粉、镁、天那水、灭火器、染料、蓄电池（包括蓄电池壳）、救生器、钛类、含油金属屑、含动植物油的油棉纱油纸及其制品、电瓶、打火石、活性炭，有易燃易爆标志的货物，带文字说明的易燃易爆货物，遇水遇氧或到一定温度会产生冒烟、自燃、爆炸等强烈化学反应的物品
^	化学危险品	氧化剂、发光剂、过氧化钠、过氧化钾、硝酸铵、过氧化铅、亚硫酸氢钠、压缩气体、过氧乙酸、双氧水、生化物品、传染性物品、硫酸、硝酸、氢氧化钾、氢氧化钠、强碱、农药（中性毒及以上）、传染性细菌、生物培养基、带有活病源体的物质、来自疫区的食品、医疗废物、化工废物、工业废物、疫苗、血液制品、人体器官
^	放射性物品类	具有α、β、γ射线和中子流的货物及金属，如镭、铀、钚、钢和核能物品
海运禁运品		内地往返海南、香港及其他地区的需通过海运运输的整车，除包含以上类别外，还禁止收运任何液体、乳状、胶状等流体类货物

（二）违禁品辨识（如图3-3及表3-2所示）

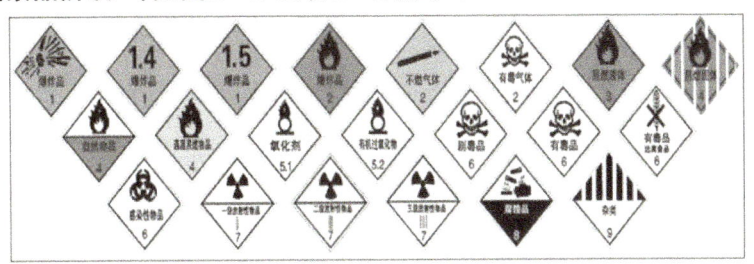

图3-3 违禁品标志

表3-2 违禁品辨识

类　　别	判　断　技　巧
易燃违禁品标志	（1）先看外包装是否有易燃违禁品标志； （2）打开包装后重点关注商标说明区域，先看是否有易燃违禁品标志； （3）对于文字说明部分，要看商标说明区域的产品介绍部分是否有易燃、易爆、远离火源、过氧XX、二氧XX等字样
蓄电池	（1）货物外包装是否存在蓄电池等字样； （2）开箱验货，看外壳上是否有正（+）、负（-）极标志； （3）晃动后看内部是否有液体存在
汽油	收取摩托车、电器设备时要注意其是否有无色或淡黄色液体存在；可以通过气味进行初步判断
油漆	多为铁桶包装，看包装外商品说明区域是否有油漆字样，或易燃标志

（三）特殊类货物注意事项（如表3-3所示）

特殊类货物主要包括：工艺品、家具乐器、LED、液晶、等离子、食品类、不确定价值类，以及其他易碎品等类型。

表3-3 特殊类货物

整车特殊类货物明细表	
工艺品类	铁艺物品、铜艺物品、花艺物品、骨雕物品、木雕物品、石雕物品、竹雕物品、炭雕物品、树脂类工艺品
家具、乐器类	钢琴、红木家具（用紫檀木、花梨木、香枝木、黑酸枝、红酸枝、乌木、条纹乌木、鸡翅木制成的家具）、马桶
LED类	所有非原厂包装的LED类电视、LED类显示器、LED类显示屏
液晶类	所有非原厂包装的液晶类电视、液晶类显示器、液晶类显示屏
等离子类	所有非原厂包装的等离子类电视、等离子类显示器、等离子类显示屏
其他易碎	灯具、亚克力板（有机玻璃）、含玻璃的家具、大理石类物品、所有酒类
食品类	新鲜的肉、新鲜的水产品、新鲜的蛋类、速冻食品、需低温保存（运输）物品
不确定价值类	有效证件、车牌、文件、技术资料、公章、合同、发票、游艇、玉雕物品、象牙雕刻物品、各种土壤样本
特殊类	四氯化碳、二恶英、滴滴涕、氯丹、磁钢及磁铁（仅指包含磁性）、需冷藏或防晒等特殊条件保管的物品

此类货物主要特征：货物和包装无法承担在途运输风险；货物价值高或无法确定，保留原厂包装，严禁裸包装。

任务实施

步骤一：审核整车运输物品是否为禁运品。
步骤二：整车运输物品报价。
步骤三：整车运输物品协议办理。
步骤四：小组互评和教师评价（见表3-4和表3-5）。

任务评价

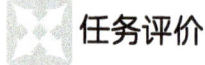

表3-4 小组评价表

班级		小组			
任务名称		整车运输技能训练			
考核项目	评价标准	参考分值	评价得分		
			自评	组间互评（平均）	教师评价
任务完成	按时正确完成任务	20			
	操作规范，具有良好的安全作业意识	20			
	具有良好的团队协作精神和全局观念	10			
	小计	50			
合计（自评×20% + 互评×40% + 教师评×40%）					

表3-5 小组成员评价表

班级		小组		姓名	
任务名称		整车运输技能训练			
考核项目	评价标准	参考分值	评价得分		
			自评	组内互评（平均）	教师评价
基本素养	参与活动的态度	10			
	语言表达与沟通能力	5			
	团队合作	5			
专业知识和技能	掌握相关的专业基础知识	10			
	在小组任务完成中能应用所学相关专业知识，发挥专业技能水平	20			
	小计	50			
合计（自评×20% + 互评×40% + 教师评×40%）					

注：1. 学生实际得分 = 小组评价得分 + 小组成员评价得分；
  2. 考评满分为100分，59分及以下为不及格；60~70分为及格；71~89分为良好；90分及以上为优秀。

拓展提升

整车运输发运流程

一、整车报价

$$整车价格 = 重量（或体积两者取大）\times 运费单价$$

整车物品分为重货、泡货，在实际营运过程中，会根据货物的重泡比来选择计费方式。运费单价的影响因素有线路、车型及季节等因素。

二、整车运输协议办理流程

（1）运费支付——始发运费不超过1/3，押回单则始发不超过2/3（押回单，货物签收后，司机凭收货证明到始发地结款）。

（2）核实四证一卡原件：驾驶证、行驶证、营运证、身份证、保险卡，并复印一份留底。

（3）填写运输协议，司机需亲笔签名并按红色手印；主驾驶、承运人（乙方）、乙方签字处姓名应为同一人。

（4）打印收货证明，并告知司机卸货完毕后通知发车方。

（5）货物有到付款时，不能直接将收货客户详细信息给司机；需由发货公司工作人员跟踪收货过程，防止款项无法收回。

三、整车运费结算

（1）客户书面确认正常签收，收货证明等。
（2）收货工作人员确认货物正常。
（3）非司机责任造成的货物破损赔偿。

四、注意事项

货物信息要准确。
车询价时首先要详细了解和说明下列基本信息：
（1）货物名称（机器设备、家具展柜、摩托车、化工等特殊货物）；
（2）重量、体积（形态、包装）；
（3）装车时间、地点、时效要求；
（4）是否到付，是否有签收单回单；
（5）目的地详细地址、是否是禁区、车辆到达是否及时卸货等；
（6）装车方式（货物能否叠压、所需车型等）；
（7）其他内容。

要详细了解客户和货物情况（必要时上门看货），充分沟通。特别要防止客户误报重量、体积或故意少报重量、体积。在未获知客户的真正需要及客户的准确信息时，勿忙订车。

任务二　零担运输

任务情境：

办公室里，如意达物流公司总经理王总陷入了沉思，经过多年的奋斗与拼搏，公司零担运输业务发展红红火火，总体业绩量逐年上涨，然而总利润却增长缓慢，财务报表显示，运输成本增长速度高于业绩增长速度，公司利润增长遇到了瓶颈，那么该如何控制运输成本呢？

任务要求

结合以上任务情境，完成下列问题：
（1）了解并理解零担运输的调度管理。
（2）学会零担运输的统计及管理。
（3）将班级分成若干小组，以小组为单位，进行小组自评、小组互评和教师点评。

知识准备

一、运输调度管理

零担运输是按零散货物办理承托手续、组织运送和计费的货物运输。学习零担运输，必须知道什么是调度机制。调度机制即通过符合运作要求的调度机制，根据区域、车型要求、货物属性等多种因素支持调度进行合理的车辆调配，完成货物收取、运输、派送的环节；调度的各项机制中还包括了线路的规划、时效的制定、司机的调配管理，等等。

（一）运输调度

调度作为车队车辆调配的中心，有着其不可替代的作用；特别是第三方物流，车辆调度的作用更是不可忽视。

1. 运输调度的认知

车辆调度是指让车辆按指定行车路线，在满足一定约束的条件下，有序地通过一系列装货点和卸货点，达到诸如路程最短、费用最小、耗时最少等目标。

2. 运输调度的原则

（1）按制度调度：坚持按制度办事，按车辆使用的范围及对象派车。
（2）科学合理调度：所谓科学性，就是要掌握单位车辆使用的特点和规律。调度合理就是要按照现有车的行驶方向，选择最佳行车路线，不跑弯路，不绕道行驶，不在一条线路上重复派车；在一般情况下，车辆不能一次派完，要留备用车辆，以应急需。
（3）灵活机动：所谓灵活机动，就是对于制度没有明确规定而确定需要用车的、紧急的情况，要从实际出发，灵活机动、恰当处理，不能误时误事。

3. 运输调度的程序

(1) 做好用车预约。

(2) 做好派车计划。

(3) 做好解释工作。

4. 运输调度的要求

调度应合理安排运输，直接组织车辆运行并随时进行监督和检查，保证月度绩效指标的完成和实现；根据运输计划，做好系统固定的发车计划；掌握货物流量、流向、季节性变化，全面细致地安排车辆的调度工作，并针对运输工作中存在的主要问题，及时采取措施，保证发车计划的完成；加强现场管理和运行车辆的调度指挥，根据调运情况，以最少的人力、物力完成最多的运输任务；及时安排车辆维修保养，保证车辆出勤率。

运输调度工作的"一熟悉、三掌握、两了解"：调度人员通过调查研究，对客观情况必须做到"一熟悉、三掌握、两了解"。

一熟悉：熟悉营运指标完成情况。

三掌握：掌握运输线路、站点分布、装卸现场的条件及能力等情况，并加强与有关部门的联系；掌握货物流量、流向，货种性能，包装规定，不断地分析研究货源物资的分布情况，并能加强与有关部门的联系；及时掌握天气变化情况。

两了解：了解驾驶员技术水平和思想情况，以及他们的个性、特长、主要爱好、身体健康情况、家庭情况等；了解各种营运单据的处理程序。

调度主要分为收货调配、派送调配及线路班车调配。德邦的特色接送货模式中主要采用了接送货定人定区模式，实现即时收货和最后派送的服务目标。

（二）接送货定人定区

定人定区定义：定人定区是一种分区管理模式，每一级组织（车队、接送货组）、每一个司机负责某个区域的接送货业务，职责明确，并根据各区域货量和接送货时效等变化情况，及时进行区域调整，保证服务质量。

1. 定人定区的意义及目的

(1) 减少接送货跨度，降低单票公里。

(2) 责任落实到人，便于管理。

(3) 司机更熟悉客户，提升客户服务体验。

(4) 增加司机区域责任感，鼓励司机主动开发客户。

2. 定人定区的原则与实施

(1) 区域划分原则：区域不重叠；服务区域100%覆盖，不允许有盲区；界限明确，尽量以街道、河流等明显标志作为划分界限。

(2) 区域划分步骤：收集接货客户信息—地图标注—划定接送货小区—确定车辆与司机，各岗位职责如表3-6所示。

表3-6 区域划分步骤

岗 位	角 色	职 责
小组经理	决策人	（1）确定组内接送货小区数量；接送货小区数可比接送货大区总车辆数少1~3个，建议接送货小区个数不低于接送货大区总车辆数的70%； （2）确定各接送货小区范围
调度	执行人	根据参考因素和个人经验划分接送货小区
司机	参与人	依据个人经验提供接送货小区划分建议

（3）参考因素：接货票数平均、客户集中；超大客户；客户类型搭配；考虑限行、禁行情况；司机驾驶方便；确定车辆和司机。

（4）定人定区后期监控。

定人定区需要监控的数据以下：

① 接货及时率：及时接货订单数/订单总数；目的是为了提高客户的提货感知时效。

② 订单匹配准确率：小区订单准确数/总订单数；目的是为了检验小区划分是否准确，是否存在盲区。

③ 车均效益：区域内收入/车辆总投入数；目的是为了核算定人定区产生的经济效益。

（三）派送调度

1. 派送环节调度处理流程

（1）过程中开箱验货流程：收货客户若需要开箱验货，部门必须满足收货客户的开箱验货要求，不需要通过发货人同意，直接允许客户先开箱验货再签收。

（2）货物外包装完好情况：有到付款的先收钱后为客户提供开箱验货服务，尽量指引客户先在签收单上填写"外包装完好"字样；若客户验货后异常签收，则指引客户在运单上备注异常签收原因并签字，该异常签收不需要给客户进行理赔。

（3）货物外包装破损情况：指引客户在车上进行开箱验货，有到付金额的大票货物必须至派发总部验货；若客户验货后异常签收，则指引客户在运单上备注异常签收原因并签字，可根据客户的货物破损情况进行理赔申请。

2. 接货调度派车流程

（1）调度正常接货派车流程，如图3-4所示。

（2）调度派车异常处理流程，如图3-5所示。

二、运输统计管理

物流统计主要包含司机收入、部门费用划分、其他成本、效率、质量、时效等相关数据的统计。其主要意义在于帮助管理者进行风险防控，为管理者提供决策依据。对运输车队来说，统计工作是通过搜集、汇总、计算统计数据来反映事物的面貌与发展规律。车队掌握最基础的信息数据，其他数据的形成都是以车队的数据为基础逐渐建立的。

（一）司机工资与车队收入

司机工资 = 基本工资 + 提成工资 + 补贴 + 福利

车队收入 = 用车方支付的费用

司机的提成工资 = 每趟固定提成 + 用车方用车时间提成

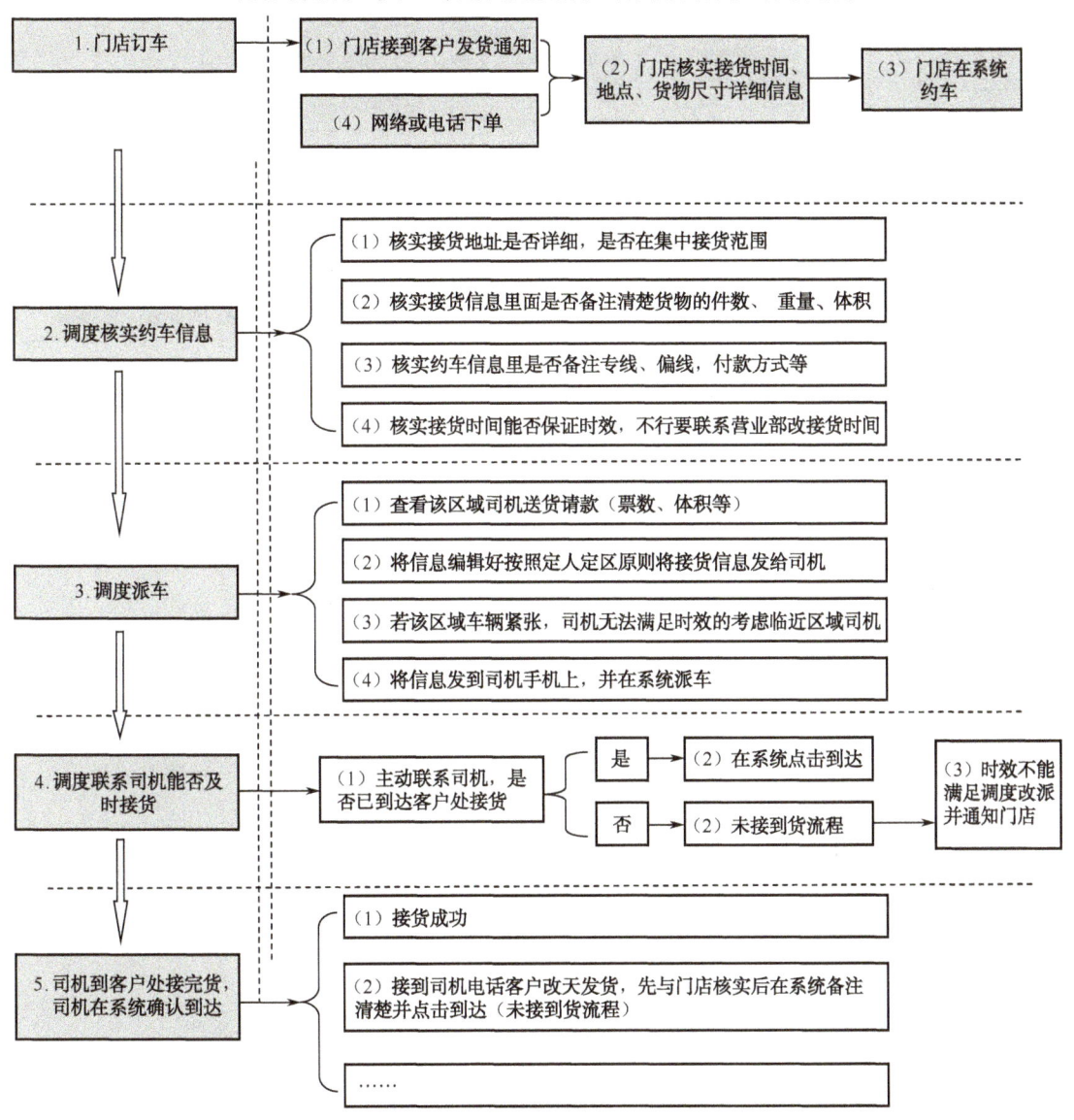

```
┌──────────┐    ┌─────────────────────┐    ┌──────────────────────┐    ┌──────────┐
│1.门店订车 │──▶│(1)门店接到客户发货通知│───▶│(2)门店核实接货时间、 │──▶│(3)门店在系│
│          │    ├─────────────────────┤    │   地点、货物尺寸详细信息│    │   统约车 │
│          │    │(4)网络或电话下单      │    └──────────────────────┘    └──────────┘
└────┬─────┘    └─────────────────────┘
     │
     ▼
┌──────────┐    ┌──────────────────────────────────────────┐
│          │───▶│(1)核实接货地址是否详细,是否在集中接货范围│
│2.调度核实│    ├──────────────────────────────────────────┤
│  约车信息│───▶│(2)核实接货信息里面是否备注清楚货物的件数、│
│          │    │    重量、体积                            │
│          │    ├──────────────────────────────────────────┤
│          │───▶│(3)核实约车信息里是否备注专线、偏线、付款方式等│
│          │    ├──────────────────────────────────────────┤
│          │───▶│(4)核实接货时间能否保证时效,不行要联系营业部改接货时间│
└────┬─────┘    └──────────────────────────────────────────┘
     │
     ▼
┌──────────┐    ┌──────────────────────────────────────────┐
│          │───▶│(1)查看该区域司机送货请款(票数、体积等)  │
│          │    ├──────────────────────────────────────────┤
│3.调度派车│───▶│(2)将信息编辑好按照定人定区原则将接货信息发给司机│
│          │    ├──────────────────────────────────────────┤
│          │───▶│(3)若该区域车辆紧张,司机无法满足时效的考虑临近区域司机│
│          │    ├──────────────────────────────────────────┤
│          │───▶│(4)将信息发到司机手机上,并在系统派车      │
└────┬─────┘    └──────────────────────────────────────────┘
     │
     ▼
┌──────────┐    ┌──────────────────┐  是 ┌──────────────────┐   ┌──────────────┐
│4.调度联系│───▶│(1)主动联系司机,是│────▶│(2)在系统点击到达 │   │(3)时效不能满足│
│司机能否及│    │   否已到达客户处接货│ 否 ├──────────────────┤──▶│调度改派并通知│
│时接货    │    │                  │────▶│(2)未接到货流程   │   │门店          │
└────┬─────┘    └──────────────────┘     └──────────────────┘   └──────────────┘
     │
     ▼
┌──────────┐    ┌──────────────────────────────────────────┐
│5.司机到客│───▶│(1)接货成功                                │
│户处接完货│    ├──────────────────────────────────────────┤
│,司机在系│───▶│(2)接到司机电话客户改天发货,先与门店核实后在系统备注│
│统确认到达│    │   清楚并点击到达(未接到货流程)          │
│          │    ├──────────────────────────────────────────┤
│          │───▶│……                                         │
└──────────┘    └──────────────────────────────────────────┘
```

图 3-4 调度正常接货派车流程

1. 每趟固定提成

每趟固定提成标准(单位:元/趟),如表 3-7 所示。

表 3-7 每趟固定提成标准

线 路	里 程	4.2米及以下车型	6.5米车型	7.6米车型	9.6米车型
苏州—苏州工业园区	57公里	42	42	54	54
苏州—吴江	67公里	50	50	62	62

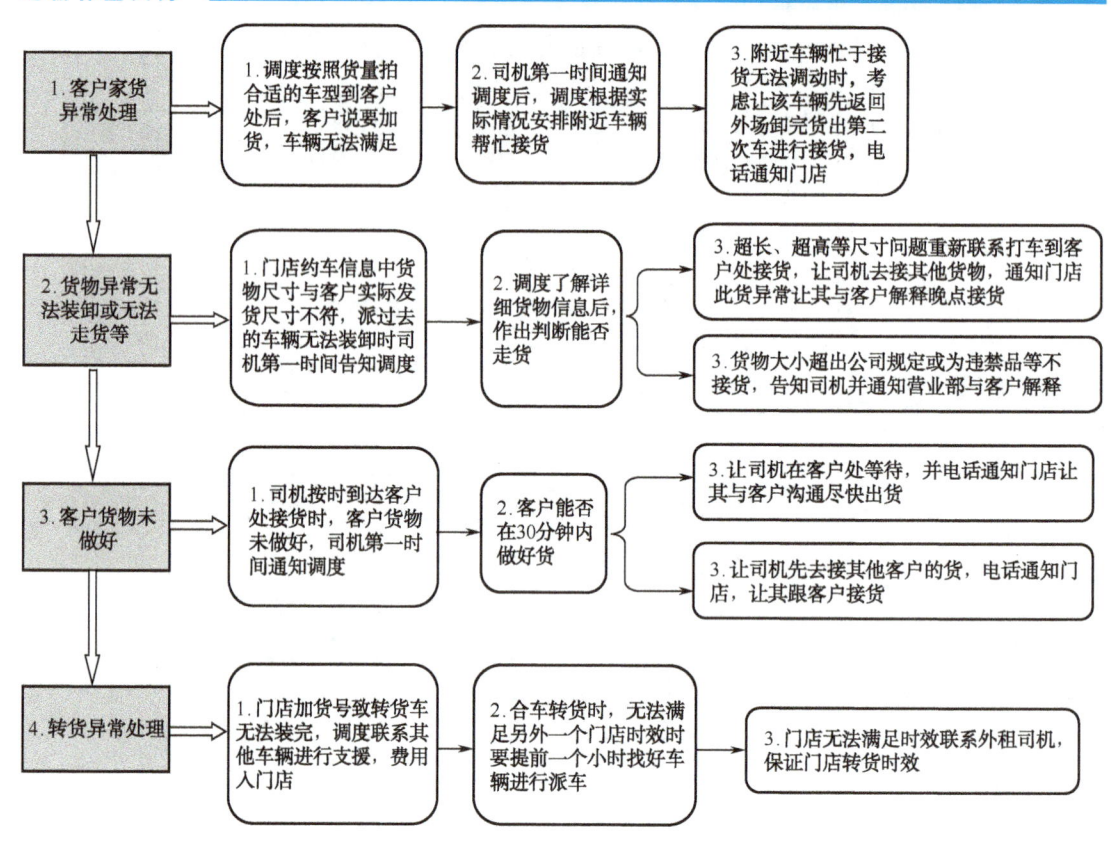

图 3-5 接货派车异常处理流程

2. 部门用车时间提成

司机的提成按照 5 元/小时计算。

3. 车队与部门间的费用划分方案

用车费用 = 每趟固定费用 + 部门用车时间费用

（1）每趟固定费用 = 线路标准里程 × 对应车型每公里单价，如表 3-8 所示。

表 3-8 对应车型每公里单价

车　型	4.2 米及以下车型	6.5 米	7.6 米	9.6 米
每公里单价（元/公里）	4	4.8	5	5.5

（2）时间计费 = 30 元/小时 × 部门用车时间。

"用车时间"等于开始用车时刻至当日用车结束时刻的时长，如果无用车时间，则不划费用。

（二）成本

车辆营运成本包含燃料费、路桥费、折旧费、保险等。其中主要为燃料费。燃料费是指车辆营运过程中加油或者液化气产生的费用。

油耗标准制定：各车型百公里油耗标准如表 3-9 所示。

表 3-9 各车型百公里油耗标准表

车　型	百公里油耗（单位：升）
4.2 米	10~12
6.8 米	15~17
7.6 米	16~20
9.6 米	22~26

车辆的油耗受车型、发动机品牌、季节、是否开空调、路况、维修，以及司机驾驶习惯等因素影响。

（1）季节影响，如图 3-6 所示。

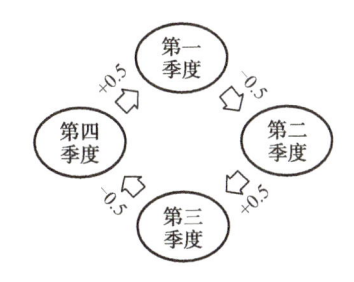

图 3-6 季节影响车辆油耗

（2）空调影响：第一季度和第三季度需要开空调，百公里油耗增加 0.5~1 个油。

（3）线路更改：通常在山路以及市区道路行驶的油耗偏高 1~2 个油，在平原地带及高速路段油耗较低。

（4）油号的更改：在同车型行驶同路段装载相同的情况下，按百公里油耗从低到高排序，使用的不同油号依次为 0#、-10#、-20#、-35#柴油。

（5）发动机大修：发动机大修后百公里油耗上升 0.5 个油。

三、外请运力管理

（一）基本概念

外请运力是指物流公司除了使用自有车辆之外，会根据货量变化、市场调查和线路分析，开发调配社会车辆资源，用以保证本公司需求的运力。

外请运力管理是指物流公司在保证本公司运力需求的基础上，在保证货物安全的前提下，尽量控制请车成本。

（1）根据公司运力现状和货量的变化，通过市场调查和线路调查与分析，在车辆市场上，找合适的车辆和提供合适车辆的信息部，满足公司货物运转的运力需求。

（2）维持货量、车价、车型、里程等相关参数相互匹配，降低走货成本。

（3）满足整车客户需求，为营运部门提供咨询及后续用车服务。

（4）跟踪、监控外请车辆走货时效，预防外请车风险，及时处理外请车异常事件，提高外请车安全与时效。

（5）有效管理提供外请车辆的信息部，根据公司用车需求和要求，筛选车辆和信息部，并开展后续合作、淘汰等事宜；保证用车需求的满足和合理用车。

（6）在满足外请用车的同时，总结外请运力特征，为公司营运部门的规范与操作流畅，做疏导和建议。

（二）请车渠道——信息部

1. 基本概念

信息部是为运输车辆介绍货源，为货运公司介绍运输车辆，收取佣金，作为连接运输车辆和物流公司之间的纽带的中介机构。公司对外请车的管理，主要体现在对信息部的管理上。

2. 信息部开发

信息部的开发，应该注意车源掌握、车价控制和异常处理。

在信息部的开发过程中，首先要进行充分的市场调研；其次对有合作意向并且测评合格的信息部可以进入试用阶段，使用期间应关注车源、车价、异常及时效方面的完成情况，并再次进一步了解该信息部的实力；最后管理人员应在试用期间内和信息部面谈，再次审核，确定最终合作意向。

（1）合同的签订。

与信息部建立稳定的合作关系以后，应及时与信息部签订合作协议。协议一式两份，由合同管理员和信息部各持一份，合同中需要明确信息部的营业执照、法人身份证复印件、联系人身份证复印件等具体信息。签订合同时，需要信息部缴付一定的押金，解除合同时归还押金，由公司出具收条。

（2）信息部的维护。

信息部的维护一般包括电讯沟通和当面沟通等方式，当然最重要的还是较为稳定的合作关系。

① 电讯沟通：与信息部通过电话、信息沟通，如节假日的问候，市场车价变动时的联系，车辆小异常发生时立即沟通，较大异常发生时的辅助处理等；内容可以包括信息部车源掌握情况、线路路况特征、司机特点、信息部实力等，以增进公司对于信息部的了解。

② 信息部面谈：定期走访，可以现场了解与司机谈判过程，简单知晓信息部办公及调车方法，了解市场线路货源情况，判断市场车源是否紧张；管理人员也可不定期参与面谈活动。

（3）信息部测评

信息部的测评既是开发与选择中的重要环节，也是在合作中对信息部不断跟踪的重要工具。

① 车源。

固定车源：是否拥有自有车辆或长期固定挂靠的司机和车辆。

车型：车型是否符合公司需求。

口碑：司机评价、周边同行口碑、配货能力。可以从与信息部谈判、周边信息部走访、与司机聊天等情况中了解。

夜间调车：是否愿意晚上调车，晚上调车成功与否。

突发需求：平时发车较为固定，对于突发的车辆需求，信息部能否在有效时间内及时满足。

时间：请车员工提供车辆需求后，信息部安排的车辆能否在规定时间前到位；不准时次数；辅助其他信息部安排车辆到位的次数。

② 价格。

价格水平：信息部提供车辆的价格是否合理，是否处于市场价较低水平。

价格变化：当市场价格变动时信息部是否会主动告知请车员变动情况；若不主动告知，甚至可能有故意歪曲市场价的行为，需要慎重判断。

③ 异常。

控制力：异常处理是否及时，对司机的控制能力强弱。

处理能力：发生异常后相应处理时间、处理手段、处理时效。

放空：长途车辆因货量不足无法使用时，司机的损失及赔偿情况；一般主要看长线，当然临时调车或公司主观原因，应当给予司机应有的补偿。

在途异常：运输途中发生异常，能否及时协助司机以最优方法尽快解决，若需要倒货，能否保证货物安全到达。

④ 时效。

时效对比：外请车辆从盈利角度考虑，不可能完全像公司车辆一样全程高速，通过市场对比，该线路的时效完成是否正常并相对较优。需要全程高速时，需要支付相应的较高运价。

时效控制：发生时效较差的情况，信息部能不能解决由司机主观原因造成的时效延误；出现油荒、堵车等情况时，信息部能否采取有效方法辅助司机解决困难，如带油、绕路等。

奖罚促成：对于根据公司要求的时效签订的奖罚协议，信息部能否促成司机接受公司协议，并努力达成公司时效。

⑤ 车况。

车龄：车龄能否满足公司要求，不使用超龄车。

形象：保持车辆干净，污垢或其他货物残留需及时清洗，避免污染的可能。

篷布要求：篷布、网绳、钢缆齐全，且按要求使用；平板车还需要夹板等。

⑥ 资质。

成立时间：成立时间直接影响其车源的广泛掌握情况和处理异常的经验，一般3～4年以上为佳。

设备：信息部在业务处理时是否有较为齐全的信息化设备；包括信息交易中心的档口等；另外信息部负责人的小车、通信设备、传真、电脑、管车宝等，也是信息部测评需要注重的环节。

任务实施

步骤一：了解客户货源需求。

步骤二：联系社会运力。

步骤三：对运力资源进行评估管理。

步骤四：运费结算，填写评价表（见表3-10和表3-11）。

任务评价

表 3-10 小组评价表

班级		小组				
任务名称		零担运输技能训练				
考核项目	评价标准		参考分值	评价得分		
				自评	组间互评（平均）	教师评价
任务完成	按时正确完成任务		20			
	操作规范，具有良好的安全作业意识		20			
	具有良好的团队协作精神和全局观念		10			
	小计		50			
合计（自评×20% + 互评×40% + 教师评×40%）						

表 3-11 小组成员评价表

班级		小组		姓名		
任务名称		零担运输技能训练				
评价项目	评价标准		参考分值	评价得分		
				自评	组内互评（平均）	教师评价
基本素养	参与活动的态度		10			
	语言表达与沟通能力		5			
	团队合作		5			
专业知识和技能	掌握相关的专业基础知识		10			
	在小组任务完成中能应用所学相关专业知识，发挥专业技能水平		20			
	小计		50			
合计（自评×20% + 互评×40% + 教师评×40%）						

注：1. 学生实际得分 = 小组评价得分 + 小组成员评价得分；

2. 考评满分为100分，59分及以下为不及格；60~70分为及格；71~89分为良好；90分及以上为优秀。

拓展提升

请车渠道——运输车队

对于货量稳定且短期内无公司车辆计划的线路，可以考虑直接与运输车队合作。根据货量寻找车型、线路等匹配的车队合作，以公司角度出发合作，稳定可靠性更强。在运输车队的合作上，需要更系统化、标准化，如图 3-7 所示。

承运商开发 ⇒ 管控 ⇒ 合同 ⇒ 考核 ⇒ 结算

图 3-7 请车渠道——运输车队流程

（1）总结有效的运输车队寻找方案，完善供应商的选择标准。
（2）需进行有效的市场调研和同行对标，选择优质的供应车队。
（3）整个合作选择流程与标准需进行有效的商务谈判，努力降低公司成本并到达公司运力需求。
（4）需专门监控与运输车队的合作情况，对供应车队实现一定的绩效管理。
（5）供应车队的选择需要不断优化。

任务三　公路运输司机管理

任务情境：

办公室里，如意达物流公司总经理王总再次陷入沉思，公司业务快速增加，公司自建了车队进行了统一管理，然而司机管理却是一个大难题，由于司机走南闯北、教育背景不同，人员素质良莠不齐，在管理的时候遇到了非常多的问题，其中最为头疼的是安全的问题，随着车辆及司机数量的增加，事故频发，司机的管理愈来愈聚焦在安全管理，到底该如何管理呢？

任务要求

（1）物流公司招聘司机有哪些注意事项？尝试模拟司机招聘。
（2）物流公司的司机岗前培训主要有哪些内容？以小组为单位做出PPT。
（3）如何对司机进行监督管理？

知识准备

杜邦公司是全球性化工企业，雇员达到6万多名。2010年它的销售额为310亿美元，利润为17.55亿美元，在全球化工行业中排名第6名。其属下的370个工厂和部门中，80%的工厂实现了零伤害，30%的工厂连续超过十年没有工伤记录，安全事故率比工业平均值低10倍，杜邦被美国评为最安全的公司之一，连续多年得到这个殊荣。

杜邦公司的安全管理树立了十项安全理念：（一）所有的安全事故都是可以防控的；（二）各级管理层对各自的安全直接负责；（三）所有安全操作隐患都是可以控制的；（四）安全是被雇佣的条件；（五）员工必须接受严格的安全培训；（六）各级负责人必须进行安全检查；（七）发现安全隐患必须及时消除；（八）工作外的安全和工作内的安全同样重要；（九）良好的安全是一门好的生意；（十）员工的直接参与是关键。

很多车队管理者在管理车队时容易陷入两个误区：一是控制安全事故是司机的责任，和管理者没有关系；二是安全事故是偶然事件，不可控制。拥有这种观念的人来管理车队是非常危险的，自己都不相信事故能控制的人，更不可能有控制事故的方法。安全管理的理念无论是在生产行业，还是在运输行业都是共通的，即防患于未然。

一、公路运输安全管理知识

公路运输安全管理体系包含五个方面：入职体系、培训体系、监督体系、关怀体系、惩罚体系。

（一）入职体系

入职体系包含三个环节：司机招聘、岗前培训、岗前测评。招聘宁缺毋滥，培训要尽职尽责，测评是上车前的最后一个环节，要严把质量关。

1. 司机招聘

司机招聘可以按照如图 3-8 所示的流程进行。

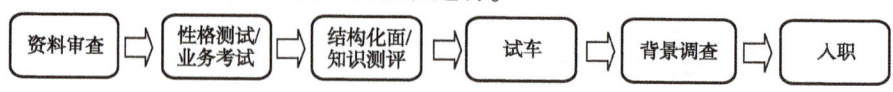

资料审查 ⇒ 性格测试/业务考试 ⇒ 结构化面/知识测评 ⇒ 试车 ⇒ 背景调查 ⇒ 入职

图 3-8　司机招聘流程

招聘司机时一定要注意，驾驶员要拥有良好的驾驶技术和驾驶经验，驾驶员要符合公司的发展要求，最后是在素质方面要有服务意识、乐观心态，能吃苦耐劳，有执行力和安全意识。

2. 岗前培训

岗前培训是整个培训体系中最重要的一个环节（见表 3-12），是否做好岗前培训关乎着一个上车的司机是否合格。如果岗前培训效果不到位，安全驾驶能力没有达到上车要求，很容易导致事故的发生。

表 3-12　驾驶员岗前培训学习计划表

驾驶员岗前培训学习计划表					
员工达成一项责任人即在"是否完全学习任务"一栏写"是"，最后由责任人签字确认通过，方可去参加测评和上车汇报					
学习内容	达成效果	学习形式	讲师签字	是否完成学习任务	新司机签字
《车队管理制度》	知晓车队管理相关制度	教学			
《事故流程处理和事故责任划分》	了解事故处理流程，掌握简单的事故责任划分技巧	教学			
《出车六检》	能够准确说出六检内容，了解出车检车的步骤和相关方法	教学			
《维修知识普及》	了解基本的维修操作	教学			
《特殊天气安全驾驶》	了解如何在特殊天气安全驾驶	教学			
《防御性驾驶培训+考试》	安全驾驶，提高意识	教学			
跟车	线路/业务/服务/操作等	操作			
防御性驾驶测评	上车之前必须测评	教学 考试			
岗前考试	了解整个培训的学习情况	考试			
该员工已全部通过各项学习计划项目，同意参加上车汇报 管车经理签字：					

3. 岗前测评的目的

通过对司机开展岗前测评，了解新司机的成长情况及安全知识、业务知识掌握情况，从而判定新司机能否上车。

（二）监督体系

监督体系分为晨会、出车六检、违章监控等。

1. 晨会督导

晨会流程如图 3-9 所示。

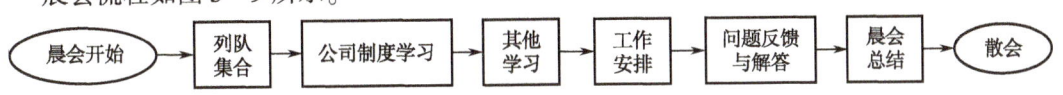

晨会开始 → 列队集合 → 公司制度学习 → 其他学习 → 工作安排 → 问题反馈与解答 → 晨会总结 → 散会

图 3-9　晨会流程

2. 出车六检（见表 3-13）

表 3-13　出车六检

一检	转向器	（1）车辆的转向器应转动灵活、操作轻便，无阻滞现象。车轮转到极限位置时，不得与其他部分有干涉现象。 （2）转向轮转向后应有自动回正能力；转向节及臂、转向横、直拉杆及球销，应无裂纹和损伤，且球销不得松旷，横、直拉杆不得拼焊
二检	离和刹车	（1）离合器应结合平稳、分离彻底，不打滑，无抖动和异响，操作轻便； （2）检查离合器、制动装置的制动液量，并及时补充；检查自动变速器油量及质量，并及时补充和更换 （3）制动踏板应在踩到3/5以内时达到最大制动效果，手刹应在拉到3/4以内达到制动最大效果。
三检	喇叭灯光电路	（1）喇叭音量是否正常； （2）车辆的灯具安装要牢固，行驶中不能有抖动现象。
四检	轮胎气压螺丝紧固	清除胎纹的杂物，检查气压： （1）敲打要发出"咚咚"的声音，表示气压很足； （2）声音较"闷"表示气压不足，应充气； （3）检查汽车外露部位的螺栓、螺母等是否齐全有效，紧固可靠
五检	机油燃油水	（1）检查水箱的水量，曲轴箱内机油，制动液量，燃油箱内储油量，蓄电池中电解液量，蓄电池的电解液高度应高出极板 10~15 毫米； （2）冬季检查防冻液液面高度应在补偿水罐"高"和"低"水位线之间
六检	随车工具	（1）检查车厢和货物装载及单据； （2）检查随车工具是否齐全，警示牌、灭火器等安全设备是否携带齐全； （3）检查驾驶证、从业资格证及与驾驶车辆有关的各种证件是否齐全
	其他项目	（1）检查汽车外表及内部是否完好； （2）检查门窗玻璃，刮水器，刮刷面积应保证驾驶员有良好足够的视区； （3）后视镜安装位置、角度应适宜，镜面影像清晰； （4）发动机动力性能良好，运转平稳，不得有异响，急速稳定

3. 违章监控

车辆违章罚款的处理操作流程如图 3-10 所示。

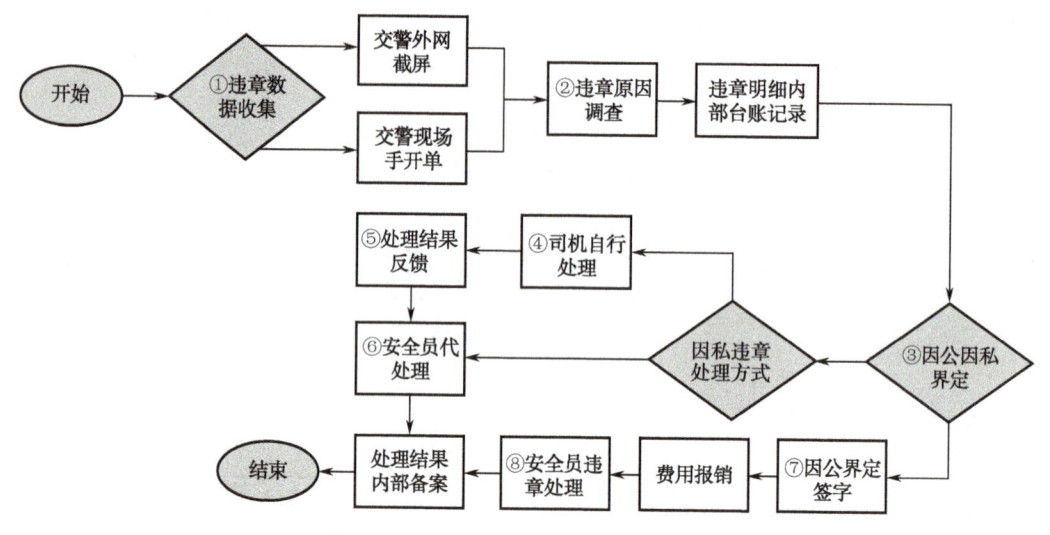

图 3-10 车辆违章罚款处理操作流程

因公因私划分界定如表 3-14 所示。

表 3-14 因公因私划分界定

因公因私划分界定	
界定项目	界定内容
因公	因不可抗拒因素或公司原因（如超载、车体安全设施不全、车辆改装、车体广告、接送货原因违章停车、接送货原因闯禁行路段造成的）违章罚款扣分
因私	违反交通规则（如不系安全带、超速、高速公路低速行驶、闯红灯、压线、变道、右转、逆行、违章调头，以及其他个人原因造成的）违章罚款扣分

任务实施

步骤一：招聘司机。

各小组分角色模拟招聘司机。

步骤二：岗前培训。

做出岗前培训流程和内容 PPT。

步骤三：将监督管理做成 PPT。

步骤四：小组互评和教师点评，并填写评价表（见表 3-15 和表 3-16）。

任务评价

表 3-15 小组评价表

班级		小组			
任务名称		公路运输司机管理技能训练			
考核项目	评价标准	参考分值	评价得分		
			自评	组间互评（平均）	教师评价
任务完成	按时正确完成任务	20			
	操作规范，具有良好的安全作业意识	20			
	具有良好的团队协作精神和全局观念	10			
	小计	50			
合计（自评×20% + 互评×40% + 教师评×40%）					

表 3-16 小组成员评价表

班级		小组		姓名		
任务名称		公路运输司机管理技能训练				
评价项目	评价标准	参考分值	评价得分			
			自评	组内互评（平均）	教师评价	
基本素养	参与活动的态度	10				
	语言表达与沟通能力	5				
	团队合作	5				
专业知识和技能	掌握相关的专业基础知识	10				
	在小组任务完成中能应用所学相关专业知识，发挥专业技能水平	20				
	小计	50				
合计（自评×20% + 互评×40% + 教师评×40%）						

注：1. 学生实际得分 = 小组评价得分 + 小组成员评价得分；
　　2. 考评满分为100分，59分及以下为不及格；60~70分为及格；71~89分为良好；90分及以上为优秀。

拓展提升

（1）特殊天气安全驾驶法——雨天行车技巧总结，如表3-17所示。

表 3-17 雨天行车技巧总结

雨天行车技巧总结	• 出车前要注意气象预报和天气变化，雨刷器要保持有效，点火系统要防潮
	• 车速为一般天气下的80%左右
	• 行车间距为干燥路面车间距的2倍以上
	• 不要紧急制动或猛打方向盘，减少变道的次数，禁止超车
	• 降雨初期，汽车特别容易打滑，须匀速慢行

续表

雨天行车技巧总结	● 防止通过高速公路下坡道的最低点附近时，产生的"水滑"现象
	● 如果感觉到方向盘发飘，可能就是发生了"水滑"现象的前兆，须减速慢行
	● 遇特大暴雨或冰雹应选择安全处停车，并开启危险报警闪光灯、示宽灯，待雨停再上路
	● 大暴雨天气，须注意不稳定边坡的滑塌和山区高填挖路段的落石

（2）特殊天气安全驾驶法——雾天行车技巧总结，如表3-18所示。

表3-18 雾天行车技巧总结

雾天行车技巧总结	● 车速与车距： 能见度为200米至100米时，车速应控制为≤60公里/小时，跟车距离控制为≥100米； 能见度为100米至50米时，车速控制为≤40公里/小时，跟车距离控制为≥50米； 能见度小于50米时，禁止行车，停车等雾散去后再行车（具体可根据团雾、冰雾、低雾等雾型，道路状况、车流状况灵活变动）
	● 雾天中途停车需开启示宽灯、前后雾灯、双闪灯，禁止在道路上私自放置安全警示牌（防止司机放置警示牌过程中被后车撞上），司机适当撤离车辆
	● 灯光：大雾天行车中示宽灯、前后雾灯、双闪应急灯、大灯近光灯需开启，但禁止开启远光灯
	● 其他：保证安全前提下尽快驶离雾区；行车中可选择安全车辆跟住

（3）特殊天气安全驾驶法——冰雪天行车技巧总结，如表3-19所示。

表3-19 冰雪天行车技巧总结

冰雪天行车技巧总结	● 车速与灯光： 依据天气及路面状况车速降低20%~50%，行车过程中可开启示宽和双闪应急灯
	● 跟车距离： 冰雪天行车间距应为干燥路面的2~3倍以上
	● 刹车与转向： 轻踩（刹车）、缓抬（离合器）、少加（油）、慢打（方向盘）
	● 其他： 行车中雪太大、打滑太严重，可使用防滑链防滑或者停车待冰雪路况转好后再上路；冰雪天中途停车须开启示宽灯、前后雾灯、双闪灯，放置警示牌等

（4）特殊天气安全驾驶法——大风天行车技巧总结，如表3-20所示。

表3-20 大风天行车技巧总结

大风行车技巧总结	● 逆风行驶时，注意风向突然改变或道路出现较大弯度，风阻突然减少，会使车速猛然增大。行车中，应预防行人为躲避车辆行驶扬起的尘土，在车辆临近时突然跑向道路的另一边
	● 风沙天转弯，应打开前小灯，勤鸣喇叭，以引起行人、车辆的注意，缓慢行进，并随时做好制动停车的准备
	● 在大风天夜间行驶时，应使用防炫目近光灯，不宜使用远光灯
	● 风沙特别大时，应将车停靠在道路上风处，车头背向风沙，并半闭百叶窗，防止细微沙粒被发动机吸入气缸而加速机件磨损
	● 载货车辆应扎紧车上缝布，固定好车上货物；装载重量轻、体积大的物资，应停车避开暴风，以免车辆被暴风吹刮而离开正常的行驶线路

任务四　公路运输事故保险与索赔

任务情境：

办公室里，如意达物流公司运输管理总监陈总陷入沉思，随着车辆的增加，事故处理以及保险购置的问题该如何管理呢？

任务要求

（1）能够掌握事故处理流程。
（2）能够掌握保险购置事宜。

知识准备

一、公路运输事故处理流程

公路运输事故理赔流程如表3-21所示。

表3-21　公路运输事故理赔流程

理赔流程	具体内容	注意事项
出险报案	（1）速向公安交通管理部门报案（交警）； （2）同时向投保保险公司报案（48小时内）	交强险车辆不能索赔自己车和物品的损失
损失确认	（1）配合保险公司理赔人员对所有受损车辆进行查勘，确认损失。车辆进厂修理经拆解后，还发现其他损坏的，马上请保险公司复勘； （2）一般轻微的事故，即损失在2000元以下的无须交警开具事故认定书	（1）逐项核实损失项目； （2）即使对方投保的不是同一保险公司也要查勘定损； （3）在责任认定后调解时要按责承担相应经济责任，必要时向保险公司咨询后再认可
申请索赔	一般需提交以下单据和证件： ●保险单复印件（有商业险复印商业险） ●修车发票 ●保险公司估价单含第三者 ●施救费发票（仅限合理的施救含第三者） ●驾驶证复印件 ●行驶证复印件 ●损失清单（保险公司定损单）	（1）单据证件务必提供齐全； （2）尽早提交资料申请索赔； （3）所有证件必须在有效期内
领取赔款	（1）支票方式支付； （2）转账方式支付	（1）支票方式：需亲自到保险公司开票； （2）转账方式：须提供有效的账号

二、公路运输事故处理技巧

（一）场景一：无法取证如何快速处理

支招：没带《协议书》，文字记录可代替。

（二）场景二：争议不休，如何判定谁负全责

支招：先记录现场形态，挪车后再报警。

（三）"快速处理"正常程序四步骤

（1）立即停车，开启危险报警闪光灯（夜间还须开启示宽灯和尾灯），相互记录车辆号牌并交换联系方式，约定撤离现场后停车等候的地点。在确保安全的情况下，立即将事故车辆就近移至不妨碍交通的地方，设置警告标志。

（2）相互查验驾驶证（双方要主动出示驾驶证，相互查验驾驶证照片与其本人是否相符）和保险凭证，自行确定事故责任。如果自行确认有困难的车主，可以拨打自己购买保险的保险公司的客服电话，向客服报案并索取报案号。如需要保险公司协助处理需要说清出险的地点，等候车险勘查车到达现场并协助车友填写《机动车交通事故快速处理协议书》。

（3）到保险公司办理理赔手续。需要注意的是乙方须负全部责任的有8类事故，即追尾、逆行、倒车、溜车、开关车门、违反交通信号的、未按规定让行、依法应负全部责任的。

（4）事故处理的三项原则：积极配合交警，态度诚恳，证据收集全面；提前了解事故对方的最强烈的意愿，针对性地安抚和折中解决；对方认定的意愿赔偿款额，不是最终的，要压价，对方急，你不急。

三、车辆保险购置

（一）选择保险公司

车辆保险业务的保险公司有很多，如人保、平安、太保、华安、安邦、天安、大地等。每家公司的条款大同小异，大公司的价格贵些，小公司的价格便宜些。因此，小公司最大的诱惑力就是价格相对便宜。

（二）选择险种

车险共有主险两种：车辆损失险、第三者责任险。

附加险九种：车上人员责任险、车上货物责任险、盗抢险、玻璃单独破碎险、停驶损失险、自燃损失险、车身划痕损失险、无过失责任险、不计免赔特约险。

（三）价格方面

先选好保险公司，大概确定要买的险种，然后打电话给保险公司咨询，让保险公司报价。有不懂的问题可再进行询问。现在办理一般都是确定之后，保险公司上门收款送单。对业务员不放心的话也可以亲自上门交钱。

询价的时候一般会要求报几个数据：

①车价；②登记时间（年月）；③什么车（客车、货车等）；④性质（私人、单位、营运等）；⑤买哪些险种；⑥第三者买几万。

总之，公路运输车辆在增加，相应的事故发生的几率也在增高，这就要求管理者能够掌握保险购置事宜，能够初步掌握事故处理和索赔流程。

任务实施

步骤一：教师导入任务情境，解读任务要求。

步骤二：学生分组讨论，根据知识准备内容分别准备任务，做出PPT。

步骤三：学生以小组为单位，分别进行展示。
步骤四：学生自评，教师点评，打分总结（见表3-22和表3-23）。

任务评价

表3-22 小组评价表

班级		小组			
任务名称	\multicolumn{5}{c}{公路运输事故保险与索赔技能训练}
考核项目	评价标准	参考分值	评价得分		
			自评	组间互评（平均）	教师评价
任务完成	按时正确完成任务	20			
	操作规范，具有良好的安全作业意识	20			
	具有良好的团队协作精神和全局观念	10			
	小计	50			
合计（自评×20%＋互评×40%＋教师评×40%）					

表3-23 小组成员评价表

班级		小组		姓名	
任务名称	\multicolumn{5}{c}{公路运输事故保险与索赔技能训练}
评价项目	评价标准	参考分值	评价得分		
			自评	组内互评（平均）	教师评价
基本素养	参与活动的态度	10			
	语言表达与沟通能力	5			
	团队合作	5			
专业知识和技能	掌握相关的专业基础知识	10			
	在小组任务完成中能应用所学相关专业知识，发挥专业技能水平	20			
	小计	50			
合计（自评×20%＋互评×40%＋教师评×40%）					

注：1. 学生实际得分＝小组评价得分＋小组成员评价得分；

2. 考评满分为100分，59分及以下为不及格；60~70分为及格；71~89分为良好；90分及以上为优秀。

拓展提升

交强险与第三者责任保险的区别

一、强制性与非强制性

交强险是国家规定的强制性保险，根据《机动车交通事故责任强制保险条例》的规定，机动车的所有人或管理人都应当投保交强险，也就是说车主只要购车，就需要每年对其进行投保。

二、保障范围的宽与窄

交强险的保障范围广，商业险的保障范围相对狭窄。发生保险事故时，交强险不仅承担被保险人有责任时依法应由被保险人承担的损害赔偿责任，而且还要承担被保险人无责任时其相应的损害赔偿责任。而商业险在被保险人无责任或者无过错的情况下，保险人不承担赔偿责任。另外，商业险条款的"责任免除"项下还列明了许多保险人不承担赔偿的情形。

三、是否有费率优惠

交强险实行全国统一的保险条款和基础费率，保监会按照交强险业务总体上"不盈利不亏损"的原则审批费率。例如，普通私家车一年的基础保费为950元，任何保险公司不得擅自提供优惠。而商业险各家保险公司可以在一定的范围内自行决定优惠的幅度。

巩固提高

一、名词解释

1. 整车运输
2. 零担运输
3. 外请运力
4. 交强险

二、选择题

1. 以下哪些物品在整车运输中属于违禁品（　　）。
   A. 仿真武器　　B. 三棱刀　　C. 服装　　D. 可卡因

2. 定人定区的原则有以下哪几个方面（　　）。
   A. 调度习惯　　B. 大客户　　C. 司机喜好　　D. 客户类型搭配

3. 请车渠道的信息部开发应该注意（　　）。
   A. 车源掌握　　B. 车价控制　　C. 异常处理　　D. 司机管理

4. 车辆的油耗受以下哪些因素影响（　　）。
   A. 车型　　B. 发动机品牌　　C. 季节因素　　D. 司机驾驶习惯

5. 以下哪些情况在油站选择时一票否决（　　）。
   A. 无法打印加油小票的（油罐车和撬装站除外）
   B. 油品检测不符合国家标准的
   C. 油荒时无法正常供油
   D. 油站所在的位置因城建规划，需要搬迁的
   E. 油站据运作平台15公里以外的

6. 公路运输安全管理体系的入职体系包含哪几个环节（　　）。
   A. 培训体系　　B. 司机招聘　　C. 岗前培训　　D. 岗前测评

7. 公路运输安全管理体系的监督体系分为（　　）三部分。
   A. 晨会　　B. 自查　　C. 出车六检　　D. 违章监控

8. 车险共有两种主险，即（　　）。
   A. 车辆损失险　　　　　　　B. 第三者责任险

C. 车上人员责任险　　　　　　D. 车上货物责任险

9. 整车运输协议办理流程中的核实四证指（　　）。

　　A. 驾驶证　　　B. 行驶证　　　C. 保险证　　　D. 营运证

　　E. 身份证

10. 公路运输安全管理体系包含以下哪几个方面（　　）。

　　A. 入职体系　　B. 培训体系　　C. 监督体系　　D. 关怀体系

　　E. 惩罚体系

三、简答题

1. 举例说明整车运输业务模式有哪几种。
2. 简述整车运输协议办理流程。
3. 中石化和中油的油品是否有区别？
4. 杜邦公司的安全管理树立哪十项安全理念？
5. 公路运输事故申请索赔一般需提交哪些单据和证件？

四、思考题

上网查询国内外知名物流企业是如何进行车辆管理和司机管理的。

项目四 铁路运输作业实务

项目目标

- ❖ 明确铁路货物运输的概念、特点
- ❖ 了解主要铁路干线,铁路货物运输的技术装备与设施
- ❖ 掌握铁路运费的计算
- ❖ 掌握铁路运到期限及逾期罚款的计算
- ❖ 掌握铁路运输流程
- ❖ 培养学生严谨的工作作风,人际沟通能力和团队合作协调能力

任务一　铁路运输基本知识

任务情境：

铁路运输是一种现代陆地运输方式，在现代运输系统中占有重要地位。铁路运输加速了各地区的经济发展，对社会生产力的进步起着积极的推进作用。以我国重庆和德国杜伊斯堡为起始点的"渝新欧"国际铁路联运大通道，全长 11 179 公里，运行时间不到 16 天，如图 4-1 所示；运费比航空运输节省，运时比海运缩短；运力更大，安全性更高，辐射地区更广，通关更加便捷。

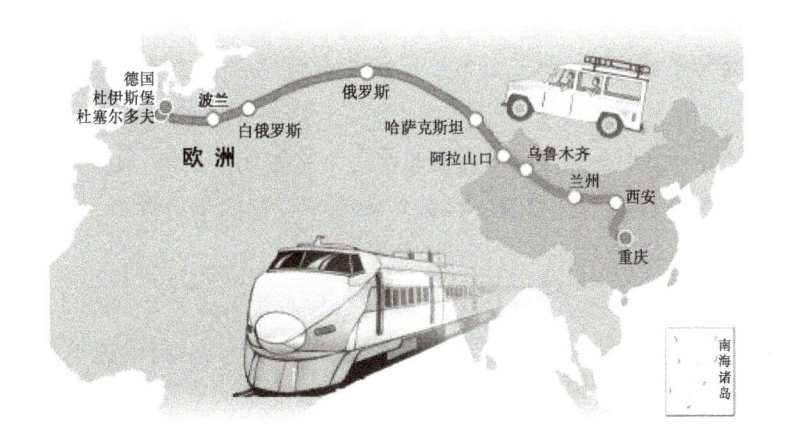

图 4-1　渝新欧铁路干线示意图

任务要求

通过网上查找资料，了解"渝新欧"铁路的概况，并完成以下问题：
(1) 什么是铁路运输？铁路运输有什么样的特点？
(2) 我国的铁路运输有哪些形式？
(3) 我国主要铁路干线的分布。

知识准备

一、铁路运输的概念

铁路运输是指利用机车、车辆等技术沿途铺设轨道，用铁路列车运送货物的运输方式，是目前我国货物运输的主要方式之一，如图 4-2 所示。

铁路运输主要承担长距离、大数量的货运。在一些没有水运条件的地区，几乎所有大批量货物都是依靠铁路运输，它是我国国民经济的大动脉。

图4-2 铁路运输

二、铁路运输的特点

（一）铁路运输的优点

1. 运输能力大

铁路适合长距离大宗货物的运输，特别是陆地上长距离的运输。目前，一列普通的铁路列车可运送3000～5000吨左右的货物，重载货物列车可运送上万吨的货物，远比公路运输和航空运输的运输能力大。

2. 运输速度快

在各种运输方式中，铁路运输的速度仅次于航空运输，其运行时速平均可达100千米/时，高速列车时速可达300千米/时，远远高于水路运输。

3. 运输成本低

铁路运输的能耗要比公路运输和航空运输低很多。一般来说，铁路运输的成本仅为公路运输的几分之一甚至十几分之一。在各种运输方式中，铁路运输的成本仅比水路运输稍高。

4. 受气候影响小，适应性强

借助先进的科学技术，铁路轨道几乎可以在任何需要的地方修建。铁路运输过程中很少受到地理和气候条件的影响，安全准时，无特殊情况可保证一年四季昼夜不停地连续工作。

5. 安全程度高

伴随着大量先进技术的出现及投入使用，铁路运输的安全程度大大提高。据有关资料统计，公共汽车事故、小汽车事故和飞机事故分别是铁路货车事故的2倍、20～30倍和7倍。

6. 能耗小，污染少

铁路运输轨道之间的摩擦阻力小于汽车车轮和地面之间的摩擦阻力，而铁路机车单位功率所能牵引的重量约比汽车高10倍。所以，铁路单位运量能耗要比汽车少。相比其他运输方式，铁路运输对环境和生态平衡的影响程度也较少，尤其是电气化铁路的影响更小。

（二）铁路运输的缺点

1. 灵活性差

铁路线路是专用的，只能在固定线路上实现运输，需要与其他运输手段配合和衔接，不适合短途运输。

2. 投资大

铁路建设需要铺设铁轨、建造桥梁和隧道，需要占用大量土地和人工，尤其是建设初期的投资巨大。

3. 技术性强，建设周期长

一条铁路干线要建设 5~10 年，而且占地较多，随着社会人口的增加，将给社会增加更多的负担。

三、铁路运输的形式

（一）按运输条件的不同分类

铁路运输按运输条件的不同分类，可分为普通货物运输和特殊货物运输，如表 4-1 所示。

表 4-1　按运输条件不同分类

运输方式	概　念	要　求
普通货物运输	指在铁路运输过程中，按一般条件办理的货物	如煤、粮食、木材、钢材、矿建材料等
特殊货物运输	阔大货物运输：超长货物、集重货物和超限货物	超长货物运输是指一件货物的长度，超过用以装运的平车的长度，需要使用游车或跨装而又不超限的货物；集重货物是指一件货物装车后，其重量不是均匀地分布在车辆的底板上，而是集中在底板的一小部分上的货物；超限货物是指一件货物装车后，车辆在平直的线路上停留时，货物的高度和宽度有任何部分超过机车车辆限界的，或者货车行经半径为 300 米的铁路线路曲线时，货物的内侧或外侧的计算宽度超过机车车辆限界的，以及超过特定区段的装载限界的货物
	危险货物运输：凡具有爆炸、易燃、毒害、腐蚀、放射性等特性，在运输、装卸和储存保管过程中，容易造成人身伤亡和财产毁损而需要特殊措施防护的货物	（1）爆炸类； （2）压缩，液化或加压溶解气体； （3）易燃液体； （4）易燃固体，易自燃或遇水易燃物品； （5）氧化剂和有机过氧化物； （6）毒害品和感染性物品； （7）放射性物品； （8）腐蚀品； （9）杂项危险物质和物品
	鲜活货物运输：分为易腐货物和活动物两大类	托运人托运的鲜活货物必须是品质新鲜、无疾残，有能保证货物运输安全的包装，使用的车辆和装载方法要适应货物性质，并根据需要采取预冷、加冰、上水、押运等措施，以保证货物的质量状态良好

（二）按一批货物的重量、体积、性质、形状分类

根据托运人托运货物的数量、体积、形状等条件，结合铁路的车辆和设备等情况，铁路

运输的形式可分为三种：整车、零担和集装箱，如表4-2所示。

表4-2 按体积、形状等分类

运 输 方 式	概　　　念
整车运输	指货物的重量、体积或形状需要以一辆或一辆以上的货车装运时
零担运输	指一批货物的重量、体积、性质或形状不需要一辆铁路货车装运（用集装箱装运除外），即属于零担运输，简称为零担
集装箱运输	指使用集装箱装运货物或运输空集装箱，称为集装箱运输（简称为集装箱）。集装箱适用于运输精密、贵重、易损的货物，凡适合集装箱运输的货物，都应按集装箱运输

四、我国主要铁路干线的分布

线路是铁路运输生产最基本的设备，铁路线网的发展和布局合理与否，直接关系到能否满足国民经济发展对铁路运输的需要。我国主要铁路干线的分布如图4-3所示。

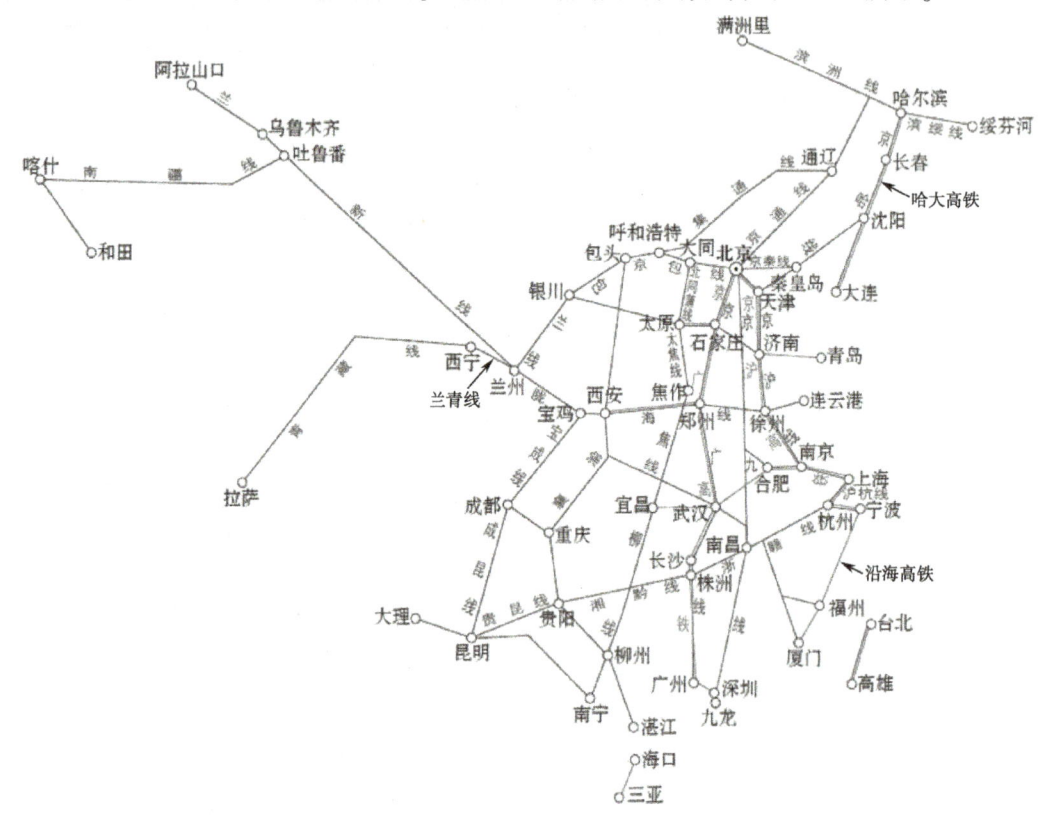

图4-3 我国主要铁路干线

（一）京沪线：东部沿海铁路交通大动脉

京沪铁路北起北京，南达上海。纵贯北京、天津、河北、山东、安徽、江苏和上海七省市，跨越海河、黄河、淮河和长江四大水系，全长1462千米，是我国东部沿海地区的南北交通大动脉。京沪线南运的货物主要有煤炭、木材、棉花等，北运的货物主要有机械、仪表和百货等，是我国最繁忙的直通车干线之一。

（二）京广线：南北交通的中枢

京广线北起北京，南止广州，纵贯我国中部，经过河北、河南、湖北、湖南、广东等省，跨越海河、黄河、淮河、长江、珠江五大流域，连接华北平原、长江中下游平原和珠江三角州，全长 2324 千米。沿线物产富饶，工业发达，城镇广布，货运量、客运量极大。京广线是我国关内地区主要的南北向铁路，为我国铁路网的中轴，在北端北京交汇了京秦、京包、京原、京通、京承、京沈等铁路线，在南端广州交汇了京九线、广茂线和广梅汕线，可达香港、茂名和汕头。

（三）北同蒲—太焦—焦柳线：纵贯南北的第二大交通中枢

北同蒲—太焦—焦柳线北起大同，南到柳州，是一条与京广线平行的南北向的交通大动脉，全长 2395 千米。北同蒲线纵贯山西的南北，沿线盛产粮、棉、油、烟叶等农副产品及有色金属矿产。从山西的大同到陕西的孟塬，北接京包线，南连陇海线。北同蒲线是指大同到太原这一段铁路，太焦线从太原经长治到焦作，焦柳线自焦作经襄樊、枝城、怀化到柳州。

（四）京九线：纵贯南北的第三大交通中枢

京九线位于京沪、京广两大铁路干线之间，北起北京，经天津、河北、山东、河南、安徽、湖北、江西、广东，南至香港九龙，全长 2538 千米。京九线是我国铁路建设史上规模最大，投资最多，一次建成里程最长的铁路干线。它的建设对完善我国铁路布局，缓和南北运输紧张状况，带动沿线地方资源开发，促进港澳地区稳定繁荣，具有十分重要的意义。

（五）京秦—京包—包兰—兰青—青藏线：连接华北、西北地区的铁路干线

这是我国北部地区一条重要的东西向铁路干线，东起秦皇岛，经丰润到北京的铁路线为京秦线。从北京向西经张家口、大同、集宁、呼和浩特到达包头的铁路线为京包线。从包头向西经银川到兰州的铁路为包兰线，自兰州到西宁的铁路线为兰青线，从西宁经格尔木到拉萨的铁路为青藏线。沿线煤、铁、池盐、磷矿等矿产资源丰富，又分布着我国重要的畜牧业基地和商品粮基地。西运货物主要有钢铁、机械、木材等；东运货物以煤炭、矿石、畜产品为主。

（六）陇海—兰新—北疆线：横贯中原和西北的大动脉

陇海线东起黄海之滨的连云港，西止黄土高原的兰州，全长 1754 千米。连通江苏、安徽、河南、陕西、甘肃五省，沿线经过徐州、商丘、开封、郑州、洛阳、孟塬、西安、咸阳、宝鸡、天水等重要城市。兰新线起自兰州，向西经张掖、酒泉、嘉峪关、吐鲁番、乌鲁木齐、昌吉、石河子、乌苏至阿拉山口，全长 2459 千米。陇海—兰新线横贯我国中部地带，把经济发达的东部沿海地区与西北边疆地区连接起来，是一条具有重要经济、政治、国防意义的铁路干线。

（七）沪杭线—浙赣线—湘黔线—贵昆线：横贯江南的东西干线

沪杭线—浙赣线—湘黔线—贵昆线组成了一条横贯我国江南地区的东西向交通大动脉，它东起东海之滨的上海，西到云贵高原的昆明，全长 2677 千米，贯通上海、浙江、江西、湖南、贵州和云南五省一市。该线东运的货物主要有粮食、木材、有色金属等；西运的货物主要有钢铁、机械、水泥、日用百货等。这条铁路线对加强华东、中南和西南地区的经济联系具有重要的作用。

（八）宝成线—襄渝线—湘黔线—黔桂线和南昆线：西南铁路网

西南铁路网由连接区内的成昆线—成渝线—川黔线—贵昆线等四条铁路和连接区外的宝成线—襄渝线—湘黔线—黔桂线和南昆线等五条铁路组成。西南铁路网区内的四线环通，成都、重庆、昆明、贵阳各占一角，把云南、贵州、四川和重庆三省一市连接起来。通向区外的主要有五条，北以宝成线与西北、华北、东北相连，东北以襄渝线接武汉至丹江口线，把川、陕、鄂相连，沟通中南、西南、西北三区，东以湘黔线连中南、华东，东南由黔桂线、南昆线入两广并出海。西南铁路干线网的形成，从根本上改变了"蜀道难，难于上青天"的川、云、贵、渝等西南地区交通闭塞的局面。

（九）哈大、滨洲线—滨绥线：东北铁路网

东北地区是我国铁路最稠密的地区，东北铁路网是以南北向的哈大线和东西向滨洲线—滨绥线为"丁"字型骨架，连接70余条铁路干支线组成的。东北地区主要铁路干线有沈丹线—沈吉线—平齐线—长图线—哈佳线—滨北线—通让线和通向林区的嫩林线—牙林线等，哈大线纵贯全东北，穿越富饶的松辽平原，联结哈尔滨—长春—沈阳三省会和出海口大连港，长946千米。它是整个东北地区经济发展的重要支柱和客货运输的主要通道，也是全国最繁忙的干线之一。滨洲线西起满洲里，中经海拉尔和齐齐哈尔，到哈尔滨，长956千米。滨绥线由哈尔滨经牡丹江到绥芬河，长381千米。滨洲线和滨绥线分别在满洲里和绥芬河与俄罗斯的铁路接轨，是我国东北北部地区重要的东西向运输干线。沿线特产极为丰富，是我国木材、粮食、畜产品供应基地，也是石油、煤炭、木材等产地。

（十）京沈线、京承—锦承线、京通线：沟通关内外的三条干线

京沈铁路是连接关内外的主要铁路线，它起自北京，经天津、唐山、秦皇岛，出山海关、过锦州，到达沈阳，全长850千米。沿途是我国重要城市以及煤炭、钢铁、机械、石油等生产基地集中的地区。京承—锦承线起自北京，经承德到达锦州，是京沈铁路的重要辅助线。京通线由北京郊区昌平出发，经内蒙赤峰到通辽，京通线是连接关内外的第二条重要的铁路通道，为连接东北西部地区与华北地区的一条捷径。

（十一）大秦电气化铁路：晋煤东运的主要干线

大秦电气化铁路自山西省大同市至河北省秦皇岛市，横贯山西、河北、北京、天津，全长653千米，是晋煤外运的专线铁路，也是我国第一条双线电气化铁路和重载单元列车路线，第一条具有微型计算机调度集中系统的线路，第一条全线采用光纤通信系统的线路，是目前我国铁路设计标准和现代化水平最高的电气化铁路。

任务实施

步骤一：教师导入任务情境，解读任务要求。

步骤二：学生分组讨论，进行任务准备。

步骤三：学生以小组为单位，分别进行展示（可利用多种工具，如幻灯片演示、小黑板书写、地图拼图、手抄报等）。

步骤四：学生自评，教师点评，打分总结（见表4-3和表4-4）。

步骤五：学生完成任务学习报告，总结提升。

任务评价

表 4-3　小组评价表

班级		小组				
任务名称		铁路运输基本知识技能				
考核项目	评价标准		参考分值	评价得分		
				自评	组间互评（平均）	教师评价
任务完成	按时正确完成任务		20			
	操作规范，具有良好的安全作业意识		20			
	具有良好的团队协作精神和全局观念		10			
	小计		50			
合计（自评×20% + 互评×40% + 教师评×40%）						

表 4-4　小组成员评价表

班级		小组		姓名		
任务名称		铁路运输基本知识技能				
评价项目	评价标准		参考分值	评价得分		
				自评	组内互评（平均）	教师评价
基本素养	参与活动的态度		10			
	语言表达与沟通能力		5			
	团队合作		5			
专业知识和技能	掌握相关的专业基础知识		10			
	在小组任务完成中能应用所学相关专业知识，发挥专业技能水平		20			
	小计		50			
合计（自评×20% + 互评×40% + 教师评×40%）						

注：1. 学生实际得分 = 小组评价得分 + 小组成员评价得分；
　　2. 考评满分为 100 分，59 分及以下为不及格；60~70 分为及格；71~89 分为良好；90 分及以上为优秀。

拓展提升

一、我国主要铁路运输枢纽

（一）概念

铁路枢纽是指多条铁路干线交汇处，是铁路运输网络中的链接中心。铁路枢纽的布局、技术装备和作业能力等，对运输量的大小及行车速度的快慢有直接影响。

（二）铁路枢纽的位置

（1）政治、经济贸易中心城市：北京、郑州、西安和石家庄等。
（2）综合性工业城市：上海、天津、沈阳等。
（3）水陆联运中心：哈尔滨、武汉、重庆、广州和大连等。

(4) 大型加工工业地区：包头、兰州等。

(5) 采掘工业地区：大同、焦作等。

（三） 我国主要铁路枢纽分布

我国铁路枢纽约有500多个，一般是全国或者省区的政治、经济、文化中心或工业基地和水陆联运中心等，具有代表性的铁路枢纽有以下几个：

1. 北京铁路枢纽

它是联结八个方向的全国最大的铁路枢纽，有京广、京沪、京九、京沈、京包、京通等铁路呈辐射状通向全国，并有国际列车通往朝鲜、蒙古和俄罗斯。

2. 天津铁路枢纽

它是北方最大的海陆交通中心，京沈、京沪两大铁路在此交汇，并与塘沽新港相连，是北京的外港和门户。

3. 上海铁路枢纽

它是东部沿海地区最大的枢纽站。既是京沪线和沪杭线的终点，又是我国远洋航运和沿海南北航线的中心，客流量和货运量极大。

4. 哈尔滨铁路枢纽

它是连接五个方向的东北北部最大的铁路交通中心，有哈大、滨洲、滨绥、滨吉等干线在此汇合。过境运输量很大。主要是木材、粮食、煤炭和大豆等。

5. 郑州铁路枢纽

它地处我国中原地带，陇海、京广两大干线在此相交，沟通了东西南北十几个省的货物，郑州东站连接徐兰高铁、京广高铁、郑渝高铁、郑合高铁、郑济高铁、郑太高铁。2014年7月1日全国铁路大调整之后，郑州东站又开启了逢车必停的新篇章，郑州北站是亚洲最大的编组站，是全国铁路网的"心脏"。

6. 武汉铁路枢纽

它是京广、襄汉、汉九（江）铁路和长江、汉水航运交汇的交通中心，素有"九省通衢"之称，以水陆中转联运为其特色，武汉站处在京广高铁和沪蓉高铁交汇处，是长江经济带的中部中心城市。

7. 沈阳铁路枢纽

它是连接五个方向的东北南部最大的铁路交通中心，有哈大、京沈、沈丹、沈吉等干线交汇，过境运输量为东北之冠。

8. 广州铁路枢纽

它是我国华南的水陆交通中心，京广、广深铁路与珠江航运在此汇合。黄埔港是广州的外港，经这里的海内外旅客和进出口货物流通量很大。

9. 兰州铁路枢纽

它位于全国的几何中心，有陇海、兰新、包兰、兰青四条铁路干线在此交汇，客货周转量很大，是直接内地与边疆的要冲，战略地位十分重要。

10. 重庆铁路枢纽

它在成渝、襄渝和川黔三条铁路干线,以及长江和嘉陵江航线的交汇处,是西南地区最大的水陆联运中心。

二、国外铁路运输的现状

（一）增加列车牵引质量,实现货运重载化

俄罗斯曾试验开行了重量为43 407吨的超长重载列车,该列车由440辆车组成,全长6.5公里,由4台机车牵引,情景十分壮观。国外年运量超过1亿吨的重载铁路主要有3条：巴西维多利亚·米纳斯铁路（898千米）,年运量为1.3亿吨；澳大利亚纽曼山—海德兰铁路（426千米）,年运量为1.09亿吨；巴西卡利亚斯铁路（892千米）,年运量为1.08亿吨。

（二）提高货物送达速度,发展快捷运输

法国铁路快速货物列车平均运行速度可达到160千米每小时,多采用"夕发朝至"模式开行,而由TGV高速旅客列车改造而成的高速邮政列车运营速度与高速旅客列车一样高达270千米每小时。如图4-4、图4-5和图4-6所示,分别为日本、法国和德国的高速列车。

图4-4 日本新干线用列车　　图4-5 法国TGV高速列车

图4-6 德国ice列车

（三）发展综合运输

欧美许多国家大力开展铁路与公路、航空、水运等其他运输方式的联合运输,通过提供全程一站式服务,简化托运程序,使托运人通过一次托运、一次收费就可以享受全程运输,统一理赔等便捷的门到门运输。目前,法国已经形成全国性的联合运输网络,首都巴黎与27个省会城市之间开行了约134列运输列车。德国铁路联合运输网,集装箱基地站和办理托运运输的车站几乎遍布全国。美国从事多联运输业务的企业数量也不在少数,在内陆公铁联运比较发达。

运输作业实务

任务二 认识铁路运输设施与设备

任务情境：

姜峰刚到一家专门从事物流货运代理业务的公司工作，在负责业务的第一天，就收到了一家大型企业的运输代理订单：水果蔬菜、木材、原油、砂石、钢材、服装、家具和生猪等物品，要求用铁路货运的方式。面对如此多需要运输的货物，姜峰一下子不知所措。请你试着帮助他弄清楚下面的问题。这些物品分别适合使用什么类型的铁路车辆进行运输？铁路运输如图4-7所示。

图4-7 铁路运输

任务要求

通过学习任务二，掌握以下知识：
（1）了解铁路运输的相关设施设备。
（2）知道铁路运输车辆的类型及其适合运输的货物。

知识准备

一、铁路机车与车辆

（一）铁路机车

铁路机车是铁路运输的基本动力，铁路是用机车牵引车辆，行驶在铺有钢轨线路上的一种现代化运输工具。铁路机车按用途不同分为速度较快的客运机车，牵引力较大的货运机车和机动灵活的调节机车；按牵引动力不同可分为蒸汽机车（见图4-8）、内燃机车（见图4-9）和电力机车（见图4-10）。三类机车的比较如表4-5所示。

图4-8 蒸汽机车 　　　　图4-9 内燃机车

图 4-10　电力机车

表 4-5　三类机车比较表

分　类	构造与造价	运行速度	马　力	热能效率	空气污染度	维护成本
蒸汽机车	简单　低廉	小	最小	低	最严重	易
内燃机车	复杂　较高	中	较大	高	轻微	难
电力机车	复杂　较高	高	最大	高	无	易

（二）铁路车辆

铁路车辆是运送旅客和货物的工具。一般车辆没有动力装置，需要把车辆连挂成列，由机车牵引，才能在轨道上运行。一般来说，铁路车辆的基本构造由车体、车底架、走行部、车钩缓冲装置、制动装置等五部分组成。

按照车辆运送对象不同可以把铁路车辆分为三大类，即客运车辆、货运车辆和客货运车辆。

货运车辆主要可以分为三大类。

第一类是通用货车。这是一种通用性质较强的车辆，可以运载大多数的货物。它应用的领域比较广泛，也是比较常见的铁路车辆类型，如棚车（见图 4-11）、敞车（见图 4-12）和平车（见图 4-13）。

图 4-11　棚车 　　　　图 4-12　敞车 　　　　图 4-13　平车

第二类是专用货车。这种车辆主要是专供装运某些种类货物的车辆，具有专项性的特征，如家畜车、罐车（见图 4-14）、冷藏车（见图 4-15）、水泥车和集装箱车。

第三类是特种货车，如图 4-16 所示，如检衡车、救援车、除雪车等。

不同类型车辆的特点和用途如表 4-6 所示。

运输作业实务

图4-14 罐车 　　　　　　　图4-15 冷藏车 　　　　　　图4-16 特种车辆

表4-6 铁路货车的类型、特点、用途

货车分类	车型名称	车种型号	特点及用途
通用	棚车	P	车体由车顶、地板、侧墙、端墙、门和窗组成，主要用来运送粮食、日用品、精密仪器等比较贵重和怕日晒雨淋的货物
	敞车	C	车体由端墙、侧墙及地板组成，主要用来运送煤炭、矿石、钢材等不怕潮湿的货物
	平车	N	车体为一平板或设有可翻下的活动低侧、端墙板，主要用来运送钢材、木材、汽车、机器等体积、重量较大或形状不规则的货物，也可以借助集装箱装运其他货物
专用货车	家畜车	J	主要用来运送猪羊等家畜及家禽用；车墙木条间有空隙可以通风，有的还设有饲料槽
	罐车	G	车体呈罐状，主要用来运送各种液体、液化气体和粉末状固体（如水泥）等
	冷藏车	B	外形结构类似棚车，但车体外表涂成银灰色，以利于阳光的反射。墙板设有隔热层，主要用于运送鱼、肉、水果、蔬菜等鲜活易腐货物
	水泥车	U	可运送散装水泥；车内有密封式罐形车体，车顶有装货口，设气卸式卸货装置，利用空气压力卸货
	集装箱车	X	供运送集装箱使用
	粮食车	L	供运送散装粮食使用
	长大货物车	D	主要用于运送长大货物，一般载重量为90吨以上和长度在19米以上，只有底架而无墙板
	有毒物品车	W	车体为黄色，有墙板、车顶，在车顶外还设有遮阳板。主要供运送农药等有毒货物使用，空闲时还可装运化肥
	矿石车	K	主要用来运送矿石、煤炭等货物使用
特种货车	特种车	T	按特种用途设计制造的货车，如检衡车、救援车、除雪车等

二、铁路车站

车站是铁路货运的基础设施，货车一次全周转时间内，车辆在车站的作业和停留时间约占65%。车站按业务性质可分为客运站、货运站、客货运站；按等级可分为特等、一等、二等、三等、四等、五等站；按技术作业性质可分为中间站、区段站、编组站。

106

（一）中间站

中间站是为提高铁路区段通过能力，保证行车安全和为沿线城乡旅客及工农业生产服务而设的车站。其主要任务是办理列车会让、越行和客货运服务。

（二）区段站

区段站多设在中等城市和铁路网上牵引区段（机车牵引列车往返行驶的路段）的分界处。其主要任务是办理货物列车的中转作业，进行机车的更换或机车乘务组的换班，编组区段列车和摘挂列车，以及一定数量的客货运服务。

（三）编组站

编组站是铁路网上办理大量货物列车解体和编组作业，并设有较完善的调车设备的车站，有"列车工厂"之称。其主要任务是解编各类货物列车，组织和取送本地区车流，整备，检修机车，货车的日常保养等四项。

三、铁路线路

铁路线路是为进行铁路运输所修建的固定线路，由路基、桥隧建筑物（包括桥梁、涵洞、隧道等）和轨道（包括钢轨、轨枕、连接零件、道床、防盗设备和道岔等）组成，起着承受列车巨大重量、引导列车运行方向等作用。

四、铁路信号设备

铁路信号设备是信号联锁、闭塞等设备的总称。它用于向行车人员传达有关机车车辆运行条件、行车设备状态及行车有关指示和命令等信息。它的主要功能是保证列车运行安全与调车工作安全。

铁路信号按信号形式分为视觉信号和听觉信号两大类。我国规定用红色、黄色与绿色作为信号的基本颜色，红色表示停车，黄色表示注意或减速运行，绿色表示按规定速度运行；听觉信号是指号角、口笛发出的音响和机车、轨道车的鸣笛声。按设备形式分为固定信号、移动信号与手信号三大类。在固定地点安装的信号设备叫固定信号，固定信号是铁路信号的主要信号；临时设置的信号牌、信号灯等叫移动信号；用手拿信号灯、信号旗或用手势显示的信号叫手信号。信号标志表示铁路所在地点或状态，使司机和作业人员能及时、正确地作业。

任务实施

步骤一：教师导入任务情境，解读任务要求。

步骤二：学生分组讨论，进行任务准备、分析。

按照任务中的要求，根据相关铁路货运车辆知识的学习，选择出合适的铁路货运车辆，如表4-7所示。

表4-7 铁路货运车辆

物品名称	货运车辆	车型代号
水果蔬菜		
木材		
原油		

续表

物品名称	货运车辆	车型代号
砂石		
钢材		
服装		
家具		
生猪		

步骤三：学生以小组为单位，派出代表进行发言。
步骤四：学生自评，教师点评，打分总结（见表4-6和表4-7）。
步骤五：学生完成任务学习报告，总结提升。

任务评价

表4-8 小组评价表

班级		小组				
任务名称		认识铁路运输设施设备技能				
考核项目	评价标准		参考分值	评价得分		
				自评	组间互评（平均）	教师评价
任务完成	按时正确完成任务		20			
	操作规范，具有良好的安全作业意识		20			
	具有良好的团队协作精神和全局观念		10			
	小计		50			
合计（自评×20% + 互评×40% + 教师评×40%）						

表4-9 小组成员评价表

班级		小组		姓名		
任务名称		认识铁路运输设施设备技能				
评价项目	评价标准		参考分值	评价得分		
				自评	组内互评（平均）	教师评价
基本素养	参与活动的态度		10			
	语言表达与沟通能力		5			
	团队合作		5			
专业知识和技能	掌握相关的专业基础知识		10			
	在小组任务完成中能应用所学相关专业知识，发挥专业技能水平		20			
	小计		50			
合计（自评×20% + 互评×40% + 教师评×40%）						

注：1. 学生实际得分 = 小组评价得分 + 小组成员评价得分；
2. 考评满分为100分，59分及以下为不及格；60~70分为及格；71~89分为良好；90分及以上为优秀。

任务三　铁路运费计算

任务情境：

托运人王小强与武昌铁路局签订了一份运输合同，货物是一批钢材，到达站是广州车站，配标记载重量为40吨敞车一辆，已知武昌到广州运价里程1064千米，电气化里程1064千米，请计算武昌铁路局应该核收王小强多少费用？

任务要求

（1）将班级同学分成若干小组，以小组为单位完成本次任务。
（2）小组代表要展示本小组计算运费的过程。
（3）小组代表要阐述本小组通过计算得出的结论。

知识准备

一、计算运价里程

根据运单上填写的发站栏和到站栏，按《铁路货物运价里程表》算出发站至到站的运价里程。计算货物运费的起码里程为100千米。

二、确定运价号

根据运单上填写的货物名称和货物类别上网查找《铁路货物运输品名分类与代码表》和《铁路货物运输品名检查表》，确定出适用的运价号。

三、确定运价

整车、零担货物按货物适用的运价号，集装箱货物根据箱型，冷藏车货物根据车种分别在《铁路货物运价率表》中查出适用的发到基价和运行基价。

四、确定计费重量

（一）整车货物运输计费重量的确定

整车货物除下列情况外，均按货车标记载重量（以下简称标重）计算运费。货物重量超过标重时，按货物重量计费。

（1）使用矿石车、平车、砂行车，经铁路局批准装运《铁路货物运输品名分类与代码表》"01、0310、04、06、081"和"14"类货物按40吨计费，超过时按货物重量计费。
（2）使用自备冷藏车装运货物时按60吨计费；使用标重低于50吨的自备罐车（表4-10所列GH95/22、GY95/22、GH40、GY40型除外）装运货物时按50吨计费。
（3）按表4-8所列货车装运货物时，计费重量按表中规定计算，货物重量超过规定计费重量的，按货物重量计费，加冰冷藏车不加冰运输时，按冷藏车标重计费。
（4）标重不足30吨的家畜车，计费重量按30吨计算。

(5) 车辆换长超过 1.5 的货车（D 型长大货物车除外）本条未明定计费重量的，按其超过部分以每米（不足 1 米的部分不计）折合 5 吨与 60 吨相加之和计费。

表 4-10　冷藏车的计费重量表

车种车型	计费重量/吨
B6　B6N　B6A　B7（加冰冷藏车）	38
BSY（冷板冷藏车）	40
B18（机械冷藏车）	32
B19（机械冷藏车）	38
B20　B21（机械冷藏车）	42
B10　B10A　B22　B23（机械冷藏车）	48
SQ1（小汽车专用平车）	85
QD3（凹底平车）	70
GH95/22、GY95/22（石油液化气罐车）	65
GH40、GY40（石油液化气罐车）	65

（二）零担货物运输计费重量的确定

(1) 按一批办理的零担货物，起码计费重量为 100 千克，零担货物以 10 千克为基本单位，不足 10 千克时进为 10 千克。

(2) 零担货物按货物重量或货物体积折合重量择大计算运费，即每立方米重量不足 500 千克的轻浮货物，按每立方米折合重量 500 千克计算，但下列货物除外：

① 《铁路货物运价规则》有规定计费重量的货物（指裸装货物）按规定计费重量计费；

② "铁路货物运输品名分类与代码表"列"童车"、"室内健身车"、"209 其他鲜活货物"、"9914 搬家货物、行李"、"9960 特定集装化运输用具"等裸装运输时按货物重量计费。

(3) 运价率不同的零担货物在一个包装内或按总重量托运时，按该批或该项货物中高的运价率计费。在货物运单内分项填记重量的货物，应分项计费，但运价率相同时，应合并计算。

(4) 零担货物的起码运费每批 2.00 元。

(5) 每项运杂费的尾数不足 1 角时，按四舍五入处理。

零担货物按货物重量或货物体积折合重量择大计费，即每立方米重量不足 500 千克的轻浮货物，按每立方米体积折合重量 500 千克计算。

如果：① 体积重量＞实际重量；则：计费重量＝体积重量。
　　　② 体积重量＜实际重量；则：计费重量＝实际重量。

五、计算运价

（一）铁路运费计算

运费 =（发到基价 + 运行基价 × 运价公里）× 计费重量

(1) 整车货物每吨运价 = 发到基价 + 运行基价 × 运价公里。

(2) 零担货物每 10 千克运价 = 发到基价 + 运行基价 × 运价公里。

（3）集装箱货物每箱运价 = 发到基价 + 运行基价 × 运价公里。

以上公式中的发到基价和运行基价可以通过网上查阅《铁路货物运输品名分类与代码表》和《铁路货物运价率表》得知。

运输超限货物按以下情况计费：

（1）一级超限货物按运价率加 50% 计费；

（2）二级超限货物按运价率加 100% 计费；

（3）三级超限货物按运价率加 150% 计费；

（4）需要限速运行的货物，按运价率加 150% 计费。

铁路运费的总公式 =（发到基价 + 运行基价 × 运价公里）×（1 + 加减成率）× 计费重量。

货物快运费按《货物运价率》规定的该批货物运价率的 30% 计算核收。

（二）货运杂费

1. 铁路建设基金

铁路建设基金 = 铁路建设基金费率 × 计费重量（箱或轴数）× 运价里程。铁路建设基金费率如表 4-11 所示。

表 4-11 铁路建设基金费率表

项目种类		计费单位	农药	磷矿石棉花	其他货物
整车货物		元/（吨·千米）	0.019	0.028	0.033
零担货物		元/（10千克·千米）	0.00019	0.00033	
自轮运装货物		元/（轴·千米）	0.099		
集装箱	1 吨箱	元/（箱·千米）	0.0198		
	10 吨箱	元/（箱·千米）	0.02772		
	20 英尺箱	元/（箱·千米）	0.528		
	40 英尺箱	元/（箱·千米）	1.122		

2. 电气化附加费

电气化附加费是指凡货物运输中途径电气化区段时，均按《铁路电气化附加费核收办法》的规定收取电气化附加费，用于电气化区段电费补偿。

电气化附加费 = 费率 × 计费重量（箱或轴数）× 电气化里程

3. 其他各项杂费

（三）货物运杂费总额

铁路运杂费总额 = 运费 + 各项杂费

任务实施

步骤一：计算该批货物运价。

由题意可知，运价里程为 1064 千米，计费重量为 40 吨。

该批货物为整车运输作业,通过查询《铁路货物运输品名分类与代码表》可知,钢材的运价号为 5,通过查询《铁路货物运价率表》得知发到基价为 10.4 元/吨,运行基价为 0.0549 元/(吨·千米)。

该批货物运费 =(发到基价 + 运行基价 × 运价公里)× 计费重量
      =(10.4 + 0.0549 × 1064))× 40
      = 2752.544 元

步骤二:计算铁路建设基金。

查铁路建设基金费率表可知铁路建设基金费率为 0.033 元/(吨·千米)。

铁路建设基金 = 铁路建设基金费率 × 计费重量(箱或轴数)× 运价里程
     = 0.033 × 40 × 1064
     = 1404.48 元

步骤三:计算电气化附加费。

由题意可知,电气化里程为 1064 千米,查电气化附加费率表可知电气化附加费费率为 0.012 元/(吨·千米)。

电气化附加费 = 费率 × 计费重量(箱或轴数)× 电气化里程
     = 0.012 × 40 × 1064
     = 510.72 元

步骤四:确定其他杂费。

该任务中没有其他杂费信息。

步骤五:核算费用。

铁路运杂费总额 = 运费 + 铁路建设基金 + 电气化附加费
     = 2752.544 + 1404.48 + 510.72
     = 4667.744 元 ≈ 4667.7 元

步骤六:结论,填写评价表(见表 4-12 和表 4-13)。

武昌铁路局应该核收王小强 4667.7 元的运杂费。

任务评价

表 4-12 小组评价表

班级					
任务名称	铁路运费计算技能训练				
考核项目	评价标准	参考分值	评价得分		
			自评	组间互评(平均)	教师评价
任务完成	按时正确完成任务	20			
	操作规范,具有良好的安全作业意识	20			
	具有良好的团队协作精神和全局观念	10			
	小计	50			
合计(自评 × 20% + 互评 × 40% + 教师评 × 40%)					

项目四 铁路运输作业实务

表4-13 小组成员评价表

班级		小组		姓名	
任务名称		铁路运费计算技能训练			
评价项目	评价标准	参考分值	评价得分		
			自评	组内互评（平均）	教师评价
基本素养	参与活动的态度	10			
	语言表达与沟通能力	5			
	团队合作	5			
专业知识和技能	掌握相关的专业基础知识	10			
	在小组任务完成中能应用所学相关专业知识，发挥专业技能水平	20			
	小计	50			
合计（自评×20% + 互评×40% + 教师评×40%）					

注：1. 学生实际得分 = 小组评价得分 + 小组成员评价得分；

2. 考评满分为100分，59分及以下为不及格；60~70分为及格；71~89分为良好；90分及以上为优秀。

任务四　铁路运输作业

任务情境：

2014年5月9日10时，郑州铁路局货物运输部门接到来自郑州昌隆贸易发展公司发来的运输请求。具体内容如表4-14所示。

表4-14 托运信息

托运单号	YD4610000005201	客户编号：S0000721
托运人	郑州昌隆贸易发展公司 联系人：李丽；联系电话：0371-52261003；地址：河南省郑州市管城回族区郑东新区泰山路66号；邮编：450016	
取货地联系人	郑州惠京有限公司 联系人：祁霞；联系电话：0371-52261543；地址：河南省郑州市管城回族区郑东新区泰山路70号；邮编：450016	
包装方式	木箱	
物品详情	物品名称：张裕珍藏级解百纳750毫升/瓶；数量：900件；总重量：1350千克；总体积：7立方米	
收货人	南京双安公司销售中心 联系人：杨静；联系电话：025-64351003；地址：南京市松江区九干南路20号；邮编：214000	
托运要求	要求上门取货和送货，送货地联系信息与收货人联系信息相同 要求2014年9月14日17时之前送到南京松江区九干南路2号 凭客户签字的运单作为回执 投保（货值为135 000元，基本险费率为8%）	

113

运输作业实务

请模拟郑州铁路局货物运输部门的业务员，完成该批货物的铁路运输任务。

任务要求

（1）将班级同学分成若干小组，以小组为单位完成本次任务。
（2）小组代表要阐述该批货物的铁路运输作业流程。

知识准备

我国铁路货物运输主要分为发送作业、途中作业和到达交付作业，具体流程如图4－17所示。

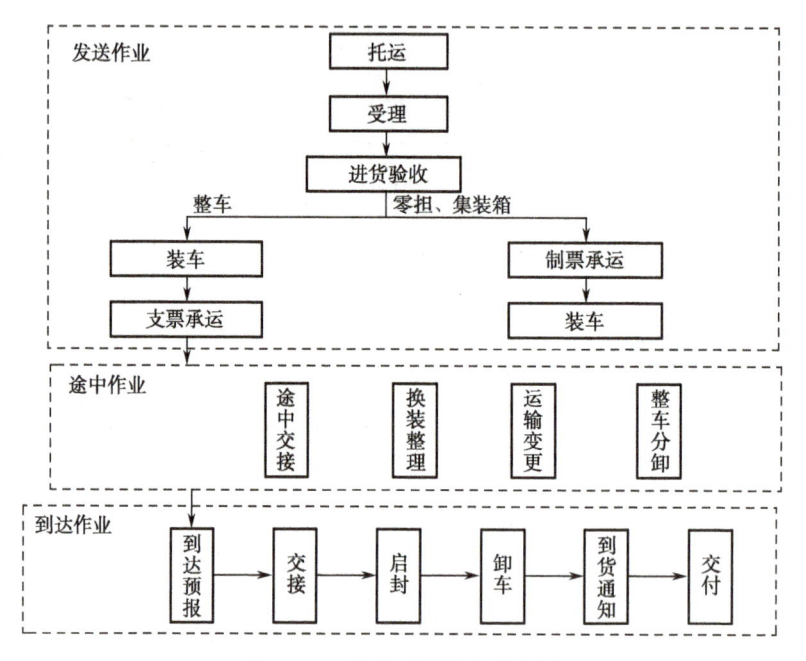

图4－17　铁路运输作业流程图

一、发送作业

（一）签订合同

货运合同是承运人将货物从发站运输至指定地点，托运人或收货人支付运输费用的合同。货运合同的当事人是承运人、托运人与收货人。根据《合同法》、《铁路货物运输合同实施细则》的规定，承、托双方必须签订货运合同。

铁路货运合同有预约合同和承运合同两种，都属于书面形式的合同。

1. 预约合同

预约合同以"铁路货物运输服务订单"作为合同书，预约合同签订过程就是订单的提报与批准过程。

（1）铁路整车货物运输服务订单如表4－15所示。

铁路整车货物运输服务订单是托运人和承运人双方关于铁路货物运输的要约和承诺。它主要包括货物运输的时限、发站、到站、托运人、收货人、品名、车种、车数、吨数，以及相关的服务等内容。订单取代了传统的要车计划表，使承、托运人双方的权利、义务和责任更加明确，使用更加方便。

整车货物订单一式两份，由托运人正确填写，内容完整，字迹清楚，不得涂改。铁路货运计划人员受理，并经审定合格后加盖人名章，返还托运人1份，留存1份。与铁路联网的托运人，可通过网络直接向铁路提报订单。

表4-15 铁路货物运输服务订单（整车）

铁路货物运输服务订单（整车）

_____年_____月份

提表时间：___年___月___日 要求运输时间：___日至___日 受理号码：		发站	名称		略号					
			发货单位盖章	省/部名称_____代号_____ 发货单位名称_____代号_____ 地址_____电话_____						
序号	到局 代号：				收货单位		货物		车种代号	车数	特征代号	换装港	终到港	报价/(元/吨)/(元/车)	备注
			到站	到站电报略号	专用线名称	省/部 || 名称	代号	品名							
						代号	名称 ||| 名称	代号	吨数					

供托运人自愿选择的服务项目（由托运人填写，需要的项目打√） □1. 发送综合服务 □2. 到达综合服务 □3. 仓储保管 □4. 篷布服务 □5. 清运、消纳垃圾 □6. 代购、代加工装载加固材料 □7. 代对货物进行包装 □8. 代办一关三检手续	说明或其他要求事项 □保价运输	承运人签章 年 月 日

说明：

1. 涉及承运人与托运人、收货人的责任和权利，按《铁路货物运输规程》办理。

2. 实施货物运输，托运人还应递交货物运单，承运人应按报价核收费用。装卸等需发生后确定的费用，应先列出费目，金额按实际发生核收。

3. 用户发现有超出国家计委、铁道部、省级物价部门公告的铁路货运价格及收费项目、标准收费的行为和强制服务、强行收费的行为，有权举报。

举报电话： 物价部门 铁路部门

订单的审定结果，铁路装车站要及时通知托运人。托运人根据订单审定的车数、到站等内容按实际需要向车站提出装车请求，并同时做好装车准备，将货物搬入车站或自己选择的专用线。

115

（2）零担、集装箱、班列运输服务订单。

托运人在办理零担、集装箱、班列货物运输时，将填写好的零担、集装箱、班列服务订单一式两份，提报给装车站，车站随时受理并根据货场能力、运力，安排班列开行日期和在订单上加盖车站日期戳，交与托运人1份，留存1份。铁路部门据此安排运输，并通知托运人将货物搬入仓库或集装箱内。

（3）铁路货运延伸服务订单。

铁路货运延伸服务订单为铁路内外从事铁路货运延伸服务的经营者办理货物运输延伸服务时使用，主要包括托运人自愿选择的服务项目和延伸服务经营者的报价等内容。托运人（或委托人）有延伸服务要求的，向延伸服务经营者提出铁路货运延伸服务订单（一式两份）。延伸服务经营者按托运人所提要求，依照物价部门审批的收费项目及标准，计算各项收费并填写报价金额。托运人对报价无异议时，延伸服务经营者在订单上加盖业务专用戳记，交与托运人1份，留存1份。

2. 承运合同（简称为"运单"）

承运合同以"货物运单"作为合同书。托运人按要求填写运单提交承运人，经承运人审核同意并承运后承运合同成立。运单是托运人与承运人之间为运输货物而签订的一种货运合同或货运合同的组成部分。因此，运单既是确定托运人、承运人、收货人之间在运输过程中的权利、义务和责任的原始依据，又是托运人向承运人托运货物的申请书、承运人承运货物和核收运费、填制货票以及编制记录和理赔的依据。

（1）铁路货物运单的种类。

① 现付运单：黑色印刷。

② 到付或后付运单：红色印刷。

③ 快运货物运单：黑色印刷，将"货物运单"改为"快运货物运单"字样。

④ 剧毒品专用运单：黄色印刷，并有剧毒品标志图形。

（2）运单的填写。

① 正确：要求填记的内容和方法符合规定。

② 完备：要求填记的事项，必须填写齐全，不得遗漏，如危险货物不但填写货物的名称，而且要填写其编号。

③ 真实：要求实事求是地填写，内容不得虚假隐瞒。如不能错报、匿报货物品名。

④ 详细：要求填写的品名应具体，有具体名称的不填概括名称，如双人床、沙发、立柜不能填写为家具。

⑤ 清楚：填写字迹清晰，应使用钢笔、毛笔、圆珠笔或加盖戳记、打字机打印或印刷等方法填写，不能用红色墨水填写，文字规范，以免造成办理上的错误。

⑥ 更改盖章：运单内填写各栏有更改时，在更改处，属于托运人填记事项，应由托运人盖章证明；属于承运人记载事项，应由车站加盖站名戳记。

⑦ 按一批托运的货物品名过多不能在货物运单上逐一填写，或同一包装内有两种或两种以上的货物时，托运人必须在填写货物运单外另附"物品清单"一式三份，如表4-16所示。

表 4-16　物品清单

物品清单

发站　　　　　　　　　　　　　　　　　　　　　　　　　　　　　　　　　　　货票_____号

货件编号	包装	详述内容			件数或尺寸	重量	价格
		物品名称	材质	新旧程度			

托运人盖章或签字　　　　　　　　　　　　　　　　　　　　　　　　　　　　　年　月　日

托运人在填写物品清单时，应如实填写，不得匿报、错报货物信息。物品清单由车站加盖承运日期戳，一份发站留存，一份托运人留存，一份随同运输票据递交车站。

（二）评审运单

业务员对托运人所填制的运单进行审核，审核内容如下：

（1）对营业办理限制（包括临时停限装）、起重能力进行审查。

（2）检查运单填写是否清晰，托运人更改的地方是否有更改图章。

（3）逐项检查运单填写的是否完整。

（4）检查运单填写的是否详细，有无省略的内容。

（5）检查是否应该有相关证明文件，证明文件是否齐备有效。

（三）承运

1. 验收货物

货物验收主要包括以下几个方面：

（1）货物的名称、件数是否与货物运单的记载相符。

（2）货物的状态是否良好。

（3）货物的包装和标记是否符合运输要求。

（4）货物上的旧标记是否撤换或清除。

（5）装载整车货物所需要的火车装备物品或加固材料是否备齐。

（6）提交的文件是否有效。

2. 确定货物重量

在铁路运输中，货物的重量不仅是承运人与托运人、收货人之间交接货物和核算运费的重要依据，而且关系到行车运行的安全，影响铁路营运指标。

铁路运输货物按件数和质量承运，但散堆装货物，一批数量多且货物价值不高的成件货物，按整车运输时，只按重量承运，不计件数。

规定的某些物品，每件平均重量在 10 千克以上，按一批托运且托运计件数。规定的某些物品，每件平均重量 10 千克以上，按一批托运且托运人能按件点交的，整车运输时应按重量和件数承运。整车货物和使用集装箱运输的货物，由承运人确定重量；零担货物除标准重量、标记重量或有过秤清单，以及件重超过车站衡器最大的称量的货物以外，由承运人确定重量并核收过秤费。由托运人确定的整车或零担货物重量，承运人应进行抽查，重量不符，超过国家规定的衡器公差时，应向托运人或收货人核收过秤费。

只按重量不计件数承运的货物有：

（1）散堆装货物；

（2）以整车运输，运输的规格相同的（规格在3种以内视为规格相同）件数超过2000的货物；

（3）规格不同，一批数量超过1600件的成件货物。

3. 粘贴货物的标签

货物的标签是由货物名称、托运人、收货人、发站、到站、一批货物总件数及运输号码等内容构成的，如图4-18所示。

货物标签的主要作用在于当运输票据丢失或发生票货分离时，根据标签指示，也能将货物运抵到站，交付收货人。同时，也方便了货物的清点、核对与交接，提高了货物搬运、装卸与存查作业的效率。

为确保货物运输安全，针对货物性质的不同，指示标记的要求也不同。货物标记的图形必须符合国家标准《包装储运图示标志》的规定，应使用铁路规定的格式，按其规定内容正确填写。标记应牢固粘贴、钉固或栓挂在货件上，大件和笨重货物也可采取直接在货件上书写的方法。

货物标签应书写清晰，栓挂、粘贴或钉固在明显处，记载事项必须与运输票据相应内容一致，若不一致，以运输票据为主。

```
运输号码 _____
到  站 _____
收货人 _____
货物名称 _____
总件数 _____
发  站  济  南
备考：不得使用铅笔、圆珠笔填写。
```

图4-18 济南铁路局货物标记（货签）式样

4. 货物堆码

验收完毕的货物要放入指定货位等待装运。

堆码时要注意的问题：

（1）合理。对不同品类、规格、型号、形状、牌号、等级和批次的货物，必须分开堆码，不能混合、间杂堆码。对于不同货物应根据其性能、包装和结构特点，选用适合货物特点的垛形，占用面积、垛间、墙距、走道宽度要合理。码垛时位置的安排要分清入库的先后次序，以便贯彻"先进先出"的原则。

（2）安全。堆码的货垛必须具备尽可能大的稳定性，尤其是重心较高时更要特别注意。码堆应不偏不斜、不歪不倒，且不堆压坏底层货物和地坪，以确保货物堆垛牢固、安全和货物不受损害。因此，要适当选择垛底面积、堆垛高度和垫衬材料，保证堆码的牢固与安全。

（3）定量。为便于检查和盘点，能使保管人员方便清点，在货物堆码时，垛、行、层、包（件）等数量力求整数，每垛应有固定数量。对某些过磅称重货物不能成整数时，必须明确地标出重量，分层堆码或成捆堆码，定量存放。

（4）整齐。堆垛排列整齐有序，垛形统一，不仅能形成良好的库存，而且有利于充分利用仓库的有效面积、方便作业。因此，堆码货物的垛形要规范，纵横成行成列，货物包装上的标志一律朝外排齐，便于查看和发货。

（5）低耗。坚持一次堆码，减少重复搬运；爱护苫盖物品，节约备品用料，降低消耗，堆码紧凑，节省仓位，提高仓容利用率。

（6）方便。便于装卸搬运，便于收发保管，便于日常维护保养，便于检查点数，便于灭火消防，以利货物保管和安全。

5. 核算制票

托运人应在发站承运货物当日支付费用。当托运人或收货人迟交运输费用时，应收取运费迟交金。

（四）装车作业

装车作业包括装车前检查、装车的基本要求和装车后检查。

1. 装车前作业

（1）为了保证装车工作顺利进行，装车前应提前清理货场，限制各种车辆和闲杂人员进入货场。

（2）根据运单所填记的内容核对待装货物的名称、件数等信息。同时检查货物有无受潮破损等异常情况，一旦发现问题，及时汇报并填写货运记录单。

（3）检查运输车辆，安置防护信号。

装车前，一方面要认真检查货车的车体、车门、车窗、盖阀是否完整良好，车内是否干净有异味，检查火车"定检"是否过期，有无扣修通知、火车洗刷送回标签或通行限制。另一方面要安置防护用品和防护信号：装卸作业前必须安设带有脱轨器的红色信号（昼间为红色方牌，夜间为红色灯光）表示停车。防护信号应设置在作业车两端各距20米外的来车方向左侧岗位上。如果在同一线路上车辆分解后作业时，应该在该线路的前部与最后部车辆外端设置防护信号。分解间隔大于40米时，可在20米处设置。尽头线路只在道岔方向一端防护。作业车停留位置距离警冲标不足20米时，防护信号应设在与警冲标相齐处。其他要求可严格按照《铁路工务安全规则》执行。车站应将装卸防护信号使用办法列入车站行车作业细则，除装卸作业工作人员外，其他人员无权撤除装卸防护信号。

（4）安排好相应的运输设备、装卸设备及作业人员。

2. 装车作业要求

（1）货物均衡、稳固、合理地分布在货车底板上，不超载、偏载、集重、偏重。

（2）充分利用货车容积巧装满载。有条件时货物采取大小套装，轻重配重的办法，不虚糜货车载重力。

（3）能够经受住正常调车与列车运行中产生的各种撞击的作用力，在运输过程中，货物不发生移动、滚动、倾覆、倒塌、坠落等情况。

（4）危险、鲜活、易腐等使用特种车辆装载的货物，因其性质特殊，务须严格按规定

运输作业实务

要求作业。

（5）货物装载的宽度、高度，除超限货物外不得超过铁路机车车辆限界和特定区段的装载限制。货物重量不得超过货车的容许载重量。

（6）货场内搬运货物时，机械设备的行驶速度不得大于15千米每小时，站台上搬运货物时，速度不超过10千米每小时。

（7）使用敞车装载怕湿货物时应堆码成屋脊形，苫盖好篷布，篷布搭接处应按运行最远方向顺向压缝，压缝搭接长度不少于500毫米，上层篷布的端绳应纵向拉紧并拴牢于下层篷布的腰绳上。不得遮盖车号、手闸和提钩杆，靠手闸一端的篷布下垂不得超过端板400毫米，装载成件货物在覆盖篷布前必须先行捆绑加固，覆盖篷布后再按规定牢固捆绑。捆绑拴结后腰、边绳的余尾部分，长度不得超过300毫米。苫盖的篷布，货车两端要包角，角绳各向对角下方向拉紧。货车两端篷布的边、角绳应穿过提钩杆或手闸杆的内侧后拉紧拴牢。篷布两侧（包括两张篷布中间接缝的端、角绳）的边绳都要向对方向斜拉或交叉（腰绳直拉）拉紧绕过丁字铁或支柱槽二圈以上，至少结死二次和活扣一次。不得捆绑在其他部位。篷布苫盖后，整体平坦，无货物外露，顶部起脊，两端包角密贴，各部位尺寸不超过限界，拴结牢固。

（8）使用棚车装载货物时，放在车门口的货物，应与车门保持适当距离，以防止挤压车门失损货物。

（9）使用罐车、敞车或平车装运货物时，应按规定办理装车。

（10）装车后需要施封的货车由装车单位进行施封。施封是货物交接、划分运输责任的手段，如图4-19所示。在货物运输过程中，可以通过观察和检查施封状态判断货物是否保持完整，从而划分承运人与托运人的责任。

图4-19 施封的货车

3. 装车后检查

二、途中作业

（一）货运合同的变更和解除

1. 铁路货运合同的变更

（1）变更的概念。铁路货运合同的变更，是指经合同双方同意，对运输的货物、运期、到站及收货人等，在法律允许的范围内进行更改的法律行为。

（2）允许变更的情况：①由于不可抗力使运输合同无法履行的；②由于合同当事人一

方原因，在合同约定的期限内无法履行运输合同；③合同当事人违约，使合同的履行成为不可能或不必要；④经合同的当事人双方协商同意解除或变更，向承运人提出同意解除运输合同的，应退还已收运费。

(3) 变更的限制。

铁路货运合同在下列情况下，不得办理变更：

① 违反国家法律、行政法规、物资流向或运输限制的；
② 变更后的货运期限，长于货物允许运输期限的；
③ 第二次变更到站的；
④ 变更一批货物中的一部分的。

2. 铁路货运合同的解除

铁路货运合同的解除，是指合同有效成立后，基于当事人双方的意思表示，使特定的铁路货运合同托运人与承运人之间的权利义务关系归于消灭的法律行为。

（二）货物的押运

《铁路货物运输规程》第十八条规定：活动物、需要浇水运输的鲜活植物、需生火加温运输的货物、挂运的机车和轨道起重机，以及特殊规定应派押运人的货物，托运人必须派人押运。每批货物的押运人以1~2名为限，押运人须持有居民身份证。托运人应将押运人姓名、证明文件名称、号码填记在货物运单"托运人记载事项"栏内，车站按规定核收押运人乘车费。从货物承运时起至交付完毕时止，押运人应遵守铁路货物运输的有关规定，对货物采取保证安全运输的措施，押运人发生人身意外伤害时，比照《铁路交通事故应急救援和调查处理条例》的规定进行处理。

押运人应注意以下内容：

第一，押运人应熟悉所押货物的特性，负责所押货物的安全。不得擅离职守，不得擅自登乘未经车长或车站许可的车辆。

第二，要注意乘车安全。横过线路要一站、二看、三通过，不得跳、钻车辆，亦不得在列车、车辆移动时爬车或跳车。严禁在货车下乘凉避雨，不得蹬坐车帮和探身车外，不准在货车顶部或货垛的高处坐卧、走动或停留，也不准在易于窜动货物的空隙间乘坐。通过铁路电气化区段，严防触电。

第三，严禁携带危险品，不准在货车内吸烟、生火（押运需生火加温运输的货物除外），违反规定造成后果要负经济和法律责任。

第四，发现危及货物、人身、行车安全的情况，要立即通知车长、车站处理。

（三）运输阻碍的处理

根据《铁路货物运输规程》第41条规定：因不可抗力的原因致使行车中断，货物运输发生阻碍时，铁路局对已承运的货物，可指示绕路运输。或者，在必要时先将货物卸下，妥善保管，待恢复运输时再行装车继续运输，所需装卸费用，由装卸作业的铁路局负担。因货物性质特殊，绕路运输或卸下再装，可造成货物损失时，车站应联系托运人或收货人请其在要求的时间内提出处理办法。超过要求时间未接到答复或因等候答复将使货物造成损失时，比照无法交付货物处理，所得剩余价款，通知托运人领取。

运输作业实务

三、到达交付作业

（一）货物到达查询及催领

托运人在将货物托运后，将"领货凭证"寄交给收货人。收货人收到后，及时与到站联系查询货物到达情况。

根据《铁路货物运输规程》规定：承运人组织卸车的货物，到站应不迟于卸车完成的次日内，用电话或书信，向收货人发出催领通知并在货票内记明通知的方法和时间。有条件的车站可采用电报、挂号信、长途电话、登广告等通知方法，收货人也可与到站商定其他通知方法。采用电报等方法或商定的方法通知的，车站应按实际支出向收货人核收催领通知费用。收货人在到站查询所领取的货物未到时，到站应在领货凭证背面加盖车站日期戳证明货物未到。

（二）货物的保管

货物运抵到站，收货人应及时领取。拒绝领取时，应出具书面说明，自拒领之日起，3日内到站应及时通知托运人和发站，征求处理意见。托运人自接到通知之日起，30日内提出处理意见答复到站。从承运人发出催领通知次日起（不能实行催领通知时，从卸车完毕的次日起），经过查找，满30日（搬家货物满60天）仍无人领取的货物或收货人拒领，托运人又未按规定期限提出处理意见的货物，承运人可按无法交付货物处理。承运人组织卸车的货物，收货人应于承运人发出催领通知的次日（不能实行催领通知或会同收货人卸车的货物为卸车的次日）起算，2日内将货物搬出。超过上述期间未将货物搬出，对其超过的期间核收货物暂存费。根据各地具体情况，铁路局可以缩短免费暂存期限一天，也可以提高货物暂存费率，但提高部分最高不得超过规定费率的3倍，并均报当地人民政府和铁道部备案。车站站长可以适当延长货物免费暂存期间。

（三）货物的交付

1. 卸车前的检查

施封的车辆或集装箱应检查施封情况，核对货物运单、货车装载清单或货运票据上记载的施封号码与施封锁号码是否一致，并检查施封是否有效。拆封时，从钢丝绳处剪断，不得损坏施封锁上的站名和号码。拆下的施封锁，对涉及货运记录事故的，从卸车之日起，须保留180天备查。

对于没有施封的货车、棚车及冷藏车，检查车门窗关闭状态，敞车、平车、砂石车不苫盖篷布的，检查货物装载状态或规定的标记情况，苫盖篷布的，检查篷布情况有无异常。如承运人发出会同卸车通知时起2小时而收货人未到场，到站应编铁路部门普通记录表（见表4-17）证明封印状况或货车现状后，以收货人责任拆封、卸车。

表4-17 铁路部门普通记录表

铁路局
普通记录

第_____次列车在_____站与_____站间*
发站_____发局_____托运人_____
到站_____到局_____收货人_____
货票号码_____车种车型_____车号_____
货物名称_____

续表

与 20 年 月 日 时 分第 次列车到达
发生的事故情况后车辆技术状态：
厂修
段修
铺检
参加人员： 单位戳记
车站
列车段
车辆段
其他
20 年 月 日

注：1. 本记录一式两份，一份存查、一份交有关单位。
　　2. 编号由填发单位自行编排掌握。
　　3. 如换装整理或其他需要调查时，应作抄件送责任单位。
　　4. *表示车长在列车内编制时填写。
规格：185mm×130mm。

2. 货物在到站内向货物运单内所记载的收货人交付

（1）收货人领货时提交的证件：收货人在到站领取货物时，须提出领货凭证，并在货票丁联上盖章或签字。如领货凭证未到或丢失时，机关、企业、团体应提出本单位的证明文件；个人应提出本人居民身份证、工作证（或户口簿）或服务所在单位（或居住所在单位）出具的证明文件。用本人的居民身份证、工作证或户口簿作为证件时，车站应将姓名、工作单位名称、住址及证件号码详细记载在货票丁联上；用证明文件时，应将领取货物的证明文件粘贴在货票丁联上。

（2）收货人支付运费：收货人向到站支付货物运输费用的时间，由承运人组织卸车的货物，应不迟于承运人发出催领通知的次日（不能实行催领通知时，应不迟于卸车完毕的次日）；由收货人组织卸车的货物，应不迟于货车调到卸车地点或车辆交接地点的次日。

（3）货物交付：承运人组织卸车和发站由承运人组织装车到站由收货人组织卸车的货物，在向收货人点交货物或办理交接手续后，即为交付完毕。发站由托运人组织装车，到站由收货人组织卸车的货物，在货车交接地点交接完毕，即为交付完毕。

任务实施

步骤一：郑州铁路局货运部门要求托运人郑州昌隆贸易发展公司填写铁路货物运单。

步骤二：评审运单，确认可以承运。

步骤三：托运受理后，郑州铁路运输部门在货物运单上填写货物搬入日期为2014年5月9日，填写郑州到南京的运价里程为695千米，该批货物重量为1.35吨，采取零担进行运输，安排一辆60吨的棚车进行装车。计费重量为1350千克，核收运费。

查铁路货物运输品名分类与代码表可知，酒的零担运价号为22。

查铁路货物运价率表可知发到基价为0.28元/10千克，运行基价为0.00155元/（10千克·千米)。

运输费用 =(发到基价 + 运行基价 × 运价里程)× 计费重量
= (0.28 + 0.00155 × 695)× 1350 ÷ 10
≈ 183 元

最后托运人凭铁路运输部门签证后的货物运单,按指定日期将货物搬入指定的货位,托运人和承运人填写的铁路货物运单如表 4 – 18 所示。

表 4 – 18 铁路货物运单

货物指定于	5	月	9	日	搬入		＊＊铁路局		承运人/托运人装车	
货位:					货物运单			承运人/托运人施封		
计划号码或运输号码:										
运到期限:				日	托运人 发站 → 到站 → 收货人					
托运人填写					承运人填写					
发站	郑州		到站(局)	南京	车种车号		P60	货车标重		60
到站所属省(市)自治区				江苏	施封号码					
托运人	名称		郑州昌隆贸易发展公司			经由		铁路货车篷布号码		
	住址		郑州市管城回族区郑东新区泰山路66号		电话	0371 – 52261003				
收货人	名称		南京双安公司销售中心			运价里程		集装箱号码		
	住址		南京市松江区九干南路20号		电话	025 – 64351003	695			
货物名称	件数		包装	货物价格	托运人确定重量(kg)	承运人确定重量(kg)	计费重量(kg)	运价号	运价率	运费
张裕珍藏级解百纳750ml/瓶	900		木箱	135 000	1350	1350	1350	22	1.35725	183
合计				135 000	1350	1350	1350			183
托运人记载事项			保险:已投保,货值为135 000元,保险凭证30				承运人记载事项			
注:本单不作为收款凭。托运人签约须见背面。			托运人(签章)			到站交付日期戳		发站承运日期戳		

步骤四:货场管理人员对托运人搬入货场的货物进行检查与核对,进行装车。

步骤五:货物装车后,发生装车费 100 元,货运员将签收的运单移交货运室填制货票,核收运杂费,5 月 10 日发站在货物运单上加盖车站承运日期戳,货物正式开始运输,货票填写如表 4 – 19 所示。

表4-19　货票

铁路局

货票

计划号码或运输号码　　　　　　　　　　　　　　　　　　　　　　　甲联

货物运到期限　　　　　日　　　发站存查

发站	郑州	到站（局）	南京	车种车号	P60	货车标重	承运人/托运人	装车
托运人	名称	郑州昌隆贸易发展公司		施封号码			承运人/托运人　施封	
	地址	郑州市管城回族区郑东新区泰山路66号		铁路货车篷布号码				
收货人	名称	南京双安公司销售中心		集装箱号码				
	地址	南京市松江区九干南路20号		经由			运价里程	695
货物名称	件数	包装	货物重量/kg		计费重量	运价号	运价率	现付	
			托运人确认	承运人确认				费别	金额
张裕珍藏级解百纳 750ml/瓶	900	木箱	1350	1350	1350	22	1.35725	运费	183
								装费	100
								取送车费	
								过称费	
合计	900		1350	1350	1350			合计	283
记事									

发站承运日期戳

经办人盖章

步骤六：经过运输，该批货物于2014年5月13日到达南京，并未逾期。

步骤七：在货物到达后，目的地铁路运输部门安排人员进行卸车，并通知收货人南京双安公司销售中心杨静及时领取货物。

步骤八：杨静持领货凭证和规定的证据到货运室办理货物领取手续，支付相应费用共计283元，最后与铁路运输部门交接货物。

步骤九：货物交接完毕，南京站铁路运输部门在货物运单上加盖货物交付日期戳，记录货物交付完毕的时间，该批货物运输过程结束。

步骤十：小组及成员互评，填写评价表（见表4-20和表4-21）。

任务评价

表 4-20 小组评价表

班级			小组			
任务名称			铁路运输作业			
考核项目	评价标准		参考分值	评价得分		
				自评	组间互评（平均）	教师评价
任务完成	按时正确完成任务		20			
	操作规范，具有良好的安全作业意识		20			
	具有良好的团队协作精神和全局观念		10			
	小计		50			
合计（自评×20% + 互评×40% + 教师评×40%）						

表 4-21 小组成员评价表

班级			小组		姓名	
任务名称			铁路运输作业			
评价项目	评价标准		参考分值	评价得分		
				自评	组内互评（平均）	教师评价
基本素养	参与活动的态度		10			
	语言表达与沟通能力		5			
	团队合作		5			
专业知识和技能	掌握相关的专业基础知识		10			
	在小组任务完成中能应用所学相关专业知识，发挥专业技能水平		20			
	小计		50			
合计（自评×20% + 互评×40% + 教师评×40%）						

注：1. 学生实际得分 = 小组评价得分 + 小组成员评价得分；

2. 考评满分为100分，59分及以下为不及格；60~70分为及格；71~89分为良好；90分及以上为优秀。

巩固提高

一、名词解释

1. 铁路运输
2. 铁路枢纽

二、选择题

1. 铁路运输主要承担（　　）货运。

　　A. 长距离　少数量　　　　　　B. 长距离　大数量

　　C. 短距离　少数量　　　　　　D. 短距离　大数量

2. 整车运输、零担运输和集装箱运输，是按（　　）的标准进行分类的。

A. 按运输条件的不同　　　　　　B. 按运输数量的多少
C. 按货主的要求　　　　　　　　D. 一批货物的重量、体积、性质、形状分类

3. 我国"晋煤东运"的主要干线是（　　）
   A. 大秦电气化铁路　　　　　　B. 京九线
   C. 陇海—兰新—北疆线　　　　D. 沪杭线

4. 拆下的施封锁，对涉及货运记录事故的，从卸车之日起，须保留（　　）天备查。
   A. 150　　　　B. 160　　　　C. 170　　　　D. 180

5. 每批货物的押运人以（　　）名为限。
   A. 1　　　　B. 1~2　　　　C. 2~3　　　　D. 3~4

6. 从承运人发出催领通知次日起，经过查找满（　　）日仍无人领取的货物或收货人拒领视为无主货。
   A. 20　　　　B. 30　　　　C. 40　　　　D. 50

7. 铁路货运合同在下列情况下，不得办理变更（　　）。
   A. 违反国家法律、行政法规、物资流向或运输限制的
   B. 变更后的货运期限，长于货物允许运输期限的
   C. 第二次变更到站的
   D. 变更一批货物中的一部分的

8. 篷布搭接处应按运行最远方向顺向压缝，压缝搭接长度不少（　　）毫米。
   A. 200　　　　B. 300　　　　C. 400　　　　D. 500

三、简答题

1. 铁路运输的特点有哪些？
2. 铁路运输如何进行分类？
3. 我国主要的铁路干线有哪些？
4. 铁路运输的设施与设备有哪些？
5. 铁路货运的车辆有哪些？各自有什么特点？
6. 运单的审核内容有哪些？
7. 装车作业要求有哪些？
8. 押运员注意事项有哪些？

四、计算题

1. 兰州西站发银川站机器一台重24吨，用50吨货车一辆装运，计算其运费。
2. 由西安西站发张掖站一批童鞋，货重15000千克，体积55立方米。运距为1144千米，电气化里程为1144千米。计算运杂费。
3. 兰州西站发天回镇汽油一车50吨，用铁路罐车装运，运价里程与电气化里程均为1171千米，计算运杂费。
4. 石岗站发洛阳东站尿素20吨，用一辆60吨的棚车装运，施封材料费3元，运价里程与电气化里程均为1094千米，计算运杂费。

五、技能训练题

1. 通过查阅有关资料、书籍，了解汉新欧、蓉欧、郑新欧、西新欧等铁路货运线，制作成PPT进行演示汇报。

2. 组织参观当地的铁路货运站，并写出参观心得报告。

3. 2015 年 5 月 9 日 10 时，郑州铁路局货物运输部门接到来自郑州顺达贸易发展公司发来的运输请求。具体内容如表 4-22 所示。

表 4-22 铁路托运单

托运单号	YD4610000005201	客户编号：S0000721
托运人	郑州顺达贸易发展公司 联系人：李丽；联系电话：0371-52261003；地址：河南省郑州市管城回族区郑东新区泰山路 66 号；邮编：450016	
取货地联系人	郑州惠京有公司 联系人：祁霞；联系电话：0371-52261543；地址：河南省郑州市管城回族区郑东新区泰山路 70 号；邮编：450016	
包装方式	木箱	
物品详情	物品名称：VIDD 牌切纸机；数量：80 件；总重量：1560 千克；总体积：12 立方米；	
收货人	南京 A 公司销售中心 联系人：王梓棋；联系电话：025-64351003；地址：南京市崇安区解放南路 520 号；邮编：214000	
托运要求	（1）要求上门取货和送货，送货地联系信息与收货人联系信息相同 （2）要求 2015 年 5 月 11 日 17 时之前送到南京崇安区解放南路 520 号 （3）凭客户签字的运单作为回执 （4）不投保	

请模拟郑州铁路局货物运输部门的业务员，完成该批货物的铁路运输任务。

4. 浏览以下网站，查阅资料。

  http：//www.12306.cn　中国铁路客户服务中心网站

  http：//www.zgtlhy.com　中国铁路货运网

  http：//www.chnrailway.com　中华铁道网

项目五 航空运输作业实务

项目目标

- ❖ 掌握航空运输的特点和类型
- ❖ 理解航空运输中的相关术语
- ❖ 清楚航空货物运输的作业流程
- ❖ 能够选择正确的运价进行航空运费的计算
- ❖ 能够正确的填制航空运单
- ❖ 培养良好的职业道德，具备人际沟通和团队协作的能力

运输作业实务

任务一　认识航空运输

任务情境：

清晨一大早，当很多人还在上班路上的时候，郑州陈砦花卉市场的商户们已经在忙碌了。

在市场最东头的冷库门前，商户们用小推车把头天夜里空运过来的鲜花取走，盛鲜花的纸箱上面，还贴着"昆明国际花卉拍卖交易中心"的字样。

在一家鲜花批发店内，店员打开纸箱，取出玫瑰、百合、满天星等花来。鲜花中放着冰块，这能让它们保持着新鲜，看起来就像刚从昆明的花田里采摘下来一样。

店老板张建华一边招呼店里的姑娘小伙们加快速度，一边取出一枝百合，往花篮上扎。客户9点就要来取，得赶快。

张建华每天都从昆明发货，基本上每天两箱，每箱100公斤。现在是淡季，玫瑰每扎15元，白百合每扎25元，黄百合每扎40元。

"昆明运到郑州，加上上下飞机的时间，直飞需要10小时左右，运费每公斤3.5元；转飞需要20个小时，运费每公斤2.5元。"张建华说。

业内有这样的说法——鲜花每天早上都会降低15%的价值，因为它们最多只有7天的寿命，之后便香消玉殒。

因此，速度就有了价格。对张建华们的鲜花来说，少飞10小时，每公斤要贵1元。

如果追根溯源，鲜花最早以做生意的方式坐上飞机，是在1928年。这一年，荷兰航空公司开展了一项业务，将7500吨鲜花、水果和蔬菜空运到伦敦。那年冬天，伦敦的贵妇们很高兴地发现，荷兰的飞机全年都可以把草莓和浓缩奶油运到伦敦去。

之后的故事大家都知道了，荷兰成为世界花都，郁金香卖遍全球。荷兰的花卉种植商，控制了世界花卉产业的命脉。

来源自《大河报》

任务要求

阅读任务情境资料，以小组为单位，讨论分析：

（1）昆明的鲜花是采用什么样的运输方式运达郑州花卉市场售卖的？能否采用其他的方式运送？为什么？

（2）为什么花卉市场的老板宁愿支付更高的运费而使鲜花能够直飞送达也不选用运费较低的转飞方式呢？

知识准备

一、航空货物运输的含义

航空货物运输，也叫"空运"，是指利用商业飞机或民用航空器运送物品的一种运输形式。航空货物运输是现代物流中的重要组成部分，近年来发展十分迅速，其以提供安全、快捷、方便和优质的服务赢得了相当大的物流货运市场份额，是国际贸易中贵重物品、鲜活货物和精密仪器运输所不可或缺的方式。

二、航空运输的历史发展

航空运输始于1871年，当时普法战争中的法国人用气球把政府官员和物资、邮件等运出被普军围困的巴黎。1918年5月5日，飞机运输首次出现，航线为纽约—华盛顿—芝加哥。同年6月8日，伦敦与巴黎之间开始定期邮政航班飞行。20世纪30年代有了民用运输机，各种技术性能不断改进，航空工业的发展促进航空运输的发展。第二次世界大战结束后，在世界范围内逐渐建立了航线网，以各国主要城市为起落点的世界航线网络遍及各大洲。

三、航空运输的特点

（一）航空运输的优势

1. 运送速度快，时效性强

航空运输自航空业诞生之日起就以快速而著称。由于航空货运所采用的主要运送工具是飞机，飞机的飞行时速大约都在每小时600公里到800公里甚至更高，比其他的交通工具要快得多，火车时速大约在每小时100公里到140公里左右，汽车在高速公路上跑也只能达到80公里到120公里，轮船就更慢了。快捷的交通工具大大缩短了货物在途时间，对于那些易腐烂、变质的鲜活物品；时效性、季节性强的时令性物品；抢险救灾物资、急救物品的运输，航空运输有着得天独厚的优势。此外，现代市场经济的发展，要求企业及时对市场的变化做出非常灵敏的反应，企业考虑的不再单单是生产成本，时间成本也成为企业成本中很重要的一项因素，如适销的新产品及时铺货占领市场从而获取更高的利润等，都需要航空运输的有力支持才可以实现。

2. 空间跨度大，不受地面条件影响

航空运输利用了天空这一自然通道，完全不受地理条件的约束，在有限的飞行时间内实现了最大距离的空间跨越，通常的国际货运宽体飞机一次飞行可以达到7000公里左右，对于地理条件恶劣，地面交通运输非常不便的地区非常适合，有利于当地的资源输出，促进地区的经济发展。

3. 安全性好，破损率低

在地面，由于本身航空货物的价格比较高，操作流程的环节比其他运输方式严格得多，破损的情况大大减少，货物装上飞机之后，在空中货物很难导致损坏，因此在整个货物运输环节之中，货物的安全性好，破损率低。这种特点使得有些物品虽然从物理特性来说，不适合用空运，如体积比较大、重量比较重的精密机械仪器等，但又只能用航空运输来运送，以减少损坏的概率。

4. 节约利息、保险、包装等费用

由于采用航空运输方式，物品在途时间短，周转速度快，企业的库存可以相应减少。一方面有利于资金的回收，减少利息支出，另一方面企业仓储费用也可以降低。又由于航空货物运输安全、准确，货物出现损坏、丢失的情况少，保险费用较低。与其他运输方式相比，

航空运输的物品包装更简单，使包装成本减少。

5. 投资相对较少，经济效益高

实现航空运输的基础设施和设备的投资相对较小。修建机场比修建铁路、公路占用的土地少，投资小。用来运输的飞机不需要任何改装，可迅速的转为国家应急或战争服务，是良好的军用和民用结合的交通工具。

（二）航空运输的局限

（1）航空运输的运价相对较高，运输成本大，对于价值比较低、时间要求不严格的物品，一般不采用航空运输的方式。

（2）飞机或航空器本身的载重容积有限，载货量相对较小，对大件物品或大批量物品的运输有一定的限制。

（3）航空运输受到天气的影响非常大，恶劣的天气会严重影响飞行的安全。

（4）噪声污染严重。

四、航空运输分类

（一）从性质分类

从航空运输的性质来分，可以把航空运输分为国内航空运输和国际航空运输两大类。

1. 国内航空运输

国内航空运输是指根据当事人订立的航空运输合同，运输的出发地点、约定的经停地点和目的地点均在我国境内的运输。云南的鲜花从昆明空运到北京或者郑州都属于国内航空运输。

2. 国际航空运输

国际航空运输是指根据当事人订立的航空运输合同，无论运输有无间断或者有无转运，运输的出发地点、目的地点或者约定的经停地点之一不在我国境内的运输。郑州富士康生产的苹果手机从郑州装上飞机，途经上海中转，最后飞抵美国芝加哥，即属于国际航空运输。

（二）从方式分类

从航空运输的方式来分，可以把航空运输分为班机运输、包机运输和集中托运。

1. 班机运输

班机运输（Scheduled Airline）指使用具有固定的开航时间、航线和停靠航站的飞机航班进行运输。某些规模较大的专门航空货运公司或一些业务范围较广的综合性航空公司会在货运量较为集中的航线开辟固定货运航班。普通的航空公司进行班机运输时一般采用客货混合型飞机，在搭乘旅客的同时也承揽小批量货物的运输。

由于班机运输有固定的航线、挂靠航站、固定的航期，并在一定时间内有相对固定的收费标准，对有空运需求的客户来讲可以在贸易合同签署之前预期确定货物的起运和到达时间，核算运费成本，合同的履行也较有保障，因此，成为多数贸易商的首选航空运输形式。

2. 包机运输

包机运输（Chartered Carrier）是指航空公司按照约定的条件和费率，将整架飞机租给一个或若干个包机人（包机人指发货人或航空货运代理公司），从一个或几个航空站装运货物至指定目的地。

当货物批量较大时，包机运输就成为重要的航空运输方式。包机运输满足了大批量货物运输的需要，同时包机运输的运费比班机运输形式低，且随国际市场供需情况的变化而变化，给包机人带来了潜在的利益。但包机运输是按往返路程计收费用的，存在着回程空机的风险。与班机运输相比，包机运输可以由承租飞机的双方议定航程的起止点和中途停靠的空港，因此更具灵活性。

3. 集中托运

集中托运（Consolidation）可以采用班机或包机运输方式，是指航空货运代理公司将若干批单独发运的货物集中成一批向航空公司办理托运，填写一份总运单送至同一目的地。这种托运方式，可降低运费，是航空货运代理的主要业务之一。

五、航空运输的组织管理机构

（一）中国民用航空局（Civil Aviation Administration of China）

简称中国民航局或民航局，英文缩写 CAAC，标识如图 5-1 所示，是中国交通运输部管理的国家局，主管我国的民用航空事业，特别是航空运输业。

图 5-1 中国民航局标识

（二）国际民用航空组织（International Civil Aviation Organization）

英文缩写 ICAO，标识如图 5-2 所示，是联合国的一个专门机构，1944 年为促进全世界民用航空安全、有序的发展而成立的，是协调国际上涉及在民用航空领域内的各种经济和法律事务的重要组织。它负责制定和监督执行有关航空运输飞行安全，维护国际航空运输市场秩序的标准。2013 年 9 月 28 日，中国在加拿大蒙特利尔召开的国际民航组织第 38 届大会上再次当选为一类理事国。

（三）国际航空运输协会（International Air Transport Association）

英文缩写 IATA，标识如图 5-3 所示，是一个由世界各国航空公司所组成的大型国际组织，主要制定国际航空运输价格、运载规则和运输手续，协调国际航空运输企业间的财务结算，执行国际民用航空组织 ICAO 制定的国际标准和程序。

图 5-2 国际民航组织标识　　　图 5-3 国际航空运输协会标识

运输作业实务

任务实施

步骤一：教师导入任务情境，引出本次任务，并强调任务要求。
步骤二：以小组为单位进行讨论，完成任务。
步骤三：小组代表发言，展示并阐述对航空运输的认识。
步骤四：小组互评，教师点评（见表5-1和表5-2）。

任务评价

表5-1 小组评价表

班级		小组			
任务名称		航空运输基本知识技能训练			
考核项目	评价标准	参考分值	评价得分		
			自评	组间互评（平均）	教师评价
任务完成	按时正确完成任务	20			
	操作规范，具有良好的安全作业意识	20			
	具有良好的团队协作精神和全局观念	10			
	小计	50			
合计（自评×20% + 互评×40% + 教师评×40%）					

表5-2 小组成员评价表

班级		小组		姓名	
任务名称		航空运输基本知识技能训练			
评价项目	评价标准	参考分值	评价得分		
			自评	组内互评（平均）	教师评价
基本素养	参与活动的态度	10			
	语言表达与沟通能力	5			
	团队合作	5			
专业知识和技能	掌握相关的专业基础知识	10			
	在小组任务完成中能应用所学相关专业知识，发挥专业技能水平	20			
	小计	50			
合计（自评×20% + 互评×40% + 教师评×40%）					

注：1. 学生实际得分 = 小组评价得分 + 小组成员评价得分；
　　2. 考评满分为100分，59分及以下为不及格；60~70分为及格；71~89分为良好；90分及以上为优秀。

拓展提升

常见飞机种类和型号

按照飞机的用途不同一般把飞机分为客运飞机、货运飞机和客货混合飞机，如表5-3所示。

134

表 5-3 按飞机用途分类

飞机类型	载货舱位
客运飞机	只在下舱载货
货运飞机	主舱及下舱全部载货（也包括上舱）
客货混合飞机	主舱前部设置旅客座位，后部装载货物，下舱也可载货

常见的客运飞机主要由美国的波音公司和欧洲的空中客车公司生产制造。美国的波音公司是世界上最大的飞机制造厂商，特别是 1997 年兼并了飞机制造业排名第三的美国麦道公司后，更加稳固了其在全球飞机制造业的霸主地位，主要的机型有波音系列的 747、777、737、767、757 和麦道系列的 M11、M90 等，如图 5-4 所示。欧洲空中客车公司作为一个欧洲航空公司的联合企业成立于 1970 年，其创建的初衷就是为了同波音和麦道那样的美国公司竞争，主要的机型有空客系列的 A340、A380、A300、A330 等，如图 5-5 所示。

图 5-4 波音 777 飞机　　　　图 5-5 空中客车 A380

任务二　航空运输业务流程

任务情境：

齐远和朋友开办了一家国际贸易公司，主要从事中国和加拿大之间日常用品的采购贸易。公司开业没多久，齐远在内蒙古采购到一批高档的小羊皮手套准备通过航空运输的方式销售到加拿大的多伦多地区。于是，齐远找到郑州市明辉航空货运代理公司委托运输。小张是明辉航空货代的新进业务员，对航空货物出口运输代理业务流程还不熟悉，你能帮助小张完成这批小羊皮手套的航空运输出口代理业务吗？

任务要求

（1）将班级同学分成若干小组，以小组为单位完成本次任务。
（2）请小组代表阐述小羊皮手套的航空运输出口代理业务流程。

知识准备

一、航空运输中涉及的专业术语

（1）承运人：是指包括接受托运人填开的航空货运单或者保存货物记录的航空承运人和运送或者从事承运货物或者提供该运输的任何其他服务的所有航空承运人。

（2）托运人：是指为货物运输与承运人订立合同，并在航空货运单或者货物记录上署名的人。

（3）代理人：是指在航空货物运输中，经授权代表承运人的任何人。

（4）收货人：是指承运人按照航空货运单或者货物运输记录上所列名称而交付货物的人。

（5）托运书：是指托运人办理货物托运时填写的书面文件，是据以填开航空货运单的凭据。

二、航空货运代理

航空货物运输业务有通过航空货运代理公司办理和由收、发货人直接向航空公司办理两种形式，但是在实际操作中后一种形式非常少见。

使用航空运输方式运送货物，特别是进出口货物，需要办理一定的手续，如出口货物在始发站机场交给航空公司之间的揽货、接货、订舱、制单、报关和交运等；进口货物在目的站机场从航空公司接货、接单、制单、报关、送货或转运等。航空公司一般不负责办理此类业务，而是由专门承办此类业务的航空货运代理公司负责。

航空货运代理公司作为货主和航空公司之间的纽带和桥梁，既可以是货主的代理，代替货主向航空公司办理托运或提取货物的手续，也可以是航空公司的代理，代替航空公司接收货物，出具航空公司的主运单和自己的分运单。航空货运代理公司作为专门机构，对货运的流程、环节和相关的规章制度都非常熟悉，而且与民航、海关、商检以及交通运输管理部门有着广泛的联系，能够极大提高货运手续的办理效率。

三、航空货物运输的出口业务流程

航空货运出口业务流程从环节来说主要包含两大部分：航空货物出口运输代理业务流程和航空公司出港货物的操作流程。前者的主体是航空货运代理，后者的主体是航空公司。

（一）航空货物出口运输代理业务流程

航空货物出口运输代理业务流程主要包括以下环节：

委托运输→审核单证→预配舱→预订舱→接单→制单→接货→标签→配舱→订舱→出口报关→出仓单→提板箱→货物装箱装板→签单→交接发运→航班跟踪→信息服务→费用结算。

1. 委托运输

托运人选择合适的航空货运代理公司，并与其就出口货物运输事宜达成意向。托运人与航空货运代理公司签订货运委托书，作为货主委托航空货运代理承办航空货物出口货运的依据。航空货运代理公司根据货运委托书要求办理出口手续，并据以结算费用。对于长期出口或出口货量大的单位，航空货运代理公司一般都与之签订长期的代理协议。

2. 审核单证

单证应包括：发票、装箱单、托运书、报送单项式、外汇核销单、许可证、商检证、进料/来料加工核销本、索赔/返修协议、到会保函、关封。

3. 预配舱

代理人汇总所接受的委托和客户的预报，并输入电脑，计算出各航线的件数、重量、体积，按照客户的要求和货物重、泡情况，根据各航空公司不同机型对不同板箱的重量和高度要求，制定预配舱方案，并对每票货配上运单号。

4. 预订舱

代理人根据所指定的预配舱方案，按航班、日期打印出总运单号、件数、重量、体积，向航空公司预订舱。

5. 接受单证

接受托运人或其代理人送交的已经审核确认的托运书及报送单证和收货凭证。将收货记录与收货凭证核对，制作操作交接单，填上所收到的各种报关单证份数，给每份交接单配一份总运单或分运单。将制作好的交接单，配好的总运单或分运单，以及报关单证移交制单。

6. 填制货运单

航空货运单包括总运单和分运单，填制航空货运单的主要依据是发货提供的国际货物委托书，委托书上的各项内容都应体现在货运单项式上，一般用英文填写。

7. 接收货物

接收货物，是指航空货运代理公司把即将发运的货物从发货人手中接过来并运送到自己的仓库。

接收货物一般与接单同时进行。对于通过空运或铁路从内地运往出境地的出口货物，货运代理按照发货提供的运单号、航班号及接货地点日期，代其提取货物。若货物已在始发地办理了出口海关手续，发货人应同时提供始发地海关的关封。

接货时应对货物进行过磅和丈量，并根据发票、装箱或送货单清点货物，核对货物的数量、品名、合同号或唛头等是否与货运单上所列一致。

8. 标记和标签

标记：包括托运人、收货人的姓名、地址、联系电话、传真、合同号等。

标签：航空公司标签上三位阿拉伯数字代表所承运航空公司的代号，后八位数字是总运单号码。分标签是代理公司对出具分标签的标识，分标签上应有分运单号码和货物到达城市或机场的三字代码。

一件货物贴一张航空公司标签，有分运单的货物，再贴一张分标签。

9. 配舱

核对货物的实际件数、重量、体积与托运书上预报数量的差别。对预订舱位、板箱应有效利用、合理搭配，按照各航班机型、板箱型号、高度、数量进行配载。

10. 订舱

接到发货人的发货预报后，向航空公司吨控部门领取并填写订舱单，同时提供相应的信息；货物的名称、体积、重量、件数、目的地；要求出运的时间等。航空公司根据实际情况安排舱位和航班。货运代理订舱时，可依照发货人的要求选择最佳的航线和承运人，同时为发货人争取最低、最合理的运价。

订舱后，航空公司签发舱位确认书（舱单），同时给予装货集装器领取凭证，以表示舱位订妥。

11. 出口报关

首先将发货人提供的出口货物报关单的各项内容输入电脑，即电脑预录入。在通过电脑填制的报关单上加盖报关单位的报关专用章；然后将报关单与有关的发票、装箱单和货运单综合在一起，并根据需要随附有关的证明文件；以上报关单证齐全后，由持有报关证的报关员正式向海关申报；海关审核无误后，海关官员即在用于发运的运单正本上加盖放行章，同时在出口收汇核销单和出口报关单上加盖放行章，在发货人用于产品退税的单证上加盖验讫章，粘上防伪标志；完成出口报关手续。

12. 出仓单

配舱方案制定后就可着手编制出仓单：出仓单的日期、承运航班的日期、装载板箱形式及数量、货物进仓顺序编号、总运单号、件数、重量、体积、目的地三字代码和备注。

13. 提板箱

向航空公司申领板、箱并办理相应的手续。提板、箱时，应领取相应的塑料薄膜和网。对所使用的板、箱要登记、消号。

14. 货物装箱装板

不要用错集装箱、集装板，不要用错板型、箱型；不要超装箱板尺寸；要垫衬，封盖好塑料纸、防潮、防雨淋；集装箱、板内货物尽可能配装整齐，结构稳定，并接紧网索，防止运输途中倒塌；对于大宗货物、集中托运货物，尽可能将整票货物装一个或几个板、箱内运输。

15. 签单

货运单在盖好海关放行章后还需要到航空公司签单，只有签单确认后才允许将单、货交给航空公司。

16. 交接发运

交接是向航空公司交单交货，由航空公司安排航空运输。

交单就是将随机单据和应有承运人留存的单据交给航空公司。随机单据包括第二联航空运单正本、发票、装箱单、产地证明、品质鉴定证书。

交货即把与单据相符的货物交给航空公司。交货前必须粘贴或拴挂货物标签，清点和核对货物，填制货物交接清单。大宗货、集中托运货，以整板、整箱称重交接。零散小货按票称重，计年交接。

17. 航班跟踪

需要联程中转的货物，在货物运出后，要求航空公司提供二程、三程航班中转信息，确认中转情况。及时将上述信息反馈给客房，以便遇到有不正常情况及时处理。

18. 信息服务

从多个方面做好信息服务：订舱信息、审单及报关信息、仓库收货信息、交运称重信息、一程二程航班信息、单证信息。

19. 费用结算

发货人结算费用：在运费预付的情况下，收取航空运费、地面运输费、各种服务费和手

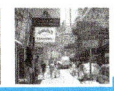

续费。

承运人结算费用：向承运人支付航空运费及代理费，同时收取代理佣金。

任务实施

步骤一：教师导入任务情境，引出本次任务，并强调任务要求。
步骤二：以小组为单位进行讨论，完成任务。
步骤三：小组代表发言，阐述货物要进行航空运输所例行的环节。
步骤四：小组互评，教师点评（见表5-4和表5-5）。

任务评价

表5-4 小组评价表

班级		小组				
任务名称		航空运输业务流程				
考核项目	评价标准		参考分值	评价得分		
				自评	组间互评（平均）	教师评价
任务完成	按时正确完成任务		20			
	操作规范，具有良好的安全作业意识		20			
	具有良好的团队协作精神和全局观念		10			
	小计		50			
合计（自评×20% + 互评×40% + 教师评×40%）						

表5-5 小组成员评价表

班级		小组		姓名		
任务名称		航空运输业务流程				
评价项目	评价标准		参考分值	评价得分		
				自评	组内互评（平均）	教师评价
基本素养	参与活动的态度		10			
	语言表达与沟通能力		5			
	团队合作		5			
专业知识和技能	掌握相关的专业基础知识		10			
	在小组任务完成中能应用所学相关专业知识，发挥专业技能水平		20			
	小计		50			
合计（自评×20% + 互评×40% + 教师评×40%）						

注：1. 学生实际得分 = 小组评价得分 + 小组成员评价得分；
2. 考评满分为100分，59分及以下为不及格；60~70分为及格；71~89分为良好；90分及以上为优秀。

拓展提升

航空公司出港货物的操作流程

航空公司出港货物的操作流程是指自代理人将货物交给航空公司，直到货物装上飞机的整个业务操作流程。航空公司出港货物的操作程序分为以下主要环节：

（1）预审 CBA（Cargo Booking Advance），CBA 即国际货物订舱单。

（2）整理货物单据，主要包括已入库的大宗货物、现场收运的货物、中转的散货等三个方面的单据。

（3）货物过磅、入库。

（4）货物出港，对于货物出港环节，重点处理好制作舱单及转运舱单的业务。

① 货运舱单（Cargo Manifest）：货运舱单是每一架飞机所装载货物、邮件的运输凭证清单；是每一航班总申报单的附件；是向出境国、入境国海关申报飞机所载货邮情况的证明文件；也是承运人之间结算航空运费的重要凭证之一。

② 货物转港舱单（Cargo Transfer Manifest，CTM）：货物转港舱单由交运承运人填写，是货物交运承运人和货物接运承运人之间交接货物的重要运输凭证，也是承运人之间结算航空运费的重要凭证之一。

任务三　航空运单的缮制

任务情境：

2015 年 2 月 12 日，一大早昆明金科艺花卉有限公司（地址：昆明市呈贡区斗南花卉市场 85 号）业务员丁辉就将 2 件玫瑰花打包装到了一个 30 厘米×50 厘米×100 厘米的大纸箱里面，毛重 10 千克。因为距离情人节越来越近，玫瑰花的需求量激增，玫瑰花的价格也水涨船高，应客户郑州明卉贸易有限公司（地址：郑州市金水区陈砦花卉市场 A 区 31 号，电话：13203824201）总经理苏明丽的要求，丁辉必须尽快把这 2 件玫瑰花发往郑州。丁辉联系了南方航空公司进行运输，从昆明长水国际机场运抵郑州新郑国际机场，该公司当天给该票货物报价如下：航空运费 56 元，地面运费 15 元，其他费用 20 元。

任务要求

阅读任务情境资料，缮制一张航空货运单，帮助丁辉完成发货工作。

知识准备

一、航空运单的概念

航空运单（Airway Bill）是承运人与托运人之间签订的运输契约，也是承运人或其代理人签发的货物收据。航空运单还可作为核收运费的依据和海关查验放行的基本单据。

二、航空运单的性质

航空运单是由承运人或其代理人签发的重要的货物运输单据，是承托双方的运输合同，其内容对双方均具有约束力。航空运单不可转让，持有航空运单也并不能说明可以对货物要求所有权。

三、航空运单的作用

（一）航空运单是发货人与航空承运人之间的运输合同

航空运单不仅证明航空运输合同的存在，而且航空运单本身就是发货人与航空运输承运人之间缔结的货物运输合同，在双方共同签署后产生效力，并在货物到达目的地交付给运单上所记载的收货人后失效。

（二）航空运单是承运人签发的已接收货物的证明

航空运单也是货物收据，在发货人将货物发运后，承运人或其代理人就会将其中一份交给发货人（即发货人联），作为已经接收货物的证明。除非另外注明，它是承运人收到货物并在良好条件下装运的证明。

（三）航空运单是承运人据以核收运费的账单

航空运单分别记载着属于收货人负担的费用，属于应支付给承运人的费用和应支付给代理人的费用，并详细列明费用的种类、金额，因此可作为运费账单和发票。承运人往往也将其中的承运人联作为记账凭证。

（四）航空运单是报关单证之一

出口时航空运单是报关单证之一。在货物到达目的地机场进行进口报关时，航空运单也通常是海关查验放行的基本单证。

（五）航空运单同时可作为保险证书

如果承运人承办保险或发货人要求承运人代办保险，则航空运单也可用来作为保险证书。

（六）航空运单是承运人内部业务的依据

航空运单随货同行，证明了货物的身份。运单上载有有关该票货物发送、转运、交付的事项，承运人会据此对货物的运输做出相应安排。

四、航空运单各联的用途

国内航空运输中，航空运单一式八联，其中正本三联、副本五联，如表5-6所示。正本三联为：正本1交承运人，由托运人签字或盖章；正本2交收货人，由托运人和承运人签字或盖章；正本3交托运人，由承运人接受货物后签字盖章。三份具有同等效力。承运人可根据需要增加副本。货运单的承运人联应当自填开货运单次日起保存两年。

表5-6 国内航空运单各联说明表

顺　序	名　称	颜　色	用　途
第一联	甲联（正本3）	蓝色	托运人联，作为托运人支付货物运费，并将货物交由承运人运输的凭证

续表

顺　序	名　称	颜　色	用　途
第二联	乙联（正本1）	绿色	财务联，作为收取货物运费的凭证交财务部门
第三联	丙联（副本7）	白色	第一承运人联，由第一承运人留交其财务部门作为结算凭证
第四联	丁联（正本2）	粉红色	收货人联，在目的站交收货人
第五联	戊联（副本4）	黄色	货物交付联，收货人提取货物时在此联签字，由承运人留存，作为货物已经交付收货人的凭证
第六联	己联（副本5）	白色	目的站联，由目的站机场留存，也可作为第三承运人联，由第三承运人留交其财务部门作为结算凭证
第七联	庚联（副本6）	白色	第二承运人联，由第二承运人留交其财务部门作为结算凭证
第八联	辛联（副本8）	白色	代理人联，由运单填制人留存备查

五、国内航空运单的格式

国内航空运单的格式如表5-7所示。

表5-7　中国民用航空货运单

出发站		到达站		
收货人名称		电话		
收货人地址				
发货人名称				
发货人地址				
空陆转运	自　　　　至	运输方式		
货物品名	件数及包装	重　量 计费　实际	价　值	
航空运费：（每公斤￥）	￥	储运注意事项	收运站 日　期 经手人	
地面运输费：（每公斤￥）	￥			
空陆转运费：（每公斤￥）	￥			
中转费：（每公斤￥）	￥			
其他费用：	￥			
合计：	￥			

六、国内航空运单的填写说明

（1）出发站、到达站：必须填写出发站和到达站的全称。

（2）收货人、托运人的姓名、单位、地址和电话：必须填写单位或个人的全名、详细地址，电话应为常用电话，保证畅通。特殊需要保密的单位应写明邮政信箱号码或单位代号。

（3）件数：填写实际的准确件数及数量单位。

（4）货物品名及包装：必须填写货物的具体品名及包装形式，而非表示货物类别的笼统名称。

（5）储运注意事项：按实际情况填写货物特性和储运的注意事项，如"防潮"，"易碎"等；填写货物到达后的提取方式；个人托运物品的详细内容说明等。

任务实施

步骤一：教师导入任务情境，引出本次任务，并强调任务要求。
步骤二：以小组为单位进行讨论，准备缮制的单据。
步骤三：以小组为单位提炼任务中有用的信息，填写航空货运单，如表5-8所示。

表5-8 中国民用航空货运单

出发站	昆明长水国际机场		到达站	郑州新郑国际机场	
收货人名称	苏明丽		电话	13203824201	
收货人地址	郑州市金水区陈砦花卉市场A区31号				
发货人名称	丁辉　昆明金科艺花卉有限公司				
发货人地址	昆明市呈贡区斗南花卉市场85号				
空陆转运	自　　　至		运输方式		
货物品名	件数及包装	重量		价值	
		计费	实际		
玫瑰花	1箱		10kg		
航空运费：(每公斤¥)	¥56	储运注意事项		收运站 日　期 经手人	
地面运输费：(每公斤¥)	¥15				
空陆转运费：(每公斤¥)	¥	轻拿轻放			
中转费：(每公斤¥)	¥				
其他费用：	¥20				
合计：	¥91				

步骤四：小组展示、互评，教师点评（见表5-9和表5-10）。

任务评价

表5-9 小组评价表

班级		小组			
任务名称	航空运单缮制技能训练				
考核项目	评价标准	参考分值	评价得分		
			自评	组间互评（平均）	教师评价
任务完成	按时正确完成任务	20			
	操作规范，具有良好的安全作业意识	20			
	具有良好的团队协作精神和全局观念	10			
	小计	50			
合计（自评×20% + 互评×40% + 教师评×40%）					

表5-10 小组成员评价表

班级		小组		姓名	
任务名称		航空运单缮制技能训练			
评价项目	评价标准	参考分值	评价得分		
			自评	组内互评（平均）	教师评价
基本素养	参与活动的态度	10			
	语言表达与沟通能力	5			
	团队合作	5			
专业知识和技能	掌握相关的专业基础知识	10			
	在小组任务完成中能应用所学相关专业知识，发挥专业技能水平	20			
	小计	50			
合计（自评×20% + 互评×40% + 教师评×40%）					

注：1. 学生实际得分 = 小组评价得分 + 小组成员评价得分；
2. 考评满分为100分，59分及以下为不及格；60~70分为及格；71~89分为良好；90分及以上为优秀。

技能训练

（1）活动准备。

2人为一组，以小组为单位，完成以下活动内容。

（2）活动内容。

热心人王昊（地址：郑州市黄河南路105号）通过电视得知四川发生强烈地震，资源紧张，立即出资5000元购买了50个睡袋，经真空压缩之后打包装到一个60厘米×100厘米×100厘米的纸皮箱里面，毛重90千克，委托他在成都正准备前往灾区当志愿者的朋友李伟斌（地址：成都市双流华阳通济街127号，电话：13808178865）帮他捐献给灾区。王昊联系了东方航空公司进行运输，从郑州新郑国际机场运抵成都双流国际机场，这票货物的运费是航空运费520元（5.2元/千克），地面运输费40元（0.4元/千克），其他费用20元。

请根据以上资料帮助王昊缮制一张航空运单。

（3）活动结果（参考表5-11）。

表5-11 中国民用航空货运单

出发站	郑州新郑国际机场	到达站	成都双流国际机场
收货人名称	李伟斌	电话	13808178865
收货人地址	成都市双流华阳通济街127号		
发货人名称	王昊		
发货人地址	郑州市黄河南路105号		
空陆转运	自　　　至	运输方式	

续表

货物品名	件数及包装	重量 计费	重量 实际	价 值
睡袋	1箱	100kg	90kg	5000元
航空运费：（每公斤￥5.2）	￥520	储运注意事项		
地面运输费：（每公斤￥0.4）	￥40			
空陆转运费：（每公斤￥）	￥			收运站
中转费：（每公斤￥）	￥			日　期
其他费用：	￥20			经手人
合计：	￥580			

拓展提升

国际航空运输中，航空运单一般由一式十二联组成：三联正本、六联副本和三联额外副本，如表 5–12 所示。

表 5–12　国际航空运单各联说明表

顺　序	名　称	颜　色	用　途
1	Orginal 3（正本3）	蓝	交托运人
2	Orginal 1（正本1）	绿	交财务部门
3	Copy 9（副本9）	白	交代理人
4	Orginal 2（正本2）	粉红	交收货人
5	Copy 4（副本4）	黄	交货收据（航空公司留存）
6	Copy 5（副本5）	白	交目的港机场
7	Copy 6（副本6）	白	交第三承运人
8	Copy 7（副本7）	白	交第二承运人
9	Copy 8（副本8）	白	交第一承运人
10	Extra copy（额外副本）	白	供承运人使用（分批运输时）
11	Extra copy（额外副本）	白	供承运人使用（分批运输时）
12	Extra copy（额外副本）	白	供承运人使用（分批运输时）

任务四　航空运输运费计算

任务情境：

王明是郑州某星级酒店的采购经理，一次某公司在该酒店预订宴会，恰逢宴会中要用到的一种食材——某地特产的活虾没有了库存，为了保证菜品的质量，维护该星级酒店的形象声誉，王明决定直接向上海该种活虾的供应商下订单，并采用航空运输的方式尽快将食材准备齐全。

运输作业实务

白玉贝是上海供应商的业务员,她接到通知后就负责给王明供货。这批货物品名为鲜活虾,总共毛重25千克,分别被打包成3个纸箱,每个纸箱尺寸为40厘米×30厘米×20厘米。当白玉贝找到航空公司发货后,该票货物的航空运费达到了180元,具体运价表如表5-13所示。

表5-13 部分运价表

国内航线货物运价表(上海始发)						
单位:元/千克						
目的地	三字代码	航距	N	45千克以上	100千克以上	300千克以上	S
^	^	^	<45	Q45	Q100	Q300	^
郑州	CGO	887	4.8	3.8	3.4	2.9	7.2

任务要求

阅读任务情境资料,以小组为单位,计算并讨论:
该票鲜活虾的航空运费计算是否正确?航空运费的收费标准是什么?

知识准备

一、航空运费的含义

货物的航空运费是指航空公司将一票货物自始发地机场运至目的地机场所应收取的航空运输费用。其中一票货物是指使用同一份航空货运单的货物。

计算航空运费时,所要考虑的两个要素就是该票货物适用的航空运价和货物的计费重量。

$$航空运费 = 适用的运价 \times 计费重量$$

二、航空运价的含义

(一)航空货物运价的概念

航空货物运价是指出发地机场至目的地机场之间的航空运输价格,不包括机场与市区间的地面运输费及其他费用。

(二)航空运价计费注意事项

(1)航空货物运价计费通常使用始发地货币表示,如国内航空运价的货币单位是人民币CNY。常见国家和地区货币符号如表5-14所示。

表5-14 常见国家和地区货币符号表

国家和地区	货币名称		货币符号		辅币进位制
^	中文	英文	旧符号	标准符号	^
中国	人民币元	Renminbi Yuan	RMB¥	CNY	1CNY=10jao(角) 1jao=10fen(分)
美国	美元	U. S. Dollar	U. S. $	USD	1USD=100cent(分)

续表

国家和地区	货币名称		货币符号		辅币进位制
	中文	英文	旧符号	标准符号	
加拿大	加元	Canadian Dollar	Can. $	CAD	1CAD＝100cents（分）
欧洲货币联盟	欧元	Euro	EUR	EUR	1EUR＝100euro cents（生丁）
英国	英镑	Pound, Sterling	£；£ Stg.	GBP	1GBP＝100new pence（新便士）
日本	日元	Japanese Yen	¥；J.¥	JPY	1JPY＝100sen（钱）
澳大利亚	澳大利亚元	Australian Dollar	$ A.	AUD	1AUD＝100cents（分）
中国香港	港元	HongKong Dollars	HK $	HKD	1HKD＝100cents（分）

（2）航空货物运价不包括其他的额外费用，如提货、清关、地面运输和仓储费用等。

（3）航空货物运价一般以千克为计算单位。

（4）航空货物运价应按照出具航空运单当日的有效运价计算。

三、国内航空运价

（一）国内航空货物运价类别

国内航空货物运价一般分为五类。

1. 普通货物运价

普通货物运价是除等级货物运价和指定商品运价以外的适合于一般性普通货物进行航空运输运费计算的价格。航空公司通常根据普通货物重量的不同划分等级，设置不同等级的运输价格，分为两种。

（1）基础运价（代号 N）。

民航总局统一规定各航段货物基础运价，基础运价为 45 千克以下普通货物运价，金额以角为单位。

（2）重量分界点运价（代号 Q）。

国内航空货物运输建立 45 千克以上、100 千克以上、300 千克以上 3 级重量点及运价。

2. 等级货物运价（代号 S）

急件、生物制品、珍贵植物和植物制品、活体动物、骨灰、灵柩、鲜活易腐物品、贵重物品、枪械、弹药、押运货物等特种货物实行等级货物运价，按照基础运价的 150% 计收。

3. 指定商品运价（代号 C）

航空公司对于一些批量大、季节性强、单位价值低的货物设置指定商品运价，是一种优惠运价。航空公司为了提高运载率、降低成本，解决方向性运输不平衡问题，在指定航线上对指定商品适用特殊的运输价格，鼓励客户更多地采用航空运输。对大宗货物运价的折扣往往也包含在指定商品定价里。

4. 最低运费（M）

每票国内航空货物最低运费为人民币 30 元。

5. 集装货物运价

集装货物运价适用于以集装箱、集装板作为一个运输单元进行运输的货物。因为集装箱

147

运输可以显著减少包装和搬运的费用，所以集装货物运价也大大低于普通货物运价。

（二）国内航空货物运费计费规则

（1）货物运费计费以"元"为单位，元以下四舍五入。

（2）最低运费，按重量计得的运费与最低运费相比取其高者。

（3）按实际重量计得的运费与按较高重量分界点运价计得的运费比较取其低者。

（4）分段相加组成运价时，不考虑实际运输路线，不同运价组成点组成的运价相比取其低者。

四、计费重量

计费重量是指用以计算货物航空运费的重量。它可以是货物的实际重量，或者是货物的体积重量，还可以是较高重量分界点的重量。

（一）实际毛重

包括货物的包装在内的货物实际的重量就是货物的实际毛重。重量不足1千克的尾数四舍五入。每张航空货运单的货物重量不足1千克时，按1千克计算。贵重物品按实际毛重计算，计算单位为0.1千克。

例如，某件货物经过磅秤称得重量是126.6千克，计量时应进位表示为127千克。

（二）体积重量

体积重量是把货物的体积按一定的比率折算成的重量。

体积重量是物流行业内的一种计算轻泡货物重量的方法，当运输的货物属于轻泡货时，会占用大量的空间从而减少货物的总体运量，承运人就会亏本。出现这种情况就需要按照货物的体积来收费，把体积按一定折算比率折算成体积重量。

1. 体积的计算

体积 = 最长 × 最宽 × 最高，单位是厘米。

长、宽、高均应先四舍五入为整数后再进行计算。

例如，一件货物通过尺子测量最长的边是40.6厘米，最宽为32.1厘米，最高为29.8厘米，它的体积 = 41 × 32 × 30 = 39 360 立方厘米。

2. 体积折算重量

体积折算成重量的标准是：每6000立方厘米。折合为1千克。

例如，上例的体积重量 = 39 360/6000 × 1 = 6.56千克，进整为7千克。

（三）计费重量确定

将货物的实际毛重和体积重量进行比较，选取较大值作为计费重量。

例如，货物的实际毛重为30千克，体积为90 × 70 × 50 = 315 000立方厘米，该货物的体积重量 = 315 000/6000 = 52.5千克，进整为53千克 > 30千克，所以，该货物的计费重量为其体积重量53千克。

以体积重量作为计费重量的货物是轻泡货。以实际毛重作为计费重量的货物是重货。

任务实施

国内航空运费计算

步骤一：教师导入任务情境，引出本次任务，并强调任务要求。
步骤二：以小组为单位进行讨论，进行航空运费计算。

（一）计算货物体积

$$总体积 = 40 \times 30 \times 20 \times 3 = 72\,000 \text{ 立方厘米}$$

（二）计算体积重量

$$体积重量 = 72\,000/6000 = 12 \text{ 千克}$$

（三）计算实际毛重

实际毛重已知为 25 千克。

（四）确定计费重量

体积重量 12 千克 < 实际毛重 25 千克。
所以该票货物的计费重量为实际毛重 25 千克，为重货。

（五）确定适用的运价

任务中鲜活虾属于鲜活易腐物品，鲜活易腐物品实行等级货物运价 S，而且计费重量为 25 千克 < 45 千克，按照基础运价 N 的 150% 计收运价。
通过国内航线货物运价表（上海始发）查询可知该票货物适用航空运价为：

$$4.8 \times 150\% = 7.2 \text{ 元/千克}$$

（六）计算航空运费

航空运费为：

$$7.2 \times 25 = 180 \text{ 元}$$

最低运费为：

$$30 \times 150\% = 45 \text{ 元} < 180 \text{ 元}$$

所以该票鲜活虾从上海发到郑州的航空运费为 180 元。
步骤三：小组代表发言，阐述国内航空运输运费计算的方法和依据。
步骤四：小组互评，教师点评（见表 5-15 和表 5-16）。

任务评价

表 5-15 小组评价表

班级		小组			
任务名称		航空运输运费计算技能训练			
考核项目	评价标准	参考分值	评价得分		
			自评	组间互评（平均）	教师评价
任务完成	按时正确完成任务	20			
	操作规范，具有良好的安全作业意识	20			
	具有良好的团队协作精神和全局观念	10			
	小计	50			
合计（自评×20% + 互评×40% + 教师评×40%）					

表 5-16　小组成员评价表

班级		小组		姓名		
任务名称	\multicolumn{6}{c}{航空运输运费计算技能训练}
评价项目	评价标准		参考分值	评价得分		
				自评	组内互评（平均）	教师评价
基本素养	参与活动的态度		10			
	语言表达与沟通能力		5			
	团队合作		5			
专业知识和技能	掌握相关的专业基础知识		10			
	在小组任务完成中能应用所学相关专业知识，发挥专业技能水平		20			
	小计		50			
合计（自评×20% + 互评×40% + 教师评×40%）						

注：1. 学生实际得分 = 小组评价得分 + 小组成员评价得分；
　　2. 考评满分为 100 分，59 分及以下为不及格；60～70 分为及格；71～89 分为良好；90 分及以上为优秀。

拓展提升

国内航空货物运价使用规则

（1）直达货物运价优先于分段相加组成的运价。
（2）指定商品运价优先于等级货物运价和普通货物运价。
（3）等级货物运价优先于普通货物运价。

巩固提高

一、名词解释

1. 航空货物运输
2. IATA
3. 航空运单
4. 航空运费

二、选择题

1. 航空运输的优势有（　　）。
　　A. 运送速度快，时效性强　　　　B. 安全性好，破损率低
　　C. 适合价值比较低的物品　　　　D. 不受地面条件影响
2. 属于从航空运输的方式来分类的有（　　）。
　　A. 班机运输　　　　　　　　　　B. 国内航空运输
　　C. 包机运输　　　　　　　　　　D. 国际航空运输
3. 主舱前部设置旅客座位，后部装载货物，下舱也可载货的飞机属于（　　）。
　　A. 客货混合飞机　　B. 客运飞机　　C. 货运飞机　　D. 特殊飞机

4. 为货物运输与承运人订立合同，并在航空货运单或者货物记录上署名的人是（　　）。
   A. 承运人　　　　B. 托运人　　　　C. 代理人　　　　D. 收货人
5. 国内航空运输中，航空运单一式（　　）联。
   A. 三　　　　　　B. 五　　　　　　C. 八　　　　　　D. 十二
6. 下列不属于航空货运代理作用的是（　　）。
   A. 代替货主向航空公司办理托运或提取货物的手续
   B. 代替航空公司接收货物
   C. 出具航空公司的主运单和自己的分运单
   D. 将货物装载到运输飞机上
7. 航空运单正本1的颜色是（　　），正本2的颜色是（　　），正本3的颜色是（　　）。
   A. 蓝　　　　　　B. 绿　　　　　　C. 黄　　　　　　D. 粉红
8. 属于航空运单作用的是（　　）。
   A. 航空运单是承运人据以核收运费的账单
   B. 航空运单不可转让，持有航空运单也并不能说明可以对货物要求所有权
   C. 航空运单是发货人与航空承运人之间的运输合同
   D. 航空运单同时可作为保险证书
9. 国内航空运输运价的货币单位是（　　）。
   A. USD　　　　　B. EUR　　　　　C. CNY　　　　　D. JPY
10. 重量分界点运价中不属于重量分界点的是（　　）。
    A. 45千克　　　　B. 100千克　　　　C. 200千克　　　　D. 300千克

三、简答题

1. 航空运输的优势有哪些？
2. 简述航空货物出口运输代理业务的流程。
3. 简述航空运单的作用。
4. 国内航空货物运价使用规则有哪些？
5. 简述国内航空运费的计算过程。

四、技能训练题

1. 王晓宇（地址：上海市徐汇区漕溪北路41号）把一件数码配件交东方航空服务有限公司上海分公司托运，始发站是上海虹桥国际机场，目的站是济南遥墙国际机场，收货人叫刘亮，电话：18806406208，收货地址：济南市天桥区交校路5号，计费重量9千克，货物品名为配件，总共付款92元，包括了航空运费56元，地面运费10元，其他费用26元，请缮制航空货运单（见表5-17）。

表5-17　中国民用航空货运单

出发站		到达站		
收货人名称		电话		
收货人地址				
发货人名称				

续表

发货人地址						
空陆转运	自		至	运输方式		
货物品名	件数及包装	重　量		价　值		
		计　费	实　际			
航空运费：（每公斤￥）	￥	储运注意事项				
地面运输费：（每公斤￥）	￥					
空陆转运费：（每公斤￥）	￥	收运站				
中转费：（每公斤￥）	￥	日　期				
其他费用：	￥	经手人				
合　计：	￥					

2. 托运人交运一件从上海运往北京的货物，毛重 3.1 千克，货物品名为服装样本，包装为纸箱，数量 1 件，尺寸为 20 厘米×30 厘米×20 厘米，根据运价表计算该票货物航空运费（见表 5－18）。

表 5－18　部分运价表

国内航线货物运价表（上海始发）

单位：元/千克

目的地	三字代码	航距	N <45	45kg 以上 Q45	100kg 以上 Q100	300kg 以上 Q300	S
北京	PEK	1178	5.9	4.7	4.1	3.5	8.9

152

项目六

水路运输作业实务

项目目标

- ❖ 了解采用水路货物运输的基本设施与条件，了解我国主要的水运干线
- ❖ 掌握班轮运输，掌握班轮运输的特点，熟悉各种运单填写
- ❖ 掌握租船运输，熟悉租船运输的种类，掌握租船的业务流程
- ❖ 能够根据班轮运费计算过程和计算方法，准确计算水运运费
- ❖ 能够缮制并准确填写各种水路运输单据
- ❖ 培养学生具有良好的职业道德、严谨的工作作风

运输作业实务

任务一　认识水路货物运输

任务情境：

物流专业实习生小王到通达物流公司实习，所在业务部接到一笔业务：从武汉托运一批工具经上海运往荷兰鹿特丹，共600件，总重量200吨，由船公司装集装箱，从上海装船运往荷兰鹿特丹。

任务要求

（1）如果重点考虑运费最低，从武汉运往上海用哪种运输方式最好，水运、铁路还是公路运输？为什么？

（2）从上海船运至鹿特丹，考虑到距离最短，途经航线如何设计？比如经过哪些大洋、海峡、运河？经过哪些国家和主要港口？

（3）水路运输涉及哪些当事人？各有哪些权利和义务？

（4）将班级同学分成若干小组，以小组为单位完成本次任务；将结果用PPT展示出来，各小组代表进行讲解。

知识准备

一、什么是水路运输和水路货物运输

（一）水路运输

水路运输是利用船舶、排筏和其他浮运工具，通过各种水道运送旅客和货物的一种运输方式。

（二）水路货物运输

水路货物运输是指在国内沿海港口、沿海与内河港口、内河港口之间，以及各国港口之间由承运人收取运费，负责将托运人托运的货物经水路由一港运至另一港的行为。水路货物运输按不同的标准有不同的分类，如表6-1所示。

表6-1　水路货物运输分类

分类方法	运输方式	含义或举例
按航行区域	内河运输	使用船舶和其他水运工具，在国内的江、河、湖泊、水库等天然或人工水道中运送货物和旅客的一种运输方式。例如，我国七大主要水系的航运（长江、珠江、黄河、淮河、辽河、黑龙江、海河）和京杭大运河的航运
	海上运输（包括沿海运输、近海运输和远洋运输）	（1）沿海运输是利用船舶在国内海港之间运送货物的运输方式； （2）近海运输是利用船舶在近海的国际港口之间运送货物的运输方式； （3）远洋运输是利用船舶在各国港口之间跨大洋的长途运送货物的运输方式

154

续表

分类方法	运输方式	含义或举例
按货物包装	散装货物运输	散装货物指不加包装的块状、粉末状、颗粒状货物
	集装箱货物运输	集装箱货物运输，是指将货物装入符合国际标准（ISO）、国家标准、行业标准的集装箱进行运输的水路运输方式
	单元滚装运输	单元滚装运输是指以一台不论是否装载货物的机动车辆或者移动机械作为一个运输单元，由托运人或者其受雇人驾驶驶上、驶离船舶的水路运输方式
按运输货物性质和特点	普通大宗货物运输	普通货物运输是指对运输、装卸、保管无特殊要求的普通货物进行的运输，如粮食、白糖、食盐、煤、砂、矿石等货物运输
	特种货物运输	特种货物运输指对装卸、运送和保管等环节有特殊要求的货物的运输通称，运输物种包括：危险品运输、三超大件运输、冷藏运输、活动物、活植物、特殊机密物品运输及特种柜运输等
按船舶经营方式	班轮运输	在固定的航线上，以既定的港口顺序，按照事先公布的船期表航行的水上运输经营方式
	租船运输	船舶出租人把船舶租给承租人，根据租船合同的规定或承租人的安排来运输货物的运输方式

二、水路运输设施设备

水路运输的基础条件是从船、线、港、货四个方面反映出来的，主要设施设备包括船舶、港口、航道等。

（一）船舶

船舶是水路运输的工具，可以按照不同的标准分类，这里主要介绍按货船的功能和按货船的载重量的分类。

1. 按功能

按货船的功能（或船型）的不同划分，如表6-2所示。

表6-2 货船分类

分类	说明
杂货船（见图6-1）	又称普通货船，是以箱装、袋装、桶装和捆装件杂货物为主要承运对象的船舶
散装货船（见图6-2）	散装货船是以粮谷、矿砂、煤炭、磷酸盐、木材、化肥、砂糖、工业盐、硫磺等非包装类大宗货物为承运对象的船舶
油轮（见图6-3）	油轮是专门用于载运散装石油及成品油的液货船，一般油轮分为原油船和成品油船两种
集装箱船（见图6-4）	集装箱船是以载运集装箱为主的运输船舶，外形瘦长，通常设置单层甲板，设有巨大的货舱口

续表

分　类	说　明
滚装船 （见图6-5）	又称"开上开下"船，或"滚上滚下"船，是把集装箱或货物连同带轮子的底盘或装货的托盘作为一个货物单元，用拖车或叉式装卸车搬运直接进出货舱的船舶
重大件货物运输船 （见图6-6）	重大件货物运输船是以装运火车头、成套设备、重大件为主要对象的船舶
载驳船 （见图6-7）	又称母子船，是专门用于运送载货驳船的运输船舶，各种货物或集装箱装到规格统一的驳船上，驳船在港内（码头或锚地）装完货后，用起重设备装到母船上，母船把驳船运到目的地后，卸下驳船，驳船可以被托运到母船无法航行的航道和无法停靠的码头来运送货物
冷藏船 （见图6-8）	冷藏船是运送冷冻货物的船。它的吨位较小，航速较高。船上设置冷藏舱，对制冷、隔热有特殊要求
液化天然气船 （见图6-9）	液化天然气船是专门用来装运经过液化的天然气的船舶

图6-1　杂货船

图6-2　散装货船

图6-3 油轮

图6-4 集装箱船

图6-5 滚装船

图6-6 重大件运输船

图6-7 载驳船

图6-8 冷藏船

图 6-9 液化天然气船

2. 按载重

（1）巴拿马型船。这类船的载重量在 6~8 万吨之间，船宽为 32.2 米。因通过巴拿马运河船闸时，船宽要受此限制。

（2）超巴拿马型船。指船宽超过 32.3m 的大型集装箱船，如第五代集装箱船的船宽为 39.8m，第六代的船宽为 42.8m。

（3）灵便型船。这类船的载重量为 3~5 万吨之间，可作沿海、近洋和远洋运输谷物、煤炭、化肥及金属原料等散装货物的船。

（二）水运航线

航线有广义和狭义的定义。广义的航线是指船舶航行起止点的线路。狭义的航线是船舶航行在海洋中的具体航迹线，也包括画在海图上的计划航线。

1. 世界主要海运航线

航线是船舶航行路线的简称，目前世界上主要的大洋航线有太平洋航线、大西洋航线、印度洋航线等。

（1）太平洋航线。

太平洋航线主要连接太平洋东西两岸约 30 多个国家，主要有 4 条，如表 6-3 所示。

表 6-3 太平洋主要航线

航线名称	简 介
远东—北美西海岸航线	这条航线包括从中国、朝鲜、日本、俄罗斯远东海港到加拿大、美国、墨西哥等北美西海岸各港的贸易运输线
远东—加勒比，北美东海岸航线	这条航线从中国、朝鲜、日本、俄罗斯远东海港出发，经夏威夷群岛南北至巴拿马运河后到达加勒比，北美东海岸各港口
远东—南美西海岸航线	这条航线从我国北方沿海各港出发的船只多经琉球庵美大岛、硫黄列岛、威克岛、夏威夷群岛之南的莱恩群岛穿越赤道进入南太平洋，至南美西海岸各港
远东—东南亚航线	该航线是中、朝、日货船去东南亚各港，以及经马六甲海峡去印度洋、大西洋沿岸各港的主要航线。东海、台湾海峡、巴士海峡、南海是该航线船只的必经之路，航线繁忙

（2）大西洋航线。

大西洋航线连接大西洋两岸约 70 多个国家和地区，包括连接世界上最发达的西欧和北美的航线，是世界上最繁忙的航线，主要航线如表 6-4 所示。

表 6-4 大西洋主要航线

航 线 名 称	简　介
西北欧—北美东海岸航线	该航线是西欧、北美两个世界工业最发达地区之间的原燃料和产品交换的运输线，运输极为繁忙。该航区冬季风浪大，并有浓雾、冰山，对航行安全有威胁
西北欧—加勒比航线	西北欧—加勒比航线多半出英吉利海峡后横渡北大西洋。除加勒比海沿岸各港外，还可经巴拿马运河到达美洲太平洋岸港口
西北欧、北美东海岸—地中海、苏伊士运河——亚太航线	西北欧、北美东海岸—地中海—苏伊士航线属世界最繁忙的航段，它是北美、西北欧与亚太海湾地区间贸易往来的捷径
西北欧、地中海—南美东海岸航线	该航线一般经西非大西洋岛屿——加纳利、佛得角群岛上的航站，到达南美东海岸
西北欧、北美东海—好望角、远东航线	该航线一般是巨型油轮的航线，佛得角群岛、加拿利群岛是过往船只停靠的主要航站

（3）印度洋航线。

印度洋航线连接印度洋两岸总计约 30 多个国家，以石油运输线为主，有不少是大宗货物的过境运输，主要航线如表 6-5 所示。

表 6-5 印度洋主要航线

航 线 名 称	简　介
波斯湾—好望角—西欧、北美航线	该航线主要由超级油轮经营，是世界上最主要的海上石油运输线
波斯湾—东南亚—日本航线	该航线东经马六甲海峡（20 万吨载重吨以下船舶可行）或龙目、望加锡海峡（20 万吨载重吨以上超级油轮可行）至日本
波斯湾—苏伊士运河—地中海—西欧、北美运输线	该航线目前可通行 30 万吨级的超级油轮

2. 我国内河航运

我国水网密布，河湖众多，长江、黄河横贯东西，京杭大运河纵贯南北，河流总长 43 万千米，内河水运省份 23 个，通航里程达 12.3 万千米，居世界第一位。我国的内河运输主要分布在长江水系、珠江水系和京杭运河。

（1）长江水运干线。

长江水运干线，上起云南水富，下至上海长江口，全长 2838 千米，是我国唯一贯穿东、中、西部的交通大通道，是沿江经济快速发展的重要依托，长江南京至长江口通航水深由 7 米提高到 10 米，可通航 3 万吨级海轮，5 万吨级海轮可乘潮通航，第五代集装箱船和 10 万吨级散货船乘潮可进入上海港；南京至武汉可通航 5000 吨级海轮；武汉至重庆可通航 1000～1500 吨级驳船或 3000～9000 吨级船队；重庆以上可通航 500～1000 吨级船舶。

(2) 珠江水运干线。

珠江水运干线由上游西南水运出海南线右江通道、中线红水河通道、北线柳黔江通道经西江接珠江三角洲航道网组成，是沟通我国西南、华南地区的出海大通道。

(3) 京杭运河。

大运河北起北京，南达杭州，纵贯海河、黄河、淮河、长江和钱塘江，将这五大水系联结起来。流经北京、河北、天津、山东、江苏、浙江，大运河全长1794千米，是世界上开凿最早、工程最大、航线最长的人工河。它比沟通红海和地中海的苏伊士运河（苏伊士运河开凿于1859年，1869年通航，全长170千米）长10倍，比沟通太平洋和大西洋的巴拿马运河（巴拿马运河开凿于1881年，1920年通航，全长81.3千米）长20多倍。

目前，京杭运河通航河段883千米，其中山东段173千米，江苏段612千米，浙江段100千米，全线共有梯级17个，通航船闸35座。它承担着北煤南运和矿建材运往长江三角洲地区的运输任务。

（三）港口

港口是指运输网络中水路运输的枢纽，是货物的集散地、船舶与其他运输工具的衔接点。港口按照不同的标准可以分为不同的种类。按照地理位置不同可以将港口分为海港、河口港、内河港、湖港和水库港；按照基本功用不同可以将港口分为商港、渔港、军港和避风港；按照国家贸易政策不同可以将港口分为国际贸易港、国内贸易港和自由港。

1. 世界主要港口

世界主要港口有美国的纽约港，英国的伦敦港，荷兰的鹿特丹港，新加坡的新加坡港等，如表6-6所示。

表6-6 世界主要港口

港口名称	所在国家	简 介
新加坡港	新加坡	新加坡港位于新加坡的新加坡岛南部沿海，西临马六甲海峡的东南侧，南临新加坡海峡的北侧，是亚太地区最大的转口港，也是世界最大的集装箱港口之一。新加坡港又称狮城、星洲或星岛。该港是太平洋及印度洋之间的航运要道，战略地位十分重要
釜山港	韩国	釜山港位于韩国东南沿海，东南濒朝鲜海峡，西临洛东江，与日本对马岛相峙，是韩国最大的港口，它是韩国海陆空交通的枢纽
横滨港	日本	横滨港位于日本本州中部东京湾西岸，是日本最大的海港，也是亚洲最大的港口之一
神户港	日本	神户港位于日本本州南部兵库县芦屋川河口西岸，濒临大阪湾西北侧，是日本最大的集装箱港口，也是世界十大集装箱港口之一
汉堡港	德国	汉堡港位于德国北部易北河下游的右岸，濒临黑尔戈兰湾内，是德国最大的港口
安特卫普港	比利时	安特卫普港是比利时最大的海港，欧洲第三大港，地处斯海尔德河下游
鹿特丹港	荷兰	鹿特丹港位于莱茵河与马斯河河口，西依北海，东溯莱茵河、多瑙河，可通至里海，有"欧洲门户"之称，为世界第一大港
伦敦港	英国	伦敦港位于英国东南沿海泰晤士河下游的南北两岸，从河口开始向上游伸延经蒂尔伯里港区越过伦敦桥，直至特丁顿码头
纽约港	美国	美国第一大城市和最大的海港，也是世界最大海港之一。位于美国东北部纽约州东南沿海哈得孙河口，在长岛西端的上纽约湾内，东临大西洋的西北侧

2. 我国著名港口

我国发展水路运输的自然条件十分优越，大陆海岸线 18000 多千米，岛屿海岸线 14000 多千米，天然河流 5800 多条，有大小湖泊 900 多个。著名港口自北向南有大连港、天津港、青岛港、上海港、宁波港、广州港、深圳港等。

（四） 货物

主要是指适合水路运输的货物，它可按不同标准划分为不同的种类，如散装货物（无包装）、集装箱货物，普通大宗货物、特种货物，以及重量货物、体积货物等。

国际上统一的划分标准：凡 1 吨货物的体积不超过 40 立方英尺的货物为重量货物。凡 1 吨货物的体积超过 40 立方英尺的货物为体积货物，也称轻泡货。

我国海运规定：凡 1 吨货物的体积不超过 1 立方米的货物为重量货物。凡 1 吨货物的体积超过 1 立方米的货物为体积货物。

三、水路货物运输所涉及的当事人

根据我国《国内水路货物运输规则》规定，水路货物运输所涉及的当事人主要有以下几类：

1. 承运人

承运人是指与托运人订立运输合同的人。

2. 实际承运人

实际承运人是指接受承运人委托或者接受转委托从事水路货物运输的人。

3. 托运人

托运人是指与承运人订立运输合同的人。

4. 收货人

收货人是指在运输合同中托运人指定接收货物的人。

5. 港口经营人

根据《中华人民共和国港口法》第一章第四条第六款规定：港口经营人是指与委托人订立港口业务合同，从事港口经营性业务的人。

任务实施

步骤一：组建小组，解读任务。

教师导入任务情境，引出本次任务，并强调任务要求；学生们分成若干小组，选出一名组长，由组长带领小组成员共同解读"任务情境"及"任务要求"。

步骤二：分工合作，完成任务。

共有三个任务，小组成员通过分工，通过网络查阅资料、讨论、看地图等方式，比较水路运输、公路运输、铁路运输、航空运输等不同运输方式的优缺点，如果重点考虑运费最低，从武汉运往上海用哪种运输方式最好？画出四种运输方式的优缺点比较图。

从上海船运至鹿特丹，考虑到距离最短，途径航线如何设计？这个任务考察学生对世界主要航线的掌握情况，让学生掌握世界主要航线及经过的大洋、海峡和运河等。

水路运输涉及当事人权利义务，每组成员可以通过角色分工模拟演示。

步骤三：共同分享，交流成果。

将以上收集到的资料、设计的表格、流程图等内容做成 PPT，每组选出一位发言人代表本组进行展示和分享，其他小组可以对其展示进行提问和质疑，发言人或者本组其他成员可以解释回答。

步骤四：教师总结，点评成果。

教师对各小组的展示情况进行总结点评，并完成"任务评价"中的表 6-7 和表 6-8。

小组内部交流过程中，要求每位成员独立思考、积极参与。教师全程指导，及时给予帮助。各小组交流互评，教师点评，给予学生正面、积极的肯定，同时指出不足之处。

任务评价

表 6-7 小组评价表

班级		小组			
任务名称	运输路线设计训练				
考核项目	评价标准	参考分值	评价得分		
			自评	组间互评（平均）	教师评价
任务完成	按时正确完成任务	20			
	操作规范，具有良好的安全作业意识	20			
	具有良好的团队协作精神和全局观念	10			
	小计	50			
合计（自评×20% + 互评×40% + 教师评×40%）					

表 6-8 小组成员评价表

班级		小组		姓名	
任务名称	运输路线设计训练				
考核项目	评价标准	参考分值	评价得分		
			自评	组内互评（平均）	教师评价
基本素养	参与活动的态度	10			
	语言表达与沟通能力	5			
	团队合作	5			
专业知识和技能	掌握相关的专业基础知识	10			
	在小组任务完成中能应用所学相关专业知识，发挥专业技能水平	20			
	小计	50			
合计（自评×20% + 互评×40% + 教师评×40%）					

注：1. 学生实际得分 = 小组评价得分 + 小组成员评价得分；
2. 考评满分为 100 分，59 分及以下为不及格；60~70 分为及格；71~89 分为良好；90 分及以上为优秀。

拓展提升

我国远洋航线

我国的远洋船队已航行于世界 100 多个国家的 600 多个港口之间，承担着中国进出口物资 70% 以上的航运任务，还在国外承担了一部分第三国的货载。

我国的远洋航线以主要海港为起点，可分为东、西、南、北四个方向。这些航线把我国与世界主要经济区域联系起来。

东行航线：由我国沿海港口东行到日本，并经日本东渡太平洋抵达北美和拉美各国，然后再通过巴拿马运河到达加勒比海地区和北美、拉美各国的东海岸。

南行航线：由我国沿海港口起南行到东南亚、澳大利亚和新西兰等地。

西行航线：这是一条非常重要的航线，由我国各港口先经南再往西航行，穿过马六甲海峡进入印度洋，经红海、过苏伊士运河，入地中海，出直布罗陀海峡，进入大西洋。西行还有一条航线，经印度洋，绕过非洲南端的好望角，进入大西洋。西行航线可达南亚、西亚、非洲、欧洲各国港口。

北行航线：主要抵达朝鲜、韩国、俄罗斯等国家的海港。

任务二 班轮运输

任务情境：

实习生小王到远程国际货运代理公司实习，所在业务部接到一单业务：某客户出口商品一批，每箱 30 千克，体积 0.05 立方米，每箱 350 美元 FOB 上海，共 50 箱。经查该商品计费标准为 W/M，每运费吨费率为 220 美元，港口附加费为 10%。

任务要求

（1）该批货物是用班轮运输还是租船运输方式合适？为什么？

（2）怎样计算这批货物的运费？

（3）将班级同学分成若干小组，以小组为单位完成本次任务，并用 PPT 或者 Word 文档展示出来。

知识准备

班轮运输是指在特定的航线上按照预定的船期和挂港从事有规律的水上货物运输的运输形式。2014 年全球班轮公司运力的前十名是：马士基航运、地中海航运、达飞轮船、长荣海运、中远集装、赫伯罗特、中海集运、韩进海运、商船三井、美国总统轮船。

在班轮运输实践中，班轮运输可分为两种形式：一是定航线、定船舶、定挂靠港、定到发时间、定运价的班轮运输，通常称之为"五定班轮"；另一种通常称之为"弹性班轮"，即所谓的定线但不严格定期的班轮运输。

一、班轮运输的特点

（一）四固定

船舶按照固定的船期表，沿着固定的航线和港口来往运输，并按相对固定的运费率收取运费。

（二）运价内已包括装卸费用

货物由承运人负责配载装卸，船货双方也不计算滞期费和速遣费，船货双方的权利、义务、责任、豁免，以船方签发的提单条款为依据；班轮承运的货物品种、数量比较灵活，货运质量较有保证，且一般采取在码头仓库交接货物，故为货主提供了较便利的条件。

二、经营班轮运输必须具备的条件

（1）须配置技术性能较高、设备齐全的船舶。
（2）需租赁专用码头和设备，设立相应的营业机构。
（3）需要给船舶配备技术和业务水平较高的船员。
（4）需要有一套适用于小批量接受货物托运的货运程序。

三、班轮运费的计算

（一）班轮运费的构成

班轮公司运输货物所收取的运输费用，是按照班轮运价表的规定计收的。班轮运价表一般包括说明及有关规定、货物分级表、航线费率表、附加费表、冷藏货及活牲畜费率表等。目前，我国海洋班轮运输公司使用的"等级运价表"，即将承运的货物分成若干等级，每个等级的货物有一个基本费率，称为"等级费率表"。

班轮运费包括基本运费和附加费两部分，前者是指货物从装运港到卸货港所应收取的基本运费，它是构成全程运费的主要部分；后者是指对一些需要特殊处理的货物，或者突然事件的发生或客观情况变化等原因而需另外加收的费用。

（二）基本港与非基本港

基本港是指港口设备较好、货运量大、班轮公司按期挂靠的港口。运往基本港的货物，均按基本费率收取运费。非基本港指班轮公司不常挂靠的港口，去该港货物要加收附加费。

（三）基本运费按班轮运价表规定的计收标准计收

在班轮运价表中，根据不同的商品，班轮运费的计算标准通常采用下列几种：

（1）按货物毛重（重量吨计收）运价表内用"W"表示。按此计算的基本运费等于计重货物的运费吨乘以运费率。

（2）按货物的体积（尺码吨计收）运价表中用"M"表示。按此法计算的基本运费等于容积货物的运费吨乘以运费率。

上述计费的重量吨和尺码吨统称为运费吨，又称计费吨。按照国际惯例，容积货物是指每公吨的体积大于 1.1328 立方米的货物；而我国的远洋运输运价表中则将每公吨的体积大于 1 立方米的货物定为容积货物。

（3）按毛重或体积计收，由船公司选择其中收费较高的作为计费吨，运价表中以"W/M"表示。

(4) 按货物价格计收，又称为从价运费。运价表中用"A·V"表示。从价运费一般按货物的 FOB 价格的一定百分比收取。按此法计算的基本运费等于资物的离岸价格（FOB）乘以从价费率，一般为 1%～5%。

(5) 在货物重量、尺码或价值三者中选择最高的一种计收，运价表中用"W/M or ad Val"表示。

(6) 按货物重量或尺码最高者，再加上从价运费计收。运价表中以"W/M plus ad Val"表示。

(7) 按每件货物作为一个计费单位收费，如活牲畜按"每头"（per head）、车辆按"每辆"（per unit）收费。

(8) 临时议定价格，即由货主和船公司临时协商议定。此类货物通常是低价的货物或特大型的机器等。在运价表中此类货物以"Open"表示。

（四）附加费

附加费是在基本运费的基础上，加收一定百分比，或者是按每运费吨加收一个绝对值计算。

在班轮运输中，常见的附加费有下列几种：

(1) 超重附加费。单件货物重量超过一定限度而加收的费用。

(2) 超长附加费。单件货物长度超过规定长度而加收的费用。

各班轮对超重或超长货物的规定不一。我国中远公司规定每件货物达到 5 吨或 9 米以上时，加收超重或超长附加费。超重货一般以吨计收，超长货按运费吨计收。无论是超重、超长或超大件，托运时都须注明。如船舶需转船，每转船一次，加收一次附加费。

(3) 选卸附加费。指装货时尚不能确定卸货港，要求在预先提出的两个或两个以上港口中选择一港卸货，船方因此而加收的附加费。所选港口限定为该航次规定的挂港，并按所选港中收费最高者计算其各种附加费。货主必须在船舶抵达第一选卸港前（一般规定为 24 小时或 48 小时）向船方宣布最后确定的卸货港。

(4) 转船附加费。凡运往非基本港的货物，需转船运往目的港，船舶所收取的附加费，其中包括转船费（包括换装费、仓储费）和二程运费。但有的船公司不收此项附加费，而是分别另收转船费和二程运费，这样收取一、二程运费再加转船费，即通常所谓的"三道价"。

另外还有直航附加费、港口附加费、港口拥挤附加费、燃油附加费、货币贬值附加费、绕航附加费等。

除以上各种附加费外，还有一些附加费需船货双方议定，如洗舱费、熏舱费、破冰费、加温费等。各种附加费是对基本运价的调节和补充，可灵活地对各种外界不测因素的变化做出反应，是班轮运价的重要组成部分。

（五）班轮运费的计算

1. 班轮运费的具体计算方法

先根据货物的英文名称，从货物分级表中，查出有关货物的计算等级及其计算标准；然后再从航线费率表中查出有关货物的基本费率；最后加上各项需支付的附加费率，所得的总和就是有关货物的单位运费（每重量吨或每尺码吨的运费），再乘以计费重量吨或尺码吨，即得该批货物的运费总额。如果是从价运费，则按规定的百分率乘 FOB 货值即可。

2. 计算公式

$$F = Fb + \Sigma S$$

在公式中，F 表示运费总额；Fb 表示基本运费；S 表示某一项附加费。基本运费是所运货物的数量（重量或体积）与规定的基本费率的乘积。即：

$$Fb = f \times Q$$

在公式中，f 表示基本费率；Q 表示货运量（运费吨）。

附加费是指各项附加费的总和。在多数情况下，附加费按基本运费的一定百分比计算，其公式为：

$$\Sigma S = (S1 + S2 + \cdots Sn) \times Fb = (S1 + S2 + \cdots Sn) \times f \times Q$$

其中 $S1$、$S2$、$S3$、Sn 为各项附加费，用 Fb 的百分数表示。

【例】

宁波运往肯尼亚蒙巴萨港口某货物（小五金）一批计 100 箱，每箱体积为 20 厘米×30 厘米×40 厘米，每箱重量为 25 千克，当时燃油附加费为 40%。蒙巴萨港口拥挤附加费为 10%（见表 6-9），计算应付运费。

表 6-9 中国-东非航线等级费率表（港币：元）

货名	计算标准	等级（CLASS）	费率（RATE）
农业机械	W/M	9	404.00
棉布及棉织品	M	10	443.00
小五金及工具	W/M	10	443.00
玩具	M	20	1120.00
基本港口：路易港（毛里求斯）、达累斯萨拉姆（坦桑尼亚）、蒙巴萨（肯尼亚）等			

计算方法如下：

（1）查阅货物分级表。小五金类计收标准为 W/M，等级为 10 级。

（2）计算货物的体积和重量。

100 箱的体积为：（20 厘米×30 厘米×40 厘米）×100×10-6 箱 = 2.4（立方米）。

100 箱的重量为：25×100 箱 = 2.5（吨）。

由于 2.4 立方米的计费吨小于 2.5 吨，因此计收标准为重量。

（3）查阅"中国-东非航线等级费率表"，10 级费率为 443 港元，则基本运费为：

$$443 \times 2.5 = 1107.5 （港元）$$

（4）附加运费为：

$$1107.5 \times (40\% + 10\%) = 553.75 （港元）$$

（5）上海运往肯尼亚蒙巴萨港 100 箱货物，其应付运费为：

$$1107.50 + 553.75 = 1661.25 （港元）$$

任务实施

步骤一：组建小组，解读任务。

教师导入任务情境，引出本次任务，并强调任务要求；学生们分成若干小组，选出一名组长，由组长带领小组成员共同解读"任务情境"及"任务要求"。

步骤二：分工合作，完成任务。

（1）说出班轮运输的特点。

（2）计算这批货物的运费步骤。

$W = 30 \times 50 \div 1000 = 1.5$（M/T）

$M = 0.05 \times 50 = 2.5$（立方米）

因为 $M > W$，所以按 M 计算

$220 \times (1 + 10\%) \times 2.5 = 605$（美元）

步骤三：共同分享，交流成果。

将任务结果做成 PPT，每组选出一位发言人代表本组进行展示和分享，其他小组可以对其展示进行提问和质疑，发言人或者本组其他成员可以解释回答。

步骤四：教师总结，点评成果。

教师对各小组的展示情况进行总结点评，并完成"任务评价"中的表 6-10 和表 6-11。

小组内部交流过程中，要求每位成员独立思考、积极参与。教师全程指导，及时给予帮助。各小组交流互评，教师点评，给予学生正面、积极的肯定，同时指出不足之处。

任务评价

表 6-10 小组评价表

班级		小组			
任务名称	海运方式选择及班轮运费计算技能训练				
考核项目	评价标准	参考分值	评价得分		
			自评	组间互评（平均）	教师评价
任务完成	按时正确完成任务	20			
	操作规范，具有良好的安全作业意识	20			
	具有良好的团队协作精神和全局观念	10			
	小计	50			
合计（自评×20% + 互评×40% + 教师评×40%）					

表 6-11 小组成员评价表

班级		小组		姓名	
任务名称	海运方式选择及班轮运费计算技能训练				
考核项目	评价标准	参考分值	评价得分		
			自评	组内互评（平均）	教师评价
基本素养	参与活动的态度	10			
	语言表达与沟通能力	5			
	团队合作	5			
专业知识和技能	掌握相关的专业基础知识	10			
	在小组任务完成中能应用所学相关专业知识，发挥专业技能水平	20			
	小计	50			
合计（自评×20% + 互评×40% + 教师评×40%）					

注：1. 学生实际得分 = 小组评价得分 + 小组成员评价得分；

2. 考评满分为 100 分，59 分及以下为不及格；60~70 分为及格；71~89 分为良好；90 分及以上为优秀。

> 拓展提升

班轮运输货运程序

班轮运输货运程序如图6-10所示。

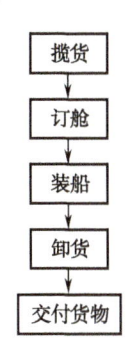

```
揽货
 ↓
订舱
 ↓
装船
 ↓
卸货
 ↓
交付货物
```

图6-10　班轮运输货运流程图

1. 揽货

揽货是指从事班轮运输经营的船公司为使自己所经营的班轮运输船舶能在载重量和舱容上得到充分利用，力争做到"满舱满载"，以期获得最好的经营效益而从货主那里争取货源的行为。

2. 订舱

订舱是指托运人或其代理人向承运人，即班轮公司或它的营业所或代理机构等申请货物运输，承运人对这种申请给予承诺的行为。承运人与托运人之间不需要签订运输合同，而是以口头或订舱函电进行预约，只要船公司对这种预约给予承诺，并在舱位登记簿上登记，即表明承托双方已建立有关货物运输的关系。

3. 装船

装船是指托运人应将其托运的货物送至码头承运船舶的船边并进行交接，然后将货物装到船上。

4. 卸货

卸货是指将船舶所承运的货物在卸货港从船上卸下，并交给收货人或代其收货的人，同时办理货物的交接手续。

5. 交付货物

实际业务中船公司凭提单将货物交付给收货人的行为。具体过程是收货人将提单交给船公司在卸货港的代理人，经代理人审核无误后，签发提货单交给收货人，然后收货人再凭提货单前往码头仓库提取货物并与卸货代理人办理交接手续。交付货物的方式有仓库交付货物、船边交付货物、货主选择卸货港交付货物、变更卸货港交付货物、凭保证书交付货物等。

任务三　租船运输

任务情境：

实习生小王到东方国际货运代理有限公司实习，所在项目部接到一单业务：2014年3月15日前，英国E公司要从中国进口一批6000吨袋装黄豆（黄豆的积载系数为1.7立方米/吨），装货港为中国大连，卸货港为英国利物浦港口，发货人为东方国际货运代理有限公司。英国E公司要求东方国际货运代理有限公司寻找一个合适船舶，同船舶所有人（船东）签订一份租船合同。

任务要求

结合以上任务情境，完成下列问题：

（1）如果你是小王，请你代表东方国际货运代理有限公司为英国E公司寻找一个合适船舶。

（2）请你代表东方国际货运代理有限公司同船舶所有人（船东）签订一份租船合同。

（3）将班级同学分成若干小组，以小组为单位完成本次任务，并用PPT或者Word文档展示出来。

知识准备

租船运输，又称租船，是海洋运输的一种方式，船舶出租人把船舶租给承租人，根据租船合同的规定或承租人的安排来运输货物的运输方式。

租船运输适用于大宗货物运输，如粮食、饲料、矿产品、石油及其制品、农药、化肥、水泥等散杂货。有关航线和港口、运输货物的种类以及航行的时间等，都按照承租人的要求，由船舶所有人确认。租船人与出租人之间的权利义务以双方签订的租船合同确定。

一、租船运输特点和分类

（一）租船运输特点

（1）租船运输是根据租船合同组织运输的，租船合同条款由船东和租方双方共同商定。

（2）一般由船东与租方通过各自或共同的租船经纪人洽谈成交租船业务。

（3）不定航线，不定船期。船东对于船舶的航线、航行时间和货载种类等按照租船人的要求来确定，提供相应的船舶，经租船人同意进行调度安排。

（4）租金率或运费率是根据租船市场行情来决定的。

（5）船舶营运中有关费用的支出，取决于不同的租船方式由船东和租方分担，并在合同条款中订明。例如，装卸费用条款FIO表示租船人负责装卸费，若写明Liner Term，则表示船东负责装卸费。

（6）租船运输适宜大宗货物运输。

（7）各种租船合同均有相应的标准合同格式。

（二）租船类型

1. 航次租船

航次租船又称"程租船"或"承租"，是指由船舶所有人向承租人提供船舶或船舶的部分舱位在指定的港口之间进行单向或往返的一个航次或几个航次用以运输指定货物的租船运输方式。它是租船市场上最活跃、最为普遍的一种租船方式。航次租船分为以下几类：

（1）单航次租船：船舶所有人负责把货物从起运港运至目的港卸船这样一个单程次运输，合同义务即告完成。

（2）往返航次租船：船舶所有人与承租人约定，提供船舶完成一个往返航次的租船方式。返航航次的出发港和目的港不一定与往航航次相同，可以相同也可以不相同，即两个单航次租船。适用于当一个货主只有去程载货，而另一个货主只有回程载货时，两个货主联合起来向船舶所有人租船。

（3）连续单航次租船：船舶所有人与承租人约定，提供船舶连续完成两个以上的单航次运输的租船方式。适用于单航次很难完成的大批量运输。这种方式下，可以签订一个租船合同，也可以签订若干个单独的租船合同。

（4）连续往返航次租船：被租船舶在相同两港之间连续完成两个以上往返航次的运输形式。这种形式很难实现，因为货主很难同时有较大的往返货载。

2. 定期租船

定期租船又称"期租船"或"期租"，是指由船东将特定的船舶，按照租船合同的约定，在约定的期间内租给承租人使用的一种租船方式。这种租船方式以约定的使用期限为船舶租期，而不以完成航次数多少来计算。在租期内，承租人利用租赁的船舶既可以进行不定期船货运输，也可以投入班轮运输，还可以在租期内将船舶转租，以取得运费收入或谋取租金差额。租期的长短完全由船东和承租人根据实际需要约定。

3. 光船租船

光船租船又称为船壳租船。这种租船方式实质是财产租赁。租期内，船舶人员、物资配备、揽货运营都由承租人负担。来源于战争时期政府对船舶的征用。现在，随着船舶信贷的发展和方便其被广泛应用，光船租船有所增加。有的班轮公司为了提高自身运力，也采用这种方式。

4. 包运租船

包运租船指船舶所有人向承租人提供一定吨位的运力，在确定的港口之间，按事先约定的时间、航次周期和每航次较为均等的运量，完成合同规定的全部货运量的租船方式。这种合同叫做包运租船合同，也称为运量合同。

5. 航次期租

介于航次租船和定期租船之间的一种租船方式，也称为"日租租船"。没有明确的租期期限，而只确定了特定的航次。以完成航次运输为目的，按实际租用天数和约定的日租金率计算租金、费用和风险则按期租方式处理。将船舶各种延误风险，转嫁给承租人。船舶所有人不承担航次租船中承运人的最低义务，即派船和管货的义务。

二、租船市场

（一）租船市场的概念

租船市场是需求船舶的承租人和提供船舶运力的出租人协商洽谈租船业务订立租船合同的主要场所。这只是狭义租船市场或是有形租船市场的定义，而广义的租船市场是指需求船舶的承租人和提供船舶运力的出租人的交易关系，交易的对象是作为租赁对象的船舶的运力。它通常设立在世界上货主和船东汇集，外贸和运输繁荣发达的地方。世界上各种租船场所有专门在城市内设集中场所当面洽谈的，也有不设专门集中场所而由分散在城市内各个经纪人凭借互联网、电传、传真等一系列通讯设施进行洽谈的。

（二）世界上主要的租船市场

世界上主要的租船市场如表6-12所示。

表6-12 世界上主要的租船市场

序号	名称	简介
1	英国伦敦租船市场	英国伦敦的波罗的海商业航运交易所是公认的世界上历史最悠久、租船业务最多的散杂货租船市场。波罗的海商业航运交易所的主要业务包括租船、船舶买卖、粮食和油料作物种子交易以及航空租机交易
2	美国纽约租船市场	纽约租船市场是仅次于伦敦租船市场的世界第二大租船市场。纽约租船市场上的主顾是谷物、铁矿石、煤炭进出口商和希腊及挪威的船东。成交的船舶主要是油船、散装粮船和其他干散货船
3	北欧租船市场	北欧租船市场包括挪威的奥斯陆、瑞典的斯德哥尔摩、德国的汉堡、荷兰的鹿特丹等专业化船舶租船市场，以租赁特殊的高技术船舶为主，如冷藏船、液化石油气船、滚装船等。在租船方式上以长期期租为主
4	亚洲租船市场	亚洲租船市场包括日本东京，中国的香港、上海和东南亚的新加坡等租船市场，成交的主要是短程近洋运输船舶的租赁

（三）租船经纪人

在国际租船市场上，租船交易通常都不是由船舶所有人和承租人亲自到场直接洽谈的，而是通过租船经纪人代为办理并签约的。租船经纪人都非常熟悉租船市场行情，精通租船业务，并且有丰富的租船知识和经验，在整个租期交易过程中起着桥梁和中间人的作用，对顺利成交起着十分重要的作用。

三、租船运输业务流程

租船运输业务流程主要包括询盘、报盘、还盘、接受和签订租船合同五个环节。

（一）询盘

询盘又称询价。通常是指承租人根据自己对货物运输的需要或对船舶的特殊要求通过租船经纪人在租船市场上要求租用船舶。询价主要以电报或电传等书面形式提出。承租人所期望条件的内容一般应包括：需要承运的货物种类、数量、装货港和卸货港、装运期限、租船方式或期限、期望的运价（租金）水平以及所需用船舶的详细说明等内容。询价也可以由船舶所有人为承揽货载而首先通过租船经纪人向租船市场发出。由船舶所有人发出的询价内容应包括出租船舶的船名、国籍、船型、船舶的散装和包装容积、可供租用的时间、希望承揽的货物种类等。

（二）报盘

报盘又称发盘、报价。当船舶所有人从船舶经纪人那里得到承租人的询价后，经过成本估算或者比较其他的询价条件，通过租船经纪人向承租人提出自己所能提供的船舶情况和运费率或租金率。报价的主要内容，除对询价的内容做出答复和提出要求外，最主要的是关于租金（运价）的水平和选定的租船合同范本及对范本条款的修改、补充条款。报价有"硬性报价"和"条件报价"之分，"硬性报价"是报价条件不可改变的报价。与此相反，"条件报价"是可以改变报价条件的报价。

（三）还盘

还盘又称租船还价，在条件报价的情况下，承租人与船舶所有人之间对报价条件中不能接受的条件提出修改或增删的内容，或提出自己的条件称为还盘。还盘意味着询价人对报价人报价的拒绝和新的报价开始。因此，船东对租船人的还价可能全部接受，也可能接受部分还价，对租船运输不同意部分提出再还价或新报价。这种对还价条件做出答复或再次做出新的报价称为反还价或称反还盘。

（四）接受

接受又称受盘，指双方当事人对实盘所列条件在有效期内明确表示承诺。成交后双方当事人应签署一份"订租确认书"，就商谈租船过程中双方承诺的主要条件予以确认，对于细节问题还可以进一步商讨。"订租确认书"无统一格式，但其内容应详细列出船舶所有人和承租人在洽租过程中双方承诺的主要条款。订租确认书经当事人双方签署后，各保存一份备查。

（五）签订租船合同

正式的租船合同实际是合同已经成立后才开始编制的。双方签认的订租确认书实质就是一份供双方履行的简式的租船合同。签认订租确认书后，船东按照已达成协议的内容编制正式的租船合同，通过租船经纪人送交承租人审核。如果租船人对编制的合同没有什么异议，就可签字。

任务实施

步骤一：组建小组，解读任务。

教师导入任务情境，引出本次任务，并强调任务要求；学生们分成若干小组，选出一名组长，由组长带领小组成员共同解读"任务情境"及"任务要求"。

步骤二：分工合作，完成任务。

（1）代表东方国际货运代理有限公司为英国 E 公司寻找一个合适船舶。

主要是利用网络，可以先查找主要船公司网站，也可以通过查找租船市场经纪人找到合适的船舶。

（2）请你代表东方国际货运代理有限公司同船舶所有人（船东）签订一份租船合同。

步骤三：共同分享，交流成果。

将任务结果做成 PPT，每组选出一位发言人代表进行展示和分享，其他小组可以对其展示进行提问和质疑，发言人或者本组其他成员可以解释回答。

步骤四：教师总结，点评成果。

教师对各小组的展示情况进行总结点评，并完成"任务评价"中的表6-13和表6-14。

小组内部交流过程中，要求每位成员独立思考、积极参与。教师全程指导，及时给予帮助。各小组交流互评，教师点评，给予学生正面、积极的肯定，同时指出不足之处。

任务评价

表6-13 小组评价表

班级		小组		
任务名称	寻找合适船舶及签订租船合同技能训练			
考核项目	评价标准	参考分值	评价得分		
			自评	组间互评（平均）	教师评价
任务完成	按时正确完成任务	20			
	操作规范，具有良好的安全作业意识	20			
	具有良好的团队协作精神和全局观念	10			
	小计	50			
合计（自评×20% + 互评×40% + 教师评×40%）					

表6-14 小组成员评价表

班级		小组		姓名	
任务名称	寻找合适船舶及签订租船合同技能训练				
考核项目	评价标准	参考分值	评价得分		
			自评	组内互评（平均）	教师评价
基本素养	参与活动的态度	10			
	语言表达与沟通能力	5			
	团队合作	5			
专业知识和技能	掌握相关的专业基础知识	10			
	在小组任务完成中能应用所学相关专业知识，发挥专业技能水平	20			
	小计	50			
合计（自评×20% + 互评×40% + 教师评×40%）					

注：1. 学生实际得分 = 小组评价得分 + 小组成员评价得分；
　　2. 考评满分为100分，59分及以下为不及格；60~70分为及格；71~89分为良好；90分及以上为优秀。

拓展提升

不定期船运费计算方法

凡供需双方签订运输合同的不定期船，不论是包舱运输、整船运输的程租船或长期运输，通常是按照船舶的全部或一部分舱位及运费率收取一笔包租运费，亦称为整笔运费。即航次租船运费等于船舶（或某舱）的承载能力乘以合同所定的运费率。船舶承载能力是指航次最大载货量，应结合航次条件及所运货载确定。当货物的积载因数小于舱容系数时，等于货舱总容积除以货物平均积载因数（此时满舱不满载），按船舶装载能力计算运费的方法，即使实际装船的数量少于承载能力，即所谓出现短装（或称亏舱）时，托运人仍须悉数支付全部运费，不会退还因短装所造成的"亏舱费"。但是，有些情况下"亏舱费"亦可以按协商或规定托运人只负担其中的一部分。

另外，还有一种不指明特定船舶的不定期船运输，则按合同所定的货吨乘以合同所定的运费率计算运费。

任务四　水路运输的单证填制

任务情境：

我国恒大贸易公司向美国捷锐贸易公司出口儿童服装200箱（纸箱），信用证方式下付款，每箱2000美元FOB上海，体积共10立方米。唛头为：

JRCOM

NEWYORK

Nos：1—200

货物于2015年3月20日在上海港装"金山"号货轮运往美国纽约。

请根据上述条件填制一份提单，要求"Clean On Board Marine Bills of lading, Made out to Order and Endorsed in Blank, Marked Freight Prepaid"（清洁已装船海运提单，做成由凭证指示的抬头，注明"运费预付"和开证人为通知人。)

任务要求

结合以上任务情境，完成下列问题：

（1）水路货物运输单证有哪些种类？

（2）班级分成若干小组，以每小组为单位，填制海运提单。

（3）各小组演示完毕后，要进行小组自评、小组互评和教师点评。

知识准备

一、水路运输单证

在水路运输过程中，从办理物品的运输手续开始，到物品装船、卸船，直到交付的整个过程，都需要编制各种单证。这些单证是供货方与船方之间办理货物交接的证明，也是货方、港方、船方等有关单位之间从事业务工作的凭证，又是划分各方责任的必要依据。

这些单证中，有的是受国内法规约束的，有的受国际法规制约的，有的则是按照港口当局的规定和航运习惯而编制使用的。水路货物单证分为国内运输单证和国际运输单证。中华人民共和国港口之间的水路货物运输采用运单制度。目前国际上通用的及我国航运与国际航线船舶所使用的单证，如表6-15所示。

表6-15 水路运输单证

名　　称	说　　明
托运单	托运单是由托运人根据合同或信用证的有关内容向承运人或他的代理人办理货物运输的书面凭证
海运提单	海运提单指由船长或承运人签发的，证明收到特定货物，允诺将货物运至特定目的地并交付收货人的书面凭证
装货清单	装货清单是根据装货联单中的托运单留底联，将全船待运货物按照目的港和代运性质分类，依航次靠港顺序排列而成的装货单和汇总单
载货清单	载货清单也称"仓单"，是在货物装船完毕后，根据大副收据或提单编制的一份按卸货港顺序逐条列明全船实际载运货物的汇总清单
危险货物单证	危险货物单证是专门列出船舶所载运全部危险货物的明细表
提货单	提货单是收货人凭以向现场（码头仓库或船边）提取货物的凭证

二、海运提单

海运提单（Bill of Loading）指由船长或承运人签发的，证明收到特定货物，允诺将货物运至特定目的地并交付收货人的书面凭证，如图6-11所示。

BILL OF LADING（海运提单）

图6-11　海运提单

（一）性质与作用

（1）海运提单是承运人或其代理人签发给托运人的承运货物的收据。

（2）海运提单是承运人与托运人之间运输合同的证明，也是处理承托双方权利和义务的主要依据。

（3）海运提单是货物所有权的证件。

（二）提单的内容与正确缮制

（1）提单的名称：必须注明"提单"（Bill of Lading）字样。

（2）提单的份数：整套正本提单注有份数。应当按照信用证规定办理，如信用证规定：全套提单（Full Set B/L 或 Complete Set B/L）是指承运人签发提单正本，通常为一份、二份或三份。如信用证要求"2/3 Original B/L"，即指承运人签发提单正本三份，受益人凭全套正本提单其中的二份办理结汇。

（3）托运人（Shipper）的名称和营业所：此栏填写出口商，信用证没有特殊规定时应填写信用证受益人（Benificiary）的名称和地址，如果信用证要求以第三者为托运人必须按信用证的要求予以缮制。

（4）收货人（Consignee）的名称：收货人的指定关系到提单能否转让，以及货物的归属问题，收货人名称一栏必须按信用证的规定填写。例如，信用证规定提单做成"made out to order"，则打"order"一字；"made out to order of the applicant（申请开证人）"则打"order of ××××（applicant 全名）"、"made out to order of the issuing bank"则打"order of ×××Bank（开证行全名）"。如信用证规定提单直接做成买主（即申请人）或开证行的抬头，则不可再加"order of"两字。

（5）通知方（Notify Party）：须注有符合信用证规定的名称和地址、电话号码等。被通知人即进口方或进口方的代理人。

（6）海运船只（Ocean Vessel）：本栏按实际情况填写承担本次运输货物的船舶的名称和航次。若是收妥待运提单，待货物实际装船完毕后记载船名。

（7）装货港（Port of Lading）：本栏填写货物的实际装船的港口名称，即启运港。

（8）卸货港（Port of Discharge）：本栏填写海运承运人终止承运责任的港口名称。

（9）标志和号码（Marks and Nos）：又称唛头，是提单与货物联系的主要纽带，是收货人提货的重要依据，必须按信用证或合同的规定填写。如无唛头规定时可注明："NO MARKS"（N/M）。

（10）包装种类和件数，货名（Number and Kind of Packages, Description of Goods）：此栏按货物是散装货、裸装货和包装货的实际情况填写。

（11）毛重和尺码（Gross Weight and Measurement）：此栏填写各货物的毛重和体积（尺码）。

（12）合计件数（Total Number of Container or Packages）：此栏填写货物的毛重总数和体积总数（必须用大写）。

提单上关于货物的描述不得与商业发票上的货物描述有所不一致，货物件数应按实际包装名称填写。

（13）运费和其他费用（Freight and Charges）：此栏填写运费及额外的附加费用。

（14）运费支付地点（Freight Payable at）：此栏按信用证的规定填写。

（15）签单地点和日期（Place and Date of Issue）：提单签发地为装运港所在城市的名

称，签发日期为货物交付承运人或装船完毕的日期。

（16）提单的签发：提单必须由船长或承运人或承运人的代理人签字盖章。

提单正面须打明承运人（CARRIER）的全名及"CARRIER"一词以表明其身份。

（17）提单右上方的"B/L NO."是承运人或其代理人按承运人接受托运货物的先后次序或按舱位入货的位置，公司内部对提单的编号。

（18）提单有印就"已装船"（"Shipped in apparent good order and condition on board…"）字样的，毋须加"装船批注"（"On board notation"）；如有印就"收妥待运"（"Received in apparent good order and condition for shipment…"）字样的则必须再加"装船批注"并加上装船日期。

（19）提单不能有"不洁净"批注（unclean clause），即对所承载的该批货物及其包装情况有缺陷现象的批注。

（20）提单上的任何涂改、更正都须加具提单签发者的签章。

任务实施

步骤一：教师导入任务情境，引出本次任务，并强调任务要求。
步骤二：各组成员填制提单。
步骤三：小组代表展示填制提单内容，并回答单证分类和作用。
步骤四：小组互评、教师点评，填写"任务评价"中的表 6-16 和表 6-17。

任务评价

表 6-16 小组评价表

班级		小组				
任务名称		水路货物托运单技能训练				
考核项目	评价标准		参考分值	评价得分		
				自评	组间互评（平均）	教师评价
任务完成	按时正确完成任务		20			
	操作规范，具有良好的安全作业意识		20			
	具有良好的团队协作精神和全局观念		10			
	小计		50			
合计（自评×20% + 互评×40% + 教师评×40%）						

表 6-17 小组成员评价表

班级		小组		姓名		
任务名称		水路货物托运单技能训练				
考核项目	评价标准		参考分值	评价得分		
				自评	组内互评（平均）	教师评价
基本素养	参与活动的态度		10			
	语言表达与沟通能力		5			
	团队合作		5			
专业知识和技能	掌握相关的专业基础知识		10			
	在小组任务完成中能应用所学相关专业知识，发挥专业技能水平		20			
	小计		50			
合计（自评×20% + 互评×40% + 教师评×40%）						

注：1. 学生实际得分 = 小组评价得分 + 小组成员评价得分；
  2. 考评满分为100分，59分及以下为不及格；60～70分为及格；71～89分为良好；90分及以上为优秀。

拓展提升

提单种类

根据不同的标准，提单有不同的分类。

一、按货物是否装船分类

（一）已装船提单

指货物已装上船后签发的提单，凭大副装船后所签收货单签发。在贸易合同中，买方一般要求卖方提供已装船提单，因为已装船提单上有船名和装船日期，对收货人按时收货有保障。

（二）收货待运提单

指承运人虽已收到货物但尚未装船时签发的提单。一般是托运人凭场站收据向承运人所换的，在 L/C 下不能议付，装船后由船公司加注船名日期变成已装船提单。

二、按运输方式分类

（一）直达提单

货物自装货港装船后，中途不经换船直接驶到卸货港卸货而签发的提单。

（二）转船提单

起运港的载货船舶不直接驶往目的港，须在转船港换装另一船舶运达目的港时所签发的提单。

（三）联运提单

货物需经两段或两段以上运输运达目的港，而其中有一段必须是海运，如海陆、海空联运或海海联运所签发的提单称为联运提单。所以转船提单实际上也是联运提单的一种。

（四）多式联运提单

货物由海上、内河、铁路、公路、航空等两种或多种运输方式进行联合运输而签的适用于全程运输的提单。

三、按提单抬头（收货人）分类

（一）记名提单

记名提单在收货人一栏内列明收货人名称，所以又称为收货人抬头提单，这种提单不能用背书方式转让，而货物只能交与列明的收货人。

（二）不记名提单

不记名提单是在提单上不列明收货人名称的提单，谁持有提单，谁就可凭提单向承运人提取货物，承运人交货是凭单不凭人。

（三）指示提单

指示提单是在提单上不列明收货人，可凭背书进行转让的提单。它有利于资金的周转，在国际贸易中应用较普遍。在收货人栏中写"凭指示 TO ORDER _____"。

四、按有无批注分类

（一）清洁提单

指货物装船时表面状况良好，一般未经加添明显表示货物及/或包装有缺陷批注的提单。在对外贸易中，银行为安全起见，在议付货款时均要求提供清洁提单。

（二）不清洁提单

指承运人在提单上已加注货物及/或包装状况不良或存在缺陷等批注的提单。除非经买方授权，否则银行不接受。

五、按提单格式分类

（一）全式提单

最常用的既有正面内容又在背面印有承运人与托运人的权力、义务等详细条款的提单。

（二）简式提单

指仅保留全式提单正面的必要内容，而没有背面条款的提单。

巩固提高

一、名词解释

1. 水路货物运输
2. 班轮运输
3. 租船运单
4. 托运单

二、选择题

1. 水路货物运输按船舶经营方式分（　　）。
   A. 班轮运输　　　　　　　　B. 内河运输
   C. 租船运输　　　　　　　　D. 海上运输

2. 水路货物运输按航行区域分（　　）。
   A. 班轮运输　　　　　　　　B. 内河运输
   C. 租船运输　　　　　　　　D. 海上运输

3. 货船按货船的载重量不同分为（　　）。
   A. 巴拿马型船　　　　　　　B. 超巴拿马型船
   C. 灵便型船　　　　　　　　D. 冷藏船

4. 班轮运费包括（　　）两部分。
   A. 基本运费　　B. 附加费　　C. 速遣费　　D. 滞期费

5. 水路货物运输所涉及的当事人不包括（　　）。
   A. 承运人　　B. 托运人　　C. 法人　　D. 收货人

6. 我国唯一贯穿东中西部的水路交通大通道，是（　　）水运干线。
   A. 长江　　B. 珠江　　C. 京杭大运河　　D. 黄河

7. 海运按提单抬头（收货人）分类，分为（　　）
   A. 记名提单　　B. 已装船提单　　C. 指示提单　　D. 不记名提单

8. 在提单中,"Shipper"填写( )。
   A. 承运人　　　　　B. 托运人　　　　　C. 收货人　　　　　D. 代理人

三、简答题

1. 水路货物运输所涉及的当事人主要有哪些？
2. 太平洋航线主要有哪几条？
3. 班轮运费基本运费的计算标准通常采用哪些？
4. 世界上主要的租船市场有哪几个？
5. 目前国际上通用的及我国航运与国际航线船舶所使用的单证主要有哪些？
6. 什么是海运提单？它有什么性质和作用？

四、技能训练题

1. 一批货物从天津港经香港运往伦敦港，请列出沿途经过哪些海洋、海峡、运河，主要经过哪些国家、港口。

2. 现有一批货物采用水路运输从上海运往日本，数量共2000箱，每箱毛重42千克，箱子的体积规格为40厘米×40厘米×50厘米。已知该运输任务对应的上海到神户航线的基本费率为100美元/吨，计费标准为W/M，另加收燃油附加费10%，港口附加费10%。应该如何计算水路运费？

3. 我国东宇贸易公司向日本藤井株式会社出口东北大豆600吨，每吨220美元CIF东京，双层新麻袋装，每袋净重50千克。唛头为：

　　S. M.

　　TOKYO

Nos：1— 4000

货物于2015年2月15日在大连港装"长风"号轮运往日本东京。

请根据上述条件填制一份提单，要求"Clean On Board Marine Bills of lading, Made out to Order and Endorsed in Blank, Marked Freight Prepaid"（清洁已装船海运提单，做成由凭指示的抬头，注明"运费预付"和开证人为通知人）。

项目七

多式联运与甩挂运输作业实务

项目目标

- ❖ 了解多式联运的含义、特点及主要组织形式
- ❖ 了解甩挂运输的确切含义、车辆需求、匹配要求、联盟运作
- ❖ 了解郑欧班列的概念、特征、作用
- ❖ 能够制定多式联运合同和运单
- ❖ 掌握郑欧班列的办理程序
- ❖ 增强团队合作意识、沟通意识、集体主义意识

任务一　多式联运作业

任务情境：

实习生小王到远程国际货运代理公司实习,所在业务部接到一单业务:发货人宏达公司将装载有服装的5个集装箱委托给远程国际货运代理公司,由郑州通过铁路托运到上海装船去洛杉矶,集装箱在洛杉矶卸船后再通过铁路运抵最终交货地美国底特律。该批出口服装由远程国际货运代理公司出具全程提单,提单记载:装货港上海,卸货港洛杉矶,交货地底特律,运输条款 CY – CY。该提单同时记载"由货主装载、计数"的批注。集装箱在上海装船后,船公司又签发了以远程国际货运代理公司为托运人的海运提单,提单记载:装货港上海、卸货港洛杉矶,运输条款 CY – CY。

经理对小王说,这是一个典型的国际多式联运业务。那么,该业务中到底采用了哪些运输方式呢?谁负责全程运输,谁出具提单呢?

任务要求

结合以上任务情境,完成下列问题:
(1) 什么是多式联运?什么是国际多式联运?举例说明。
(2) 多式联运相关合同有何特点?国际多式联运如何收费?
(3) 多式联运作业程序是怎样的?
(4) 多式联运主要组织形式有哪些?
(5) 以上任务的完成要求以小组为单位,使用 PPT 的形式进行成果展示,每小组上交一份。

知识准备

一、多式联运的定义

中华人民共和国国家标准物流术语(GB/T18354—2006)对多式联运的定义是:联运经营者受托运人、收货人或旅客的委托,为委托人实现两种或两种以上运输方式的全程运输,以及提供相关运输物流辅助服务的活动。

国际多式联运:按照国际多式联运合同,以至少两种不同的运输方式,由多式联运经营人把货物从一国境内接管地点运至另一国境内指定交付地点的货物运输方式。国际贸易意义上的多式联运,要求有"多式联运提单",也就是"多式联运"合同。

二、多式联运构成要素

(1) 多式联运经营人。
(2) 发货人。
(3) 契约承运人和实际承运人。
(4) 收货人。

（5）多式联运合同。
（6）多式联运单据（票据）。

三、多式联运的特点

（1）根据多式联运的合同进行操作，运输全程中至少使用两种运输方式，而且是不同方式的连续运输。

（2）多式联运的货物主要是集装箱与整包装货物，一般具有集装箱运输的特点。

（3）多式联运是一票到底，实行单一运费率的运输。发货人只要订立一份合同一次付费，一次保险，通过一张单证即可完成全程运输。

（4）多式联运是不同方式的综合组织，全程运输均是由多式联运经营人组织完成的。无论涉及几种运输方式，分为几个运输区段，由多式联运经营人对货运全程负责。

四、多式联运相关合同

多式联运合同是指多式联运经营人以两种以上的不同运输方式，其中一种是海上运输方式，负责将货物从接收地运至目的地交付收货人，并收取全程运费的合同。

多式联运合同具有以下特点：

（1）它必须包括两种以上的运输方式，而且其中必须有海上运输方式。在我国由于国际海上运输与沿海运输、内河运输分别适用不同的法律，所以国际海上运输与国内沿海、内河运输可以视为不同的运输方式。

（2）托运人只和多式联运经营人订立一份合同，只从多式联运经营人处取得一种多式联运单证，只向多式联运经营人按一种费率交纳运费。这就避免了单一运输方式多程运输手续多、易出错的缺点，为货主确定运输成本和货物在途时间提供了方便。

五、多式联运作业程序

多式联运经营人是全程运输的组织者，在多式联运中，其业务程序主要包含以下几个主要环节：

（一）接受托运申请，订立多式联运合同

多式联运经营人根据货主提出的托运申请和自己的运输路线等情况，判断是否接受该托运申请。能够接受，则双方议定有关事项后，在交给发货人或其代理人的场站收据副本上签章，证明接受托运申请，多式联运合同已经订立并开始执行。

发货人或其代理人根据双方就货物交接方式、时间、地点、付费方式等达成协议，填写场站收据，并把其送至多式联运经营人处编号，多式联运经营人编号后留下货物托运联，将其他联交还给发货人或其代理人。

（二）整包装箱的发放、提取及运送

多式联运中使用的集装箱或其他整包装货物一般应由多式联运经营人提供。这些整包装箱来源可能有三个：一是经营人自己购置使用的整包装箱；二是由公司租用的集装箱，这类箱一般在货物的起运地附近提箱而在交付货物地点附近还箱；三是由全程运输中的某一区段承运人提供，这类箱一般需要在多式联运经营人为完成合同运输与该分运人订立分运合同后获得使用权。如果双方协议由发货人自行装箱，则多式联运经营人应签发提箱单或者将租箱

公司或区段承运人签发的提箱单交给发货人或其代理人，由他们在规定日期到指定的堆场提箱并自行将空箱托运到货物装箱地点准备装货。如发货人委托亦可由经营人办理从堆场装箱地点的空箱托运。如是拼箱货或整箱货但发货人无装箱条件不能自装时，则由多式联运经营人将所用空箱调运至接受货物集装箱货运站，做好装箱准备。

（三）出口报关

若多式联运从港口开始，则在港口报关；若从内陆地区开始，应在附近的海关办理报关。出口报关事宜由发货人或其代理人办理，也可委托多式联运经营人代为办理。报关时应提供场站收据、装箱单、出口许可证等有关单据和文件。

（四）货物装箱及接收货物

若是发货人自行装箱，装箱工作一般要在报关后进行，并请海关派员到装箱地点监装和办理加封事宜。需要理货的，还应请理货人员现场理货并与之共同制作装箱单。若是发货人不具备装箱条件，可委托多式联运经营人或货运站装箱，发货人应将货物以原来形态运至指定的货运站由其代为装箱。如是拼箱货物，发货人应负责将货物运至指定的集装箱货运站，由货运站按多式联运经营人的指示装箱。装箱单均需装箱人制作，并办理海关监装与加封事宜。

（五）订舱及安排货物运送

经营人在合同订立后，即应制订货物的运输计划，包括货物的运输路线和区段的划分。这里所说的订舱多指多式联运经营人要按照运输计划安排洽定各区段的运输工具，订立各区段的分运合同。这些合同的订立由经营人本人（代理人）办理，也可请前一区段的实际承运人作为代表向后一区段的实际承运人订舱。

（六）办理保险

由发货人承担费用，投保货物运输险。由发货人自行或委托多式联运经营人办理。可以是全程，也可分段投保。由多式联运经营人（代理人）投保货物责任险和集装箱保险，或以其他形式办理。

（七）签发多式联运提单，组织完成货物的全程运输

多式联运经营人收取货物后，应向发货人签发多式联运提单。在把提单交给发货人前，按双方议定的付费方式及内容、数量向发货人收取全部应付费用。多式联运经营人有完成或组织完成全程运输的责任和义务，即完成运输过程中所涉及的各种服务性工作和运输单据、文件及有关信息等的组织和协调工作。

（八）运输过程中的海关业务

按惯例国际多式联运的全程运输均应视为国际货物运输。因此该环节工作主要包括货物及集装箱进口国的通关手续，进口国内陆段保税运输手续及结关等内容。如果陆上运输要通过其他国家海关和内陆运输线路时，还应包括这些海关的通关及保税运输手续。由此产生的全部费用应由发货人或收货人负担。

（九）货物交付

当货物运至目的地后，由目的地代理通知收货人提货。收货人需凭多式联运提单提货，经营人或其代理人需按合同规定，收取收货人应付的全部费用。收回提单后签发提货单，提货人凭提货单到指定堆场和集装箱货运站提取货物。如果整箱提货，则收货人要负责至掏箱地点的运输，并在货物掏出后将集装箱运回指定的堆场，运输合同终止。

（十）货运事故处理

运输中发生了货物灭失、损害和运输延误，无论是否能确定发生的区段，发（收）货人均可向多式联运经营人提出索赔。多式联运经营人根据提单条款及双方协议确定责任并做出赔偿。如果已对货物及责任投保，则存在要求保险公司赔偿和向保险公司进一步追索问题。如果受损人和责任人之间不能取得一致，则需在诉讼时效内通过提起诉讼和仲裁来解决。

六、多式联运主要组织形式

两种及以上运输方式可以是：海陆、陆空、海空等。这与一般的海海、陆桥、陆陆、空空等形式的联运有着本质的区别。后者虽也是联运，但仍是同一种运输工具之间的运输方式。众所周知，各种运输方式均有自身的优点与不足。一般来说，水路运输具有运量大、成本低的优点；公路运输则具有机动灵活、便于实现货物门到门运输的特点，铁路运输的主要优点是不受气候影响，可深入内陆和横贯内陆实现货物长距离的准时运输；而航空运输的主要优点是可实现货物的快速运输。由于国际多式联运严格规定必须采用两种和两种以上的运输方式进行联运，因此这种运输组织形式可综合利用各种运输方式的优点，充分体现社会化大生产大交通的特点。

由于国际多式联运具有突出的优越性，已在世界各主要国家和地区得到广泛的推广和应用。重要的组织形式主要包括以下几类。

（一）海陆联运

海陆联运是国际多式联运的主要组织形式，它以航运公司为主体，签发联运提单，与航线两端的内陆运输部门开展联运业务，也是远东/欧洲多式联运的主要组织形式之一。典型代表有三联集团、北荷、冠航和丹麦的马士基等国际航运公司，以及中国远洋运输公司等。

（二）陆桥运输

陆桥运输是指采用集装箱专用列车或卡车，把横贯大陆的铁路或公路作为中间"桥梁"，使大陆两端的集装箱海运航线与专用列车或卡车连接起来的一种连贯运输方式。严格地讲，陆桥运输也是一种海陆联运形式。在国际多式联运中，陆桥运输（Land Bridge Service）起着非常重要的作用。它是远东/欧洲国际多式联运的主要形式。典型代表有以下几类。

1. 西伯利亚大陆桥

它由苏联成立于1971年，使用国际标准集装箱，将货物由远东海运到俄罗斯东部港口，再经跨越欧亚大陆的西伯利亚铁路运至波罗的海沿岸，如爱沙尼亚的塔林或拉脱维亚的里加等港口，然后再采用铁路、公路或海运运到欧洲各地的国际多式联运的运输线路。它包括"海铁铁"、"海铁海"、"海铁公"和"海公空"等四种运输方式，是较为典型的一条过境多式联运线路，也是目前世界上最长的一条陆桥运输线路。全年货运量高达10万标准箱（TEU），最多时达15万标准箱。它大大缩短了从日本、远东、东南亚及大洋洲到欧洲的运输距离，并因此而节省了运输时间。使用这条陆桥运输线的经营者主要是日本、中国和欧洲各国的货运代理公司。它在沟通亚欧大陆，促进国际贸易中处于重要地位。

2. 新欧亚大陆桥

新欧亚大陆桥，是指从中国连云港和日照经新疆阿拉山口西至荷兰鹿特丹及相反方向的运输线路，全长10 900千米，在中国境内长4 131千米，为欧洲与亚洲两侧海上运输线联结起来的便捷运输铁路。它由中国陇海和兰新铁路与哈萨克斯坦铁路接轨,东起中国日照和连云港,向西经陇海铁路的徐州、商丘、郑州、洛阳、西安等站,兰新铁路的兰州、乌鲁木齐等站,经北疆铁路到达边境阿拉山口进入哈萨克斯坦,经俄罗斯、白俄罗斯、波兰、德国,止于荷兰鹿特丹港,是目前亚欧大陆东西最为便捷的通道。为远东至欧洲的国际集装箱多式联运提供了又一条便捷路线,使西伯利亚大陆桥面临严峻的竞争形势。

3. 北美大陆桥

北美大陆桥是指利用北美的大铁路从远东到欧洲的"海陆海"联运。包括美国大陆桥运输和加拿大大陆桥运输。美国大陆桥于1971年底由经营远东/欧洲航线的船公司和铁路承运人联合开办"海陆海"多式联运线,后来美国几家班轮公司也投入营运,以经营人的身份,签发多式联单证,对全程运输负责。加拿大大陆桥与美国大陆桥相似,由船公司把货物海运至温哥华,经铁路运到蒙特利尔或哈利法克斯,再与大西洋海运相接。它是世界上历史最悠久、影响最大、服务范围最广的陆桥运输线。

墨西哥大陆桥是北美其他地区开展的路桥运输,连接太平洋沿岸的萨利纳克鲁斯港和墨西哥湾沿岸的夸察夸尔科斯港,1982年开始营运,其服务范围还很有限,对其他港口和大陆桥运输的影响还很小。在北美大陆桥强大的竞争面前,巴拿马运河将处于更为不利的地位。

4. 其他陆桥运输

北美地区的陆桥运输还包括小陆桥运输(Minibridge)和微桥运输(Microbridge)等运输组织形式。小陆桥运输是其运送的货物的目的地为沿海港口,主要是日本经北美太平洋沿岸到大西洋沿岸和墨西哥湾地区港口的集装箱货物,它在缩短运输距离、节省运输时间上效果是显著的。微桥运输是其交货地点在内陆地区。北美微桥运输是指经北美东、西海岸及墨西哥湾沿岸港口到美国、加拿大内陆地区的联运服务。进出美、加内陆城市的货物采用微桥运输既可节省运输时间,也可避免双重港口收费,从而节省费用。

(三) 海空联运

海空联运又被称为空桥运输。货物通常要在航空港换入航空集装箱。海空联运方式始于20世纪60年代,但到80年代才得以较大的发展。采用这种运输方式,运输时间比全程海运少,运输费用比全程空运便宜。20世纪60年代,将远东船运至美国西海岸的货物,再通过航空运至美国内陆地区或美国东海岸,从而出现了海空联运。当然,这种联运组织形式是以海运为主,只是最终交货运输区段由空运承担。1960年底,苏联航空公司开辟了经由西伯利亚至欧洲航空线;1968年,加拿大航空公司参加了国际多式联运;80年代,出现了经由香港、新加坡、泰国等地至欧洲的航空线。国际海空联运线主要有以下几条:

1. 远东—欧洲

远东与欧洲间的航线有的以温哥华、西雅图、洛杉矶为中转地,也有的以香港、曼谷、海参崴为中转地,此外还有的以旧金山、新加坡为中转地。

2. 远东—中南美

远东至中南美的海空联运发展较快,因为此处港口和内陆运输不稳定,所以对海空运输的需求很大。该联运线以迈阿密、洛杉矶、温哥华为中转地。

3. 远东—中近东、非洲、澳洲

这是以香港、曼谷为中转地至中近东、非洲的运输服务。在特殊情况下,还有经马赛至非洲、经曼谷至印度、经香港至澳洲等联运线，但这些线路货运量较小。

总地来讲，运输距离越远，采用海空联运的优越性就越大，因为同完全采用海运相比，其运输时间更短，同直接采用空运相比，其费率更低。

任务实施

步骤一：小组分工，解读任务。

教师导入"任务情境"，由小组组长带领全组成员解读"任务要求"。

步骤二：小组合作，讨论、完成任务。

小组成员通过课堂上学习"知识准备"，了解什么是多式联运，什么是国际多式联运等知识后，可将理论知识进行总结归纳，用PPT方式展示出来。

步骤三：展示成果，共同交流分享。

各小组轮流展示成果，其他小组进行观摩学习。

步骤四：总结评价，记录提升。

各小组先对展示成果进行自评，然后小组互评，最后教师点评，每人完成"任务评价"中的表7-1和表7-2。

任务评价

表7-1 小组评价表

班级		小组			
任务名称		多式联运知识技能训练			
考核项目	评价标准	参考分值	评价得分		
			自评	组间互评（平均）	教师评价
任务完成	按时正确完成任务	20			
	操作规范，具有良好的安全作业意识	20			
	具有良好的团队协作精神和全局观念	10			
	小计	50			
合计（自评×20% + 互评×40% + 教师评×40%）					

表7-2 小组成员评价表

班级		小组		姓名	
任务名称		多式联运知识技能训练			
评价项目	评价标准	参考分值	评价得分		
			自评	组内互评（平均）	教师评价
基本素养	参与活动的态度	10			
	语言表达与沟通能力	5			
	团队合作	5			
专业知识和技能	掌握相关的专业基础知识	10			
	在小组任务完成中能应用所学相关专业知识，发挥专业技能水平	20			
	小计	50			
合计（自评×20% + 互评×40% + 教师评×40%）					

注：1. 学生实际得分 = 小组评价得分 + 小组成员评价得分；

2. 考评满分为100分，59分及以下为不及格；60~70分为及格；71~89分为良好；90分及以上为优秀。

拓展提升

多式联运根据组织方式和体制来说，基本上可分为协作式多式联运和衔接式多式联运两大类。

一、协作式多式联运

协作式多式联运是指两种或两种以上运输方式的运输企业，按照统一的规章或商定的协议，共同将货物从接管货物的地点运到指定交付货物的地点的运输。协作式多式联运是目前国内货物联运的基本形式。在协作式多式联运下，参与联运的承运人均可受理托运人的托运申请，接收货物，签署全程运输单据，并负责自己区段的运输生产；后续承运人除负责自己区段的运输生产外，还需要承担运输衔接工作；而最后承运人则需要承担货物交付以及受理收货人的货损货差的索赔。在这种体制下，参与联运的每个承运人均具有双重身份。对外而言，他们是共同承运人，其中一个承运人（或代表所有承运人的联运机构）与发货人订立的运输合同，对其他承运人均有约束力，即视为每个承运人均与发货方存在运输合同关系；对内而言，每个承运人不但有义务完成自己区段的实际运输和有关的货运组织工作，还应根据规章或约定协议，承担风险，分配利益。

（一）法定（多式）联运

它是指不同运输方式运输企业之间根据国家运输主管部门颁布的规章开展的多式联运。铁路、水路运输企业之间根据铁道部、交通部共同颁布的《铁路水路货物联运规则》开展的水陆联运即属此种联运。在这种联运形式下，有关运输票据、联运范围、联运受理的条件与程序、运输衔接、货物交付、货物索赔程序以及承运之间的费用清算等，均应符合国家颁布的有关规章的规定，并实行计划运输。

这种联运形式无疑有利于保护货主的权利和保证联运生产的顺利进行，但缺点是灵活性较差，适用范围较窄，它不仅在联运方式上仅适用于铁路与水路两种运输方式之间的联运，而且对联运路线、货物种类、数量及受理地、换装地也做出了限制。此外，由于货主托运前需要报批运输计划，给货方带来了一定的不便。法定联运通常适用于保证指令性计划物资、重点物资和国防、抢险、救灾等急需物资的调拨。

（二）协议联运

它是指运输企业之间根据商定的协议开展的多式联运。比如，不同运输方式的干线运输企业与支线运输或短途运输企业，根据所签署的联运协议开展的多式联运，即属此种联运。

与法定联运不同，在这种联运形式下，联运采用的运输方式、运输票据、联运范围、联运受理的条件与程序、运输衔接、货物交付、货物索赔程序，以及承运人之间的利益分配与风险承担等，均按联运协议的规定办理。与法定联运相比，该联运形式的最大缺点是联运执行缺乏权威性，而且联运协议的条款也可能会损害货方或弱小承运人的利益。

二、衔接式多式联运

衔接式多式联运是指由一个多式联运企业（以下称多式联运经营人）综合组织两种或两种以上运输方式的运输企业，将货物从接管货物的地点运到指定交付货物的地点的运输。在实践中，多式联运经营人既可能由不拥有任何运输工具的国际货运代理、场站经营人、仓储经营人担任，也可能由从事某一区段的实际承运人担任。但无论如何，他都必须持有国家有关主管部门核准的许可证书，能独立承担责任。

在衔接式多式联运下，运输组织工作与实际运输生产实现了分离，多式联运经营人负责全程运输组织工作，各区段的实际承运人负责实际运输生产。在这种体制下，多式联运经营人也具有双重身份。对于货主而言，他是全程承运人，与货主订立全程运输合同，向货主收取全程运费及其他费用，并承担承运人的义务；对于各区段实际承运人而言，他是托运人，他与各区段实际承运人订立分运合同，向实际承运人支付运费及其他必要的费用。很明显，这种运输组织与运输生产相互分离的形式，符合分工专业化的原则，由多式联运经营人"一手托两家"，不但方便了货主和实际承运人，也有利于运输的衔接工作，因此，它是联运的主要形式。在国内联运中，衔接式多式联运通常称为联合运输，多式联运经营人则称为联运公司。我国在《合同法》颁布之前，仅对包括海上运输方式在内的国际多式联运经营人的权利与义务，在《海商法》和《国际集装箱多式联运规则》中做了相应的规定，对于其他形式下国际多式联运经营人和国内多式联运经营人的法律地位与责任，并未做出明确的法律规定。《合同法》颁布后，无论是国内多式联运还是国际多式联运，均应符合该多式联运合同中的规定，这无疑有利于我国多式联运业的发展壮大。

任务二　公路甩挂运输作业

任务情境：

小王到长通物流公司实习，这天公司开会，运输总监讲到公路甩挂运输的项目，举了一个例子：在非甩挂运输方式下，对集装箱车司机来说，下午2点到工厂装货，晚上10点才把货柜送到码头，是最寻常不过的遭遇，8个小时的工作时间其实绝大部分在等候。而采取甩挂运输的车辆，司机就不会有如此漫长的等待。他们将货物送到目的地后，就可以卸货走人，由其他司机完成后续工作。

任务要求

结合以上任务情境，完成下列问题：
（1）什么是甩挂运输？为什么国家要大力发展甩挂运输？
（2）开展甩挂运输对于物流公司货量、场站、车辆、站台、调度系统等有什么要求？
（3）甩挂运输模式有哪些？如何运作？
（4）以上任务的完成要求以小组为单位，使用PPT的形式进行成果展示，每小组上交一份。

知识准备

一、甩挂运输的含义和意义

（一）甩挂运输的含义

甩挂运输是用牵引车拖带挂车至目的地，将挂车甩下后，牵引另一挂车继续作业的运输。具体说，甩挂运输就是带有动力的机动车将随车拖带的承载装置，包括半挂车、全挂车，甚至货车底盘上的货箱甩留在目的地后，再拖带其他装满货物的装置返回原地，或者驶向新的地点。甩挂运输是提高道路货运和物流效率的重要手段，其早已成为欧美和日本等发达国家和地区的主流运输方式。但在我国，甩挂运输的发展一直步履艰难。甩挂运输中遇到的诸如养路费、交强险等种种问题给相关物流企业带来了一系列额外费用。

甩挂运输车辆包含牵引车和挂车（箱）两个独立部分，如图7-1所示。

图7-1 甩挂运输车辆

（二）甩挂运输优势

甩挂运输是提高道路货运和物流效率的重要手段，甩挂运输能大大提高运输车辆的周转使用效率，提高装卸效率和运输能力，降低车辆和人工成本，减少货物丢失、货差货损、串货。道路甩挂运输可衔接多种运输方式，采用整箱搬运装卸，几乎可以完全消除货损，实现"门到门"运输，使企业"零库存"变为可能，有利于建立循环经济运输产业。

同时，甩挂运输中的集装箱运输还具有安全性高，国际标准统一，全球编号规范一致，有效对接海、铁、陆、空多式联运等优点。它是当今世界通行的、先进的主流运输组织方式。

（三）甩挂运输未来前景

甩挂运输把汽车运输列车化，与定挂运输相比，可以相应提高车辆每运次的载重量，具有单位成本低、运行效率高、周转快等显著特点，可以产生可观的经济效益和良好的环境效果，如图7-2所示。发展"甩挂运输"是国际国内物流发展的一大趋势，它是世界广泛采用的先进运输组织方式，对节能减排、建设资源节约型、环境友好型社会意义重大。

图7-2 甩挂运输

（四）开展甩挂运输的现实需求

在相同的运输条件下，汽车运输生产效率的提高取决于汽车的载重量、平均技术速度和装卸停歇时间三个主要因素，在现有的运力条件下实现高效运输，正是当前甩挂运输的市场优势所在。甩挂运输一般适用于装卸能力不足、装卸时间占汽车运行时间比重较大、双向货物足量均衡的运输条件。甩挂运输基本上到了目的地之后，换完挂车就可以从事新的征程。不存在"放空"的情况。一年下来可以省下不少的不必要的燃油消耗，进一步减小成本的开支。

当前，传统普货物流企业受到电商、网购冲击，市场份额被分割，总体运量呈现下降趋势，单件货物体积和重量在加大，但劳动力的用工价格却是一路攀升，且招工和留用越来越难，加大传统物流机械化操作水平，分解单位时间装载量，成为当前物流企业的现实需求，甩挂运输是最适合的运输选择。

二、开展甩挂运输的条件支撑

甩挂运输是网络化、信息化、组织化的现代化物流新形态。货源、公路网络、车辆和场站是必备四大要素。规模越大，网点越多，甩挂运输的优势越明显。

货量：到货与返程双向货源货物稳定且充足，运费收取与货量体积均需要与发车车辆所需车费、车辆容积相匹配。单程或双向货量不足以支撑车辆运行成本与费用是制约甩挂运输的最大障碍。

场站：甩挂运输的开展需要场站面积符合作业标准，能够提供倒挂、摘挂、泊车、装卸等流程性服务。甩挂车辆长度通常接近20米，场站必须要有足够的空间满足车辆驶入、掉头等基本操作，如图7-3所示。若无大型的甩挂场站，将无法实现甩挂作业。

图7-3 甩挂运输场站

车辆：从事甩挂运输的牵引车，一般会配备三台左右的挂车来提高运输效率。挂车的售价较牵引车来说要便宜很多。在同等的条件下，甩挂运输可以减少牵引车的数量，降低公司购置牵引车的成本投资。

牵引车和半挂车国际通行的比例约为1:3，而国内甩挂运输企业目前牵引车和半挂车的比例仅为1:1.15~1:1.35，足量的牵引车与适量配比的挂车是保证甩挂运输有效开展的基本保证。例如，A物流公司有牵引车52台，挂车138个，公司根据运输距离远近开展一头两挂或一头三挂的两点甩挂或多点循环甩挂，郑州至信阳、郑州至南阳是两点甩挂，郑州—汤阴—邢台、郑州—西安—渭南是多点循环甩挂。

站台：甩挂运输线路货量较大，需要辅助以自动升降板、汽车尾板、电动叉车、液压叉车等机械设施进行装卸作业，规模和高度相匹配的装卸站台必须要建立。这样可以促进装卸效率，并减少串货、丢货、货损、货差，同时提高目的地卸货效率、一票多件货物完整性。充分发挥甩挂运输的优势，如图7-4和图7-5所示。

图7-4 甩挂运输站台

图7-5 自动升降板

调度系统：甩挂运输的经营中运输规模越大其产生的效应更好，而大规模的物流管理必须对车队有信息化管理，车辆的监控和调度也对甩挂运输的实际效果有重要影响。运输企业在运输组织中要实现集约化与网络化，建立一套健全的车辆信息监控与发布平台。更好地做到车辆监管与调度的针对性和准确性。甩挂运输车队如图 7-6 所示。

图 7-6　甩挂运输车队

三、甩挂运输匹配要求

甩挂运输要求牵引车与挂车频繁的摘挂,这种要求对于车辆标准化要求较高,以确保挂车与牵引车之间相匹配而实现共享。现在国家并没有对于鞍座部分的技术标准规范,部分挂车与牵引车之间无法匹配,如牵引销尺寸有 50 与 90 之分,如果牵引车鞍座不符合就会导致出现挂不上的现象,制约了企业间的挂车共享和大范围的甩挂作业。从交通运输部实施燃料消耗量达标车型公告、道路运输证车型核查统计情况看,已发布的 17 批达标车型中牵引车有 48 家生产企业、717 个车型、2295 个配置。

四、甩挂运输模式

（一）多点装卸货 循环甩挂运输 （见图 7-7）

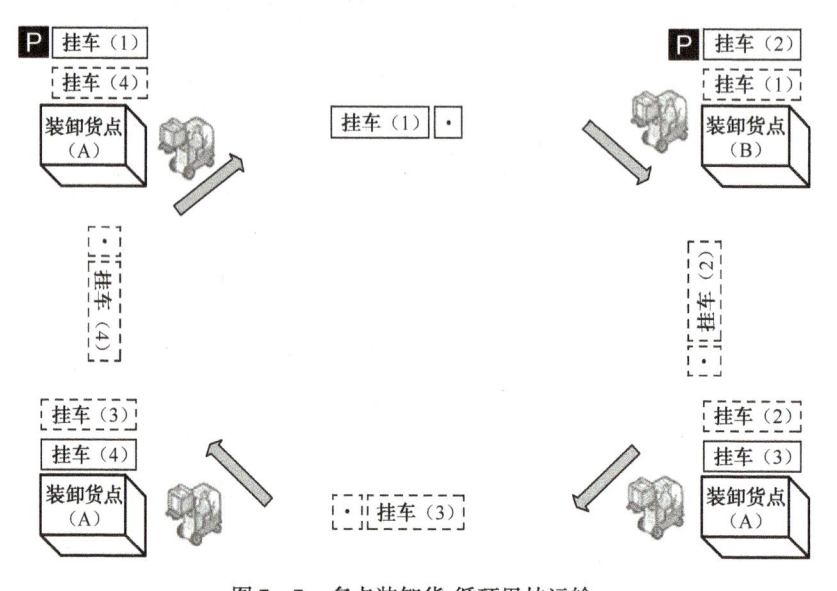

图 7-7　多点装卸货 循环甩挂运输

（二）一线两点 两端都会甩挂（见图 7-8）

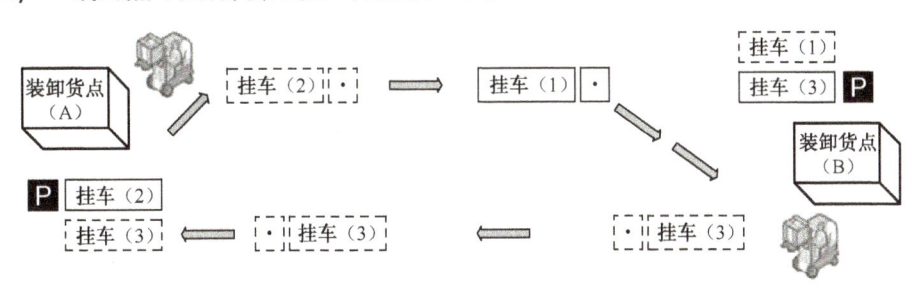

图 7-8 一线两点 两端都会甩挂

（三）一线两点 只在一端甩挂（见图 7-9）

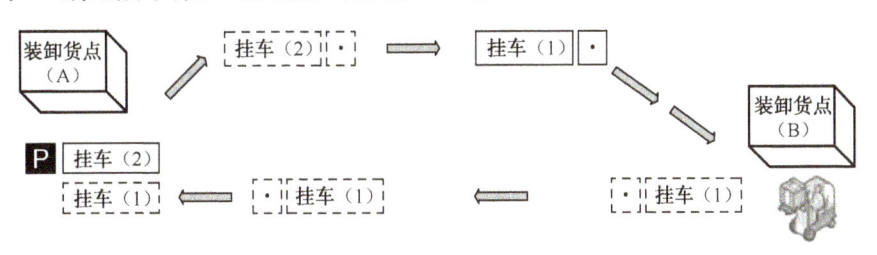

图 7-9 一线两点 只在一端甩挂

五、甩挂运输的联盟运作

突破企业、区域等限制，甩挂运输才能更高效，最大限度地发挥作用。目前，全国各试点省份通过试点示范及政策推动，进一步促进甩挂运输的跨企业、跨区域、跨运输方式的联盟合作，有利于培育骨干龙头企业，整合运输资源。典型代表企业主要有以下几家：

（1）江苏省苏盟物流是甩挂试点企业联盟的典范。2012年江苏4家物流龙头企业共同组建"苏盟物流"，4家物流巨头将甩挂运输从原公司剥离，把运输各个环节联合起来，共享站场、挂车、客户信息等资源，在全国多地开展循环甩挂业务，最大限度聚集成员单位的各自优势和资源，完善内部物流系统。

（2）2012年，鲁辽津冀蒙吉黑七省启动了我国第一个多省域的高效物流联盟环渤海湾甩挂运输联盟。有效提高了环渤海地区的物流效率和运输便利化，对全国发展高效物流具有示范引领作用。

（3）山东省组建了甩挂运输联盟，充分发挥两个联盟在促进山东甩挂运输发展中的组织、协调和引导作用。山东省规定纳入联盟的甩挂运输企业应明确标识、统一政策、统一标准、统一信息、统一运营、统一结算。

（4）为推进道路甩挂运输合作，广东与广西还签署了加强甩挂运输合作框架协议，加强两省区道路运输管理部门和企业甩挂运输的实质性合作。

（5）2013年5月，河南长通物流发起成立了包括河南、河北、安徽、湖北、山东、山西、陕西七省在内的中中物流联盟，如图7-10所示，开展甩挂运输跨省域战略型联盟运作，进行牵引车、挂车的联合集团采购、挂车互换、网络资源共享、信息系统互通，运输效率大大提升，经营成本同比下降20%~30%。

图7-10 中中物流联盟成立

六、甩挂运输的国际、国内运作现状

甩挂运输在国外起步于20世纪40年代，由于配合驼背运输和滚装运输而出现，其后又推广到货运企业，至今已经发展成为欧美国家的主流运输方式，几乎所有的大型企业都采用甩挂运输方式，甩挂运输的货物占到货物总周转量的70%~80%。发达国家半挂车的比例高，国家对甩挂运输的发展有政策性的鼓励，主要运用于仓库到港口、仓库到货站或堆场的集散运输。全国范围内，甩挂运输的发展呈现了一种东西不平衡状态。在东南沿海城市，如厦门、深圳等城市，牵引车和挂车的比例达到或超过了1:3，而在港区，牵引车和挂车的比例可以达到1:6，说明国内的甩挂运输业务虽然起步晚、发展慢，但在沿海等资讯发达地区已经有了一定的运用。大规模的物流和运输企业的甩挂运输作业方式也多为两点甩挂，开展效率更高的多点甩挂的比例小。

澳洲在甩挂运输方面的特色是"公路列车"，即一个牵引车牵引多个拖车，可拖挂3至6节车厢，总长度超过40米，多用于澳洲西部矿山的矿石运输活动。

欧洲允许一车两挂的运输模式，车辆总长超过20米，并以软篷厢式半挂车为主，厢式半挂车的保有量、销量占所有挂车的70%以上。其中，比例最大的是4×2牵引车匹配3轴厢式半挂车。

香港所谓的"货柜车"即是集装箱牵引车，并习惯性将牵引车和半挂车称为拖头和拖架，拖头通常为欧洲和日本的主流品牌，而拖架基本为三轴拖架，且大部分为国产产品。香港的拖头与拖架的比例在1:2左右。

七、国家政策对甩挂运输的支持

真正国内对于甩挂运输的政策支持开始于20世纪90年代后期，随后研究开通交通物流公共信息平台，为甩挂运输和现代物流发展提供科技支撑。

（1）1996 年，国家经贸委、公安部和交通部联合发布《关于开展集装箱牵引车甩挂运输的通知》明确鼓励了企业开展集装箱牵引车的甩挂运输，交管部门同时放开挂车的牌照发放和异地年检。

（2）2001 年，交通部将对于运输效率的提高和半挂车的发展写入了《道路运输企业发展规划纲要》中，第一次明文规定了车辆的结构调整并有了相关优惠政策，对于半挂车的政策优惠让甩挂运输载体在国内得到了进一步发展。

（3）2008 年，国务院在《关于进一步加强节油节电工作的通知》中，明确要求完善半挂车牌照管理和保险制度。鼓励发展甩挂运输。交通运输部开展试点工作引导和推进全国甩挂运输行业的发展。

（4）2009 年，交通运输部、国家发展改革委、公安部、海关总署、保监会联合发布了促进甩挂运输发展的通知，提出了完善政策和管理制度，为甩挂运输营造良好的发展环境。在本通知中，对于挂车的检验和保险规定方面大幅放宽，推动车辆装备的标准化，完善车辆的海关监管制度，对于通行收费和证件管理等企业和车主最关心的实际问题也有了明确规定，对于超出牵引车数量的其余挂车在年票地区不再征费。此通知还提到了对于站场设施改善和枢纽建设问题，对于多式联运的无缝连接和中转效率有极大的促进。

（5）2010 年，《关于印发甩挂运输试点工作实施方案的通知》印发，给出了试点项目条件和试点范围以及扶持政策。真正让国内的物流进入到甩挂运输时代，也让国内更多的物流从业者了解到发展甩挂运输是国内物流行业的趋势。到 2014 年，全国已开展四批甩挂运输试点项目企业认证，先后有近百家企业成为全国甩挂运输项目试点单位。每个试点企业将获得国家 600 ~1000 万元的车辆、场站、信息系统等资金支持。

（6）高速公路通行费减免。重庆、江苏、山东、河南等地对部分甩挂运输车辆将高速公路通行费优惠至 70%。对实行养路费统缴的企业，或 300 匹马力（220 千瓦）以上的双轴牵引车，酌情给予更加优惠的办法。

（7）设立集装箱运输车辆专项扶持资金。例如，浙江省道路货运车辆技改补助资金管理试行办法，新增 20 吨及以上整体封闭厢式货运车辆和 20 吨及以上、240 马力及以上整体封闭半挂厢式货运车辆可以获得每年一次性补助两万元。

任务实施

步骤一：小组分工，解读任务。

教师导入"任务情境"，由小组组长带领全组成员解读"任务要求"。

步骤二：小组合作，讨论、完成任务。

小组成员通过课堂上学习"知识准备"，了解甩挂运输作业知识后，可将理论知识进行总结归纳，以 PPT 的方式展示出来。

步骤三：展示成果，共同交流分享。

各小组轮流展示成果，其他小组进行观摩学习。

步骤四：总结评价，记录提升。

各小组先对展示成果进行自评，然后小组互评，最后教师点评，每人完成"任务评价"中的表 7-3 和表 7-4。

运输作业实务

任务评价

表 7-3 小组评价表

班级		小组			
任务名称		甩挂运输作业技能			
考核项目	评价标准	参考分值	评价得分		
			自评	组间互评（平均）	教师评价
任务完成	按时正确完成任务	20			
	操作规范，具有良好的安全作业意识	20			
	具有良好的团队协作精神和全局观念	10			
	小计	50			
合计（自评×20% + 互评×40% + 教师评×40%）					

表 7-4 小组成员评价表

班级		小组		姓名	
任务名称		甩挂运输作业技能			
评价项目	评价标准	参考分值	评价得分		
			自评	组内互评（平均）	教师评价
基本素养	参与活动的态度	10			
	语言表达与沟通能力	5			
	团队合作	5			
专业知识和技能	掌握相关的专业基础知识	10			
	在小组任务完成中能应用所学相关专业知识，发挥专业技能水平	20			
	小计	50			
合计（自评×20% + 互评×40% + 教师评×40%）					

注：1. 学生实际得分 = 小组评价得分 + 小组成员评价得分；

2. 考评满分为100分，59分及以下为不及格；60~70分为及格；71~89分为良好；90分及以上为优秀。

拓展提升

一、关于LNG新能源甩挂车辆使用中存在的问题

LNG即液化天然气，是一种清洁能源。由于是天然气新能源甩挂车型，牵引车驾驶室后配有2个直径为0.9米的LNG气瓶，此车型为发改委公告车型，正常入户，挂车是14.6米，正常入户，但车辆因后置燃气瓶导致车辆总长度增加了0.9米，增至19米（国家规定列车总长度不允许超过18.1米，2004年制定），导致该车辆经常被路政等部门处罚。

交通运输部甩挂运输推荐车型均为大型马力牵引头，且只有推荐车型才能享受交通运输部关于甩挂运输的相关政策。同时，部分省交通厅也出台了牵引车享受省内高速通行费减免30%的政策。但是，由于传统普货型物流企业的业态主要是以零担货运为主的商贸物流，而

且运输半径距离均在方圆 500 千米之内，这就决定了企业只需采用中型马力牵引车头便可全程运输，不过企业一旦不采用推荐车型就无法享受到国家和省级两个主管部门给予的优惠。

二、甩挂联盟的运作问题

（一）场站问题

各联盟以本区域中心城市为中心，大量跨省运输货物以该城市为中转、分拨基地，企业现有的场站、分拣设备无法满足今后发展的需要，其他盟员企业现有的场站、分拣设备也存在此问题。

（二）信息系统问题

盟员企业的信息化系统均有各自的信息化发展历程和业务地域特色。同时运输单据、操作流程、财务结算方式也不尽相同。零担物流行业缺乏统一的业务标准和规范，缺乏统一的信息化标准和平台，导致不同信息系统之间的信息交换困难，联盟合作缺乏有效的信息共融、共享。

（三）制度与标准化建设问题

由于各个盟员之间的具体情况（风险偏好、企业文化、服务标准等）不尽相同，盟员之间的监督约束机制、合作机制以及标准化体系的建立是长期、艰巨的问题。

任务三 郑欧班列运输

任务情境：

实习生小王来到郑州国际陆港开发建设有限公司实习，经理让他学习郑欧国际班列基本知识，并告诉他，郑欧国际班列的开行，将打开郑州班列货运走向国际的突破口，未来郑州将发展为中国乃至世界重要的集装箱物流枢纽。郑州作为内陆重要的交通枢纽城市、中原经济区的核心城市，要通过铁路班列，把西欧主要经济体联系起来，通过亚欧大陆桥，把河南、郑州与欧洲的经济连为一体，通过开通这样一个通道，使各种要素，双方贸易，各种商业的机会联系起来。这条专列，将打开郑州西向的通道，提升郑州对外开放水平。这是郑州新的起点，充分发挥郑州交通枢纽的优势，继而转换为郑州物流的优势，不仅是对城市的提升，也是企业发展机会的重要载体，可以更好服务中原经济区建设，还可将服务半径拓展到中原经济区之外，服务长三角地区、珠三角地区的产业转移，服务武汉经济圈、西部经济圈。

任务要求

结合以上任务情境，完成下列问题：

（1）郑欧班列经过哪些国家和地区？作业的程序和标准是什么？做出 PPT，画出流程图。

（2）郑欧班列货物的进出口流程是什么？画出流程图。

（3）将班级同学分成若干小组，小组代表要简述郑欧班列作业的程序和标准，以小组为单位完成本次任务。

运输作业实务

知识准备

一、郑欧班列概述

（一）郑欧班列的概念

郑欧班列线路始于郑州铁路集装箱货运中心站，是由郑州国际陆港开发建设有限公司承运，开行郑州至汉堡的集装箱班列，是自河南省直达欧洲的铁路运输模式。郑欧班列经中国新疆阿拉山口市出境，途经哈萨克斯坦、俄罗斯、白俄罗斯和波兰，最终到达德国汉堡，沿途共经过6个国家，历经2次转关、2次换轨，全程10 214千米，运行时间15天左右，比走海路到欧洲节约25天左右。目前为每周三、周五固定开行。

（二）郑欧班列的特征

郑欧班列的特征，如表7-5所示。

表7-5 郑欧班列的特征

特　征	具　体　表　现
方便快捷	郑州作为中国铁路的枢纽，交通四通八达，地理位置得天独厚。郑州东站是国家内陆一类口岸，可直接办理一关三检手续。日本、韩国的货物，如果走传统航运到汉堡，需要45天时间，现在，日韩客户把货物用船运到连云港等港口，再运输到郑州，搭乘郑欧班列，整个行程不到20天
班列运输	以在主要城市、港口、口岸间铁路干线上组织开行的"定点（装车地点）、定线（固定运行线）、定车次、定时（固定到发时间）、定价（运输价格）"的快速货物列车为特征的班列运输，对于现代物流对时间要求的优势明显，能够确保货物在指定时间内到达目的地
市场化运营	郑欧班列"政府引导，企业化运作"的运营机制，在中欧班列中独树一帜，是目前国内集货覆盖地域最广，目的地分拨地域最广，载货量最多，运载货类最多，各中欧班列中运作最好的一段
枢纽优势	位于郑州经开区北部的郑州国际陆港核心区建成后，将实现六大功能定位：铁路一类口岸、多式联运中心、城市配送中心、区域分拨中心、国际物流中心、综合保税区。未来，公路、铁路、航空运输在陆港内可以相互转运，会出现公铁联运、空铁联运等多种形式，建成联通境内外、辐射东中西的物流通道枢纽

（三）郑欧班列的作用

郑欧班列成为横跨欧亚大陆多个国家的铁路联运国际贸易大通道，实现了我国内陆地区与欧洲市场的直联互通，打破了近百年来内陆地区货物主要经沿海地区、太平洋、印度洋再到欧美、大西洋的国际贸易格局，为推动"丝绸之路经济带"贸易、投资、产业、科技等多领域务实合作提供了强力支持。

二、郑欧班列的办理程序

（一）班列的预订和受理

（1）郑欧班列按照"先到先得、订满为止"的原则接收，通过12306网站及通过营业厅的预订（预订期暂定为10天）。提供并指导客户认真填写"铁路货物运输服务订单"。

（2）将审核后的订单录入系统并提报，预订成功的，要将预订结果、装车时间和业务办理时间等即时告知客户；预订不成功的要积极向客户解释原因。

(3) 按照订单进行运单的审理，审核后加盖"快运班列"红色戳记。

(4) 预约时将班列箱预约至班列集结区。

(5) 按照班列开行时间及时提报，并将提报的班列车数及时通报相关人员。

(6) 每月底将本月的班列集装箱货源情况进行总结并预测下月情况。

（二） 班列的组织和开行

(1) 班列箱进站时，严格按预约的班列集结区箱位进行堆码，不得随意码放至其他货位。

(2) 根据计划受理通报的订单班列情况，及时通报圃田车站班列的要车计划。

(3) 配装时，严格按订单计划进行配装，不得随意调整。配装时必须是从列车一端顺序配载，不得夹带非班列箱。

(4) 严格按班列规定的时间装车，严禁超时造成班列晚点。

(5) 将打印的装卸班列大表及时交中心站统计。

（三） 班列的统计

(1) 统计班列的到发情况报表。

(2) 按规定及时上报班列的各项统计报表和数据。

(3) 每月底将本月的班列集装箱到发情况进行统计并上报。

三、 郑州海关关于"郑欧" 国际货运班列的临时监管方案

按照属地管辖原则，"郑欧"国际货运铁路班列货物通关及海关临时监管场所的管理，由郑州海关驻铁路东站办事处依据职责管辖。通关监管采用"转关运输"监管和"属地报关，口岸验放"模式。

在新铁路口岸联检设施正式交付使用前，根据现实条件，在郑州中心站无法满足条件的情况下，采取以下监管方案。

（一） 进出口货物的办理地点

进出口货物的接单、审单、缴纳税费、放行等通关环节作业地点在当前的郑州海关驻铁路东站办事处（以下简称海关东站办）；而进出口货物的查验、物流监控由海关根据国际货运班列实际装运情况，及时派员至郑州中心站办理相关业务。

（二） 业务流程简介

1. 出口业务流程（见图 7-11）

监管流程说明：流程中，监管场所出口货物入库信息、海关确认的出口运抵报告、放行清单、装载数据之间，将形成出口货物入库—仓储—出库的逻辑对应关系，以便核查货物的物流情况。

(1) 预报。

出口货物运抵海关监管货场后，由监管场所经营企业（以下简称经营人）向海关（物流监控岗位）提交出口货物入库信息（纸质或电子形式），包括车牌、箱号、箱型、货物品名、入库时间、卸货时间、卸货地点、出口货物发货人等信息。

(2) 制作运抵报告。

经营人根据出口货物准备发运情况，制作《出口货物运抵报告》（见表 7-6）。

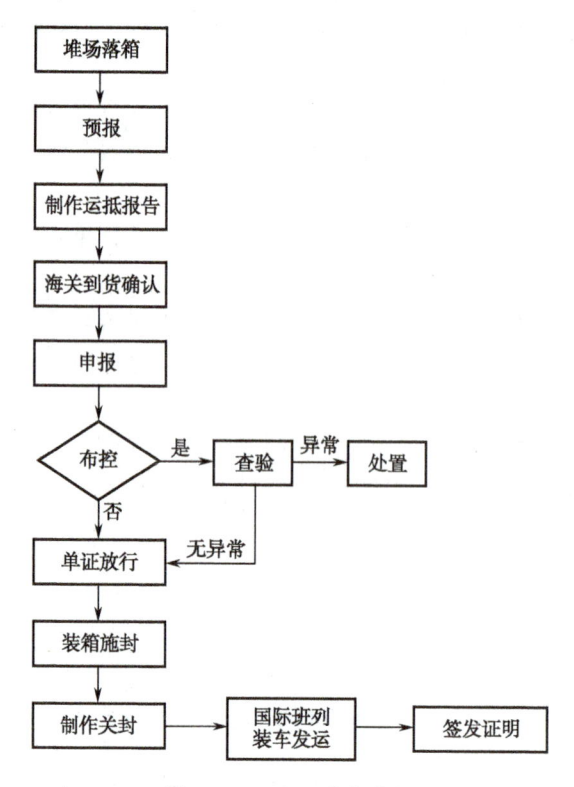

图 7-11　出口业务流程

表 7-6　出口货物运抵报告

____年第____号

班列编号		运输工具名称	
总提运单号		托运货物序号	
托运货物件数		货物总毛重	
卸货区域		到达卸货时间	
申报地海关代码		备注	
货物简要描述			
集装箱编号	集装箱尺寸类型	施封类型	施封锁号

监管场所印章

年　月　日

(3) 海关到货确认。

出口货物发货人或代理人向经营人领取《出口货物运抵报告》，并将《出口货物运抵报告》提交海关（物流监控岗位），海关根据货物实际情况核对、背书《出口货物运抵报告》。《出口货物运抵报告》一式三份，经营人留存一份，海关（物流监控岗）留存一份，一份由报关代理企业用以报关使用。

(4) 申报。

出口收发货人或代理人携带经海关背书的《出口货物运抵报告》等报关材料，在海关东站办完报关单的现场接单、审单，缴纳税费。

出口收发货人或代理人携带经海关背书的《出口货物运抵报告》、通过QP系统，按照《报关单填制规范》的要求录入出口货物报关单电子数据，通过电子口岸数据传输至海关通关作业系统，完成报关单的电子申报。

海关审结电子数据报关单后，发出审结回执指令，出口收发货人或代理人应当自接到海关"现场交单"或"放行交单"通知之日起10日内，向所在地海关递交与电子数据报关单内容相一致的纸质报关单、国家实行进出口管理的许可证件及海关要求的随附单证，办理现场接单审核手续。

现场接单审核通过后，海关打印税款缴款凭证，纳税义务人缴纳税款。纳税义务人可选择柜台支付方式或电子支付方式缴纳税款。纳税义务人采取柜台支付方式缴纳税款的，凭收款银行签章的税款专用缴款书第一联（收据）到通关现场核注税费。

采取电子支付方式的企业，在报关单电子数据审核通过后，可登录中国电子口岸或支付平台查询税（费）信息，通过支付平台向商业银行发送税（费）预扣指令。现场海关收到支付平台转发的银行税（费）预扣成功回执后，即为企业办理税单打印手续，由银行进行实扣操作。现场海关收到实扣成功回执后，海关业务系统自动核注税（费），核注日期为税（费）实扣成功日期。

(5) 查验。

对有布控指令的报关单，经选查岗细化指令后，将布控单或布控指令传递至查验岗位，查验岗位按要求查验完毕后，无异常报关单将查验结果信息传递至放行岗位进行H2000放行；存有异常的按照海关查验作业要求进行处置。

全部查验过程，海关不收取任何费用。吊箱、掏箱、回填、存放由监管场所负责实施，因而产生的相关费用，由企业承担，监管场所结算并收取。

本次班列所发货物每箱均施海关关锁。海关查验货物时，发货人或其代理人应到场。负责叉车搬运的人员也需到场协助查验，查验无误后，还需协助海关加施关锁。海关施封后，未经海关许可不可开箱。

(6) 海关H2000通关管理系统放行（单证放行）。

没有布控的报关单流转至放行岗位对报关单进行H2000放行操作。

(7) 放行。

放行岗位将放行单或放行信息传递给物流监控岗，物流监控岗将放行清单（纸质）交由报关单位负责流转至承运人，承运人按照放行清单所列集装箱号装运。

(8) 制作关封。

出口货物发货人或代理人将关锁号和集装箱号传递至海关（转关岗位），转关岗位核对关锁信息和集装箱信息后，制作出口货物关封。

出口货物发货人或代理人将集装箱信息传递至海关（转关岗位），同时向海关递交《出口转关货物申报单》、《出口货物报关单》及其随附单证（包括合同、发票、装箱单、运抵报告等），转关岗位核对关锁锁号和集装箱号后，将出口中转货物电子数据与报关数据进行核对，核对通过，制作出口货物关封；核对不符的，退回修改。关封制作后封入信封中，加盖《海关监管》骑缝印章，由发货人或代理人递交出境地海关。

（9）国际班列装车。

国际班列承运人将出口货物预装载清单发送至经营人，经营人将预装载清单与放行清单核对无误后，在国际班列开始装载出口货物的 30 分钟以前向海关（物流监控岗位）递交装载清单。

（10）国际班列发运。

国际班列承运人经营人应当在国际班列驶离设立海关的地点的 2 小时以前将驶离时间以书面或电子形式通知海关（物流监控岗位）。

（11）签发证明。

始发地海关（东站办）在接收到出境地海关（阿拉山口海关）转关核销数据后，签发出口结汇联或退税证明。对存有异常的转关数据，查明原因后处置。

2. 进口业务流程（见图 7-12）

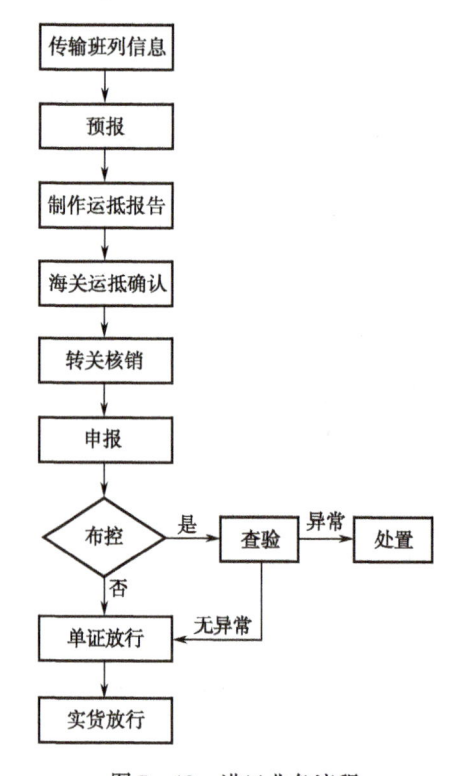

图 7-12 进口业务流程

监管流程说明：流程中，进口货物入库信息、海关确认的进口运抵报告、放行信息、出库单之间，将形成进口货物入库—仓储—出库的逻辑对应关系，以便核查货物的物流情况。

(1) 传输班列信息。

国际班列承运人将班列预计到达海关监管场所的信息传递（纸质或电子）至经营人，包括班列到达时间、车次及所载货物情况。

(2) 预报。

进口货物运抵海关监管货场后，由经营人向海关（物流监控岗位）提交进口货物入库信息（纸质或电子形式），包括车次、箱号、箱型、品名、入库时间、卸货时间、卸货地点、进口货物收货人或代理人等信息。

(3) 制作运抵报告。

经营人根据进口货物抵运情况，制作《进口货物运抵报告》，如表7-7所示。

(4) 海关运抵确认。

进口货物收货人或代理人向经营人领取《进口货物运抵报告》，并将《进口货物运抵报告》递交海关（物流监控岗位），物流监控岗位核对集装箱信息。

核对集装箱信息包括：箱体是否完好、集装箱封锁是否完好。核对无误后，海关背书《进口货物运抵报告》。《进口货物运抵报告》一式三份，经营人留存一份，海关（物流监控岗）留存一份，一份由报关代理企业用以报关使用。

(5) 转关核销。

进口货物收货人或代理人将转关关封和海关背书后的《进口货物运抵报告》传递至海关（转关岗位），办理关封的核销。

表7-7 进口货物运抵报告

____年第____号

班列编号		运输工具名称	
总提运单号		托运货物序号	
托运货物件数		货物总毛重	
卸货区域		到达卸货时间	
申报地海关代码		备注	
货物简要描述			
集装箱编号	集装箱尺寸类型	施封类型	施封锁号

监管场所印章

年 月 日

(6) 申报。

进口货物收货人或代理人携带核销后的进口转关申报单等报关材料，在海关东站办办理报关单的接单、审单及缴纳税费。

(7) 查验。

对有布控指令的报关单，经选查岗细化指令后，将布控单或布控指令传递至查验岗位，查验岗位按要求查验完毕后，无异常报关单将查验结果信息传递至放行岗位进行 H2000 放行；存有异常的按照海关查验作业要求进行处置。

(8) 海关 H2000 通关管理系统放行（单证放行）。

没有布控的报关单流转至放行岗位时，对报关单进行 H2000 放行操作。

(9) 实货放行。

放行岗将放行信息（纸质或电子）传递给物流监控岗，物流监控岗依据放行信息开具出库单（纸质或电子），出库单一式两份，一份由海关（物流监控岗）留存，一份交经营人留存，并作为出库、装运凭证。应流转工作由报关单位负责流转。

任务实施

步骤一：小组分工，解读任务。

教师导入"任务情境"，由小组组长带领全组成员解读"任务要求"，三个任务各组分给不同的同学。

步骤二：小组合作，讨论、完成任务。

小组成员通过课堂上学习"知识准备"，了解郑欧班列作业的程序和标准，做出 PPT，画出流程图；根据郑欧班列货物的进出口流程画出流程图。

步骤三：展示成果，共同交流分享。

各小组轮流展示成果，其他小组进行观摩学习。

步骤四：总结评价，记录提升。

各小组先对展示成果进行自评，然后小组互评，最后教师点评，每人完成"任务评价"中的表 7-8 和表 7-9。

任务评价

表 7-8 小组评价表

班级		小组				
任务名称			郑欧班列作业技能			
考核项目	评价标准		参考分值	评价得分		
				自评	组间互评（平均）	教师评价
任务完成	按时正确完成任务		20			
	操作规范，具有良好的安全作业意识		20			
	具有良好的团队协作精神和全局观念		10			
	小计		50			
合计（自评×20% + 互评×40% + 教师评×40%）						

表7-9 小组成员评价表

班级		小组		姓名	
任务名称		郑欧班列作业技能			
评价项目	评价标准	参考分值	评价得分		
			自评	组内互评（平均）	教师评价
基本素养	参与活动的态度	10			
	语言表达与沟通能力	5			
	团队合作	5			
专业知识和技能	掌握相关的专业基础知识	10			
	在小组任务完成中能应用所学相关专业知识，发挥专业技能水平	20			
	小计	50			
合计（自评×20%＋互评×40%＋教师评×40%）					

注：1. 学生实际得分＝小组评价得分＋小组成员评价得分；
2. 考评满分为100分，59分及以下为不及格；60～70分为及格；71～89分为良好；90分及以上为优秀。

拓展提升

郑州中心站国际集装箱作业流程

一、营业厅

（一）发送

（1）受理货运员审核客户提报的货物运单，录入场站系统，并提报运输计划。

（2）预约货运员根据客户的预约目的及中心站堆场规则合理安排箱区箱位。加盖有"郑州报关"字样的运单预约至海关监管区（H区），班列国际箱预约至主箱区4行。

（3）核算货运员审核货物运单，正确填制货票核收运杂费。及时与场站调度进行发送票据交接。

（二）到达

（1）交付货运员接收审核到达货票，按规定交付及整理到达货票。

（2）预约货运员根据国际集装箱堆放箱位及客户的预约提箱时间及时进行预约提箱。

（三）其他

（1）统计：按要求正确统计国际箱的各项数据并及时上报有关部门。

（2）进款：对客户每天产生的运输费用进行汇总抵扣，并将运输收入及时正确上缴上级收入部门。

二、外勤

（一）发送

（1）货物进门前，对上站的集装箱箱况及货物装载情况进行检查，超过100千克的货物必须按装箱方案装载，对无法确认内装货物的集装箱可利用安检仪进行检查。

（2）门检货运员在货物进门时根据运单预约信息指导集装箱堆放位置。监管货物为海关监管区（H区），其行班列箱为主箱区4行。

（3）海关监管集装箱进入监管区后，正面吊及时将海关监管集装箱按堆场规则卸入相应发送货位，由正面吊司机在场站系统中进行反馈。

（4）海关监管货物的站内装箱在海关监管区进行。进行站内装箱的空箱卸入相应的装掏箱区，等待装箱。发货人将办理的装箱手续交装掏箱组，装掏箱组及时进行装箱并按规定拍照。

（5）正面吊司机及时对进入海关监管区的集装箱及货物做"运抵报告"。

（6）场站调度及时与圃田车站联系配车情况，及时通知客户将海关监管箱搬移至主箱区或直接装车，原则是按上站先后顺序配装（特殊情况除外）。

（7）外勤货运员认真做好装车前、装车后三检。

（二）到达

（1）场站调度接到到达的票据后，先检查封套上是否加盖海关监管货物章，然后在录入货票时核对是否有海关监管货物章。确定有无关封文件。发现符合上述条件任意一项时，在运单上标注海关监管货物符号，以备交付货运员对监管货物单据进行管理。

（2）客户需将监管箱搬移海关监管区时，须提供加盖有单位公章的监管箱号表交于值班员或场站调度，场站调度按监管箱号表下达搬移计划，由客户提供的集卡车将主箱区的监管集装箱平移至海关监管区。

（3）正面吊及时将平移至海关监管区的集装箱按堆场规则卸入相应到达货位，正面吊司机对当日到达的监管集装箱清仓、检查封印。及时对进入海关监管区的集装箱做"运抵报告"。

（4）海关验货放行后，且在营业厅办理完换票交付手续后，方可提取货物或集装箱出站。

（5）海关监管的货物站内掏箱在海关监管区进行。海关放行后需掏箱时，收货人将办理的掏箱手续交装掏箱组，装掏箱组及时进行掏箱作业。

三、其他

（1）到达或发送的海关监管集装箱暂时由客户派集卡进行主箱区与海关监管区之间的平移。

（2）海关监管货物的装掏箱交费手续及办理流程与内贸箱相同。

（3）按照海关的要求，海关监管区按出口区、进口区、掏装箱区、待查区、暂留区五个区划分，且以20英尺为单位进行"街、贝、行、层"规划。

巩固提高

一、名词解释

1. 多式联运
2. 国际多式联运
3. 甩挂运输
4. 郑欧班列

二、选择题

1. 以下哪些是多式联运构成的要素（　　）。

   A. 多式联运经营人　　　　　　　　　　　　B. 发货人

C. 契约承运人和实际承运人　　　　　　D. 收货人
2. 多式联运的组织形式有（　　）。
   A. 海陆　　　B. 陆空　　　C. 海空　　　D. 海海
3. 陆桥运输的组织形式有（　　）。
   A. 西伯利亚大陆桥　　　　　　B. 新欧亚大陆桥
   C. 北美大陆桥　　　　　　　　D. 小陆桥运输
   E. 微桥运输
4. 甩挂运输是（　　）的现代化物流新形态。
   A. 网络化　　　B. 现代化　　　C. 信息化　　　D. 组织化
5. （　　）是甩挂运输必备的几个要素。
   A. 货源　　　B. 公路网络　　　C. 车辆　　　D. 场站
6. 郑欧班列不经过以下哪些国家（　　）。
   A. 美国　　　B. 俄罗斯　　　C. 英国　　　D 德国
7. 郑欧班列的预订通过（　　）。
   A. 12306 网站　　　　　　　　B. 营业厅
   C. 办理站的办公电话　　　　　D. 铁道部
8. 郑欧班列所发集装箱每箱均施（　　）。
   A. 海关关锁　　　　　　　　　B. 企业自备施封锁
   C. 铁路施封锁　　　　　　　　D. 代理人施封锁

三、判断题

1. 郑欧班列途经 7 个国家。　　　　　　　　　　　　　　　　　　　　（　　）
2. 郑欧班列全程 10 245 千米。　　　　　　　　　　　　　　　　　　（　　）
3. 郑欧班列从郑州圃田始发，由满州里出境。　　　　　　　　　　　（　　）
4. 多式联运是一票到底，实行单一运费率的运输。发货人只要订立一份合同一次付费，一次保险，通过两张单证即可完成全程运输。　　　　　　　　　　　　（　　）
5. 北美地区的陆桥运输只有小陆桥运输组织形式。　　　　　　　　　（　　）
6. 从事甩挂运输的牵引车，一般会配备三台左右的挂车来提高运输效率。（　　）

四、简答题

1. 多式联运有什么特点？
2. 开展甩挂运输的条件支撑是什么？
3. 甩挂运输模式有哪几种？
4. 郑欧班列的优势有哪些？
5. 郑欧班列的开行时间是什么？
6. 郑欧班列途经哪些国家？

五、实训题

1. 某单位有一批耐火砖 200 吨，需运往德国的汉堡，请做出运输计划，并简述办理程序。
2. 如何正确地在集装箱上施封？
3. 对于单件重量超过 100 千克，且规格、重量不同的货物，应如何保证装载均匀？

项目八 特种物品运输作业实务

项目目标

- ◆ 熟悉危险品的分类和特性,掌握危险品运输的要求和规程
- ◆ 理解鲜活易腐物品的分类和特性,掌握鲜活易腐物品运输的要求
- ◆ 清楚超限大件物品的相关规定,掌握超限大件物品运输的业务流程
- ◆ 培养良好的职业道德,具备人际沟通和团队协作的能力

任务一　危险品运输

任务情境：

据中广网报道：2013年2月1日上午9点，连霍高速渑池段服务区附近一辆载满烟花爆竹的货车发生爆炸，引起桥面断裂，事故造成26人死亡。

上午9点左右，一辆装载烟花爆竹的货车自西向东行驶在连霍高速河南三门峡渑池段741千米处的义昌大桥时，突然发生爆炸，导致义昌大桥目前南半幅被全部炸毁，北半幅桥板也有一些松动，已经造成了连霍高速双向断行，现场的情况触目惊心，如图8-1所示。

记者看到由于义昌大桥是公路桥，它的桥墩离地有几十米高，南半幅被炸毁之后很多大货车从桥上掉下去，桥下可以看到一些严重的擦撞痕迹，桥面也变得焦黑，桥墩下还有一些大货车的残骸。

图8-1　事故救援现场

任务要求

阅读任务情境资料，以小组为单位，讨论分析：
（1）此次事故发生的原因是什么？
（2）如何预防此类事故的发生？

运输作业实务

知识准备

一、危险品运输的定义

危险品运输是特种货物运输的一种，是指专门的组织或技术人员对非常规物品使用特殊车辆进行的运输。一般只有经过国家相关职能部门严格审核，并且拥有能保证安全运输危险货物的相应设施设备，才能有资格进行危险品运输。

二、危险品的定义

危险品是指具有爆炸、易燃、毒害、感染、腐蚀等危险特性，在生产、经营、运输、储存、使用和处置中，容易造成人身伤亡、财产损毁或者环境污染而需要特别防护的物质和物品。

三、危险品的分类

根据所具有的不同危险性，危险品共分为九大类。

（一）爆炸品

爆炸品指在外界作用下（如受热、撞击等），能发生剧烈的化学反应，瞬时产生大量的气体和热量，使周围压力急骤上升，发生爆炸，对周围环境造成破坏的物品，也包括无整体爆炸危险，但具有燃烧、抛射及较小爆炸危险，或仅产生热、光、音响或烟雾等一种或几种作用的烟火物品。标志如图 8-2 所示。

图 8-2 爆炸品标志

爆炸品按危险性又分为以下五项：

（1）整体爆炸品：具有整体爆炸危险的物质和物品，如黑火药，TNT 炸药等，如图 8-3 所示。

图 8-3 黑火药

（2）抛射爆炸品：具有抛射危险，但无整体爆炸危险的物质和物品。

（3）燃烧爆炸品：具有燃烧危险和较小爆炸或较小抛射危险，或两者兼有，但无整体爆炸危险的物质和物品。

（4）一般爆炸品：无重大危险的爆炸物质和物品，本项货物危险性较小，万一被点燃或引爆，其危险作用大部分局限在包装件内部，而对包装件外部无重要危险。

（5）不敏感爆炸品：非常不敏感的爆炸物质，本项货物性质比较稳定，在着火试验中不会爆炸。如铵油炸药等，如图 8-4 所示。

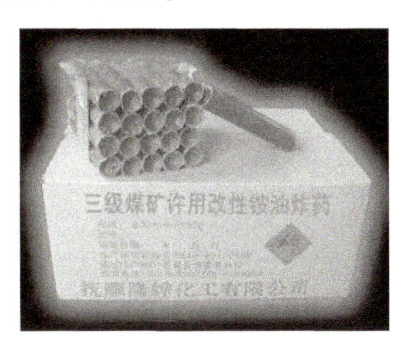

图 8-4　铵油炸药

（二）气体

气体指易燃的气体、混合气体等，包括压缩气体、液化气体、溶解气体和冷冻液化气体、一种或多种气体与一种或多种其他类别物质的蒸气的混合物、充有气体的物品和烟雾剂。标志如图 8-5 所示。

图 8-5　气体标志

（1）易燃气体，如 H_2、C_2H_2、CH_4、石油气等。
（2）非易燃无毒气体，如 CO_2、N_2、O_2、惰性气体等。
（3）毒性气体，如 Cl_2、CO、SO_2 等。

另外装有摩丝、发胶、氧气、打火机充气水等的容器也归为此类，如图 8-6 所示。

图 8-6　定型摩丝和打火机充气罐

（三）易燃液体

易燃液体指闭杯试验闪点不高于 60.5℃，或其开杯试验闪点不高于 65.6℃时放出易燃蒸气的液体或液体混合物，或是在溶液或悬浮液中含有固体的液体，如酒精、汽油、柴油、乙醚等。标志如图 8-7 所示。

图 8-7　易燃液体标志

（四）易燃固体、易于自燃的物质、遇水放出易燃气体的物质

（1）易燃固体：燃点低，对热、撞击、摩擦敏感，易被外部火源点燃，燃烧迅速，并可能散发出有毒烟雾或有毒气体的固体，但不包括已列入爆炸品的物质，如红磷、硫磺、镁粉。标志如图 8-8 所示。

图 8-8　易燃固体标志

（2）易于自燃的物质：自燃点低，在空气中易于发生氧化反应，放出热量，而自行燃烧的物品，如白磷（黄磷），硝化纤维胶片。标志如图 8-9 所示。

图 8-9　自燃物品标志

（3）遇水放出易燃气体的物质：遇水或受潮时，发生剧烈化学反应，放出大量的易燃气体和热量的物品。有些不需明火，即能燃烧或爆炸，如金属钾、金属钠、电石等。标志如图 8-10 所示。

图 8 - 10　遇湿易燃物品标志

（五）氧化性物质和有机过氧化物

（1）氧化性物质：本身不一定可燃，但通常因放出氧或起氧化反应可能引起或促使其他物质燃烧的物质，如次氯酸钠（84 消毒液），高锰酸钾、双氧水等。标志如图 8 - 11 所示。

图 8 - 11　氧化性物质标志

（2）有机过氧化物：指分子组成中含有过氧基的有机物，其本身易燃易爆，极易分解，对热、震动或摩擦极为敏感，如过氧乙醚、过氧化苯甲酰等。标志如图 8 - 12 所示。

图 8 - 12　有机过氧化物标志

（六）毒性物质和感染性物质

（1）毒性物质：经吞食、吸入或皮肤接触后可能造成死亡或严重受伤或健康损害的物质，如砒霜、苯酚、甲醇、生漆等，特别是来源于动植物的毒素，若不具有传染性也当归为此类。标志如图 8 - 13 所示。

（2）感染性物品：含有病原体的物质，包括生物制品、诊断样品、基因突变的微生物、生物体和其他媒介，如病毒蛋白等。标志如图 8 - 14 所示。

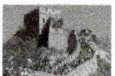

图 8-13　毒性物质标志

图 8-14　感染性物品标志

（七）放射性物质

放射性物质含有放射性核素且其放射性活度浓度和总活度都分别超过国家规定的豁免值的物品，如镭、铀、钴-60、硝酸钍、二氧化铀、乙酸铀酰锌、镅片。标志如图 8-15 所示。

图 8-15　放射性物质标志

（八）腐蚀性物质

腐蚀性物质指通过化学作用使生物组织接触时造成严重损伤或在渗漏时会严重损害甚至毁坏其他货物或运载工具的物质。标志如图 8-16 所示。本类货物按化学性质分为三项：

图 8-16　腐蚀性物质标志

（1）酸性腐蚀品，如硫酸、盐酸、硝酸、高氯酸、五氧化二磷等。
（2）碱性腐蚀品，如氢氧化钠、氢氧化钙、氢氧化钾等。
（3）其他腐蚀品，如二氯乙醛、苯酚钠等。

（九）杂项危险物质和物品

本类是指存在危险但不能满足其他类别定义的物质和物品，标志如图 8-17 所示。

图 8-17 杂项危险物质和物品

本类包括如下物质：
（1）以微细粉尘吸入可危害健康的物质，如石棉。
（2）会放出易燃气体的物质，如聚苯乙烯珠体和塑料模料。
（3）锂电池组，如锂离子或锂聚合物电池芯及电池。
（4）救生设备，如自动充气的救生设备。
（5）一旦发生火灾可形成二噁英的物质和物品，如多氯联苯，液态或固态多卤联苯。
（6）在高温下运输或提交运输的物质，是指在液态温度达到或超过100℃，固态温度达到或超过240℃条件下运输的物质。
（7）危害环境的物质，包括污染水生环境的液体或固体物质，以及这类物质的混合物，如制剂和废物。
（8）不符合毒性物质或感染性物质定义的经基因修改的微生物和生物体。

任务实施

步骤一：教师导入任务情境，引出本次任务，并强调任务要求。
步骤二：以小组为单位进行讨论、完成任务。
步骤三：小组代表发言，阐述对危险品运输的理解。
步骤四：小组互评，教师点评（见表8-1和表8-2）。

任务评价

表 8-1 小组评价表

班级		小组			
任务名称		危险品运输技能训练			
考核项目	评价标准	参考分值	评价得分		
			自评	组间互评（平均）	教师评价
任务完成	按时正确完成任务	20			
	操作规范，具有良好的安全作业意识	20			
	具有良好的团队协作精神和全局观念	10			
	小计	50			
合计（自评×20% + 互评×40% + 教师评×40%）					

表8-2 小组成员评价表

班级		小组		姓名	
任务名称		危险品运输技能训练			
评价项目	评价标准	参考分值	评价得分		
			自评	组内互评（平均）	教师评价
基本素养	参与活动的态度	10			
	语言表达与沟通能力	5			
	团队合作	5			
专业知识和技能	掌握相关的专业基础知识	10			
	在小组任务完成中能应用所学相关专业知识，发挥专业技能水平	20			
	小计	50			
合计（自评×20% + 互评×40% + 教师评×40%）					

注：1. 学生实际得分 = 小组评价得分 + 小组成员评价得分；
    2. 考评满分为100分，59分及以下为不及格；60~70分为及格；71~89分为良好；90分及以上为优秀。

拓展提升

危险品运输注意事项

危险品具有特殊的物理、化学性质，运输中如防护不当，极易发生事故，并且事故所造成的后果较一般车辆事故更加严重。因此，为确保安全，在危险品运输中应注意以下八点：

（一）注意包装

危险品在装运前应根据其性质、运送路程、沿途路况等采用安全的方式包装好。包装必须牢固、严密，在包装上做好清晰、规范、易识别的标志。

（二）注意装卸

危险品装卸现场的道路、灯光、标志、消防设施等必须符合安全装卸的条件。装卸危险品时，汽车应在露天停放，装卸工人应注意自身防护，穿戴必需的防护用具。严格遵守操作规程，轻装、轻卸，严禁摔碰、撞击、滚翻、重压和倒置，怕潮湿的货物应用篷布遮盖，货物必须堆放整齐，捆扎牢固。不同性质的危险品不能同车混装，如雷管、炸药等切勿同装一车。

（三）注意用车

装运危险品必须选用合适的车辆，爆炸品、一级氧化剂、有机氧化物不得用全挂汽车列车、三轮机动车、摩托车、人力三轮车和自行车装运；爆炸器、一级氧化剂、有机过氧物、一级易燃品不得用拖拉机装运。除二级固定危险品外，其他危险品不得用自卸汽车装运。

（四）注意防火

危险品运输忌火。危险品在装卸时应使用不产生火花的工具，车厢内严禁吸烟，车辆不得靠近明火、高温场所和太阳暴晒的地方。装运石油类的油罐车在停驶、装卸时应安装好地线，行驶时，应使地线触地，以防静电产生火灾。

（五）注意驾驶

装运危险品的车辆，应设置GB13392-2005《道路运输危险货物车辆标志》规定的标志。汽车运行必须严格遵守交通、消防、治安等法规，应控制车速，保持与前车的距离，遇有情况提前减速，避免紧急刹车，严禁违章超车，确保行车安全。

（六）注意漏散

危险品在装运过程中出现漏散现象时，应根据危险品的不同性质，进行妥善处理。爆炸品散落时，应将其移至安全处，修理或更换包装，对漏散的爆炸品及时用水浸湿，请当地公安消防人员处理；储存压缩气体或液化气体的罐体出现泄漏时，应将其移至通风场地，向漏气钢瓶浇水降温；液氨漏气时，可浸入水中。其他剧毒气体应浸入石灰水中。易燃固体物品散落时，应迅速将散落包装移于安全处所，黄磷散落后应立即浸入水中，金属钠、钾等必须浸入盛有煤油或无水液体石蜡的铁桶中；易燃液体渗漏时，应及时将渗漏部位朝上，并及时移至安全通风场所修补或更换包装，渗漏物用黄砂、干土盖没后扫净。

（七）注意停放

装载危险品的车辆不得在学校、机关、集市、名胜古迹、风景游览区停放，如必须在上述地区进行装卸作业或临时停车时，应采取安全措施，并征得当地公安部门的同意。停车时要留人看守，闲杂人员不准接近车辆，做到车在人在，确保车辆安全。

（八）注意清厢

危险品卸车后应清扫车上残留物，被危险品污染过的车辆及工具必须洗刷清毒。未经彻底清毒，严禁装运食用、药用物品、饲料及动植物。

任务二　鲜活易腐物品运输

任务情境：

"西南货物快运列车"抢滩苹果运输市场

2014年9月30日，位于云南省昭通市的昭通南站，通过"西南货物快运列车"运输的565件昭通苹果正在进行装车作业，它们将被运往六盘水、贵阳、成都、重庆等地区销售。据了解，自9月16日开行"西南货物快运列车"以来，短短半个月昭通南站通过快运列车运出的苹果达到3600余件。

昭通南站是六盘水车务段管辖的一个五等小站，这里盛产的昭通苹果名冠西南三省一市，年产量达到40余万吨。早在"西南货物快运列车"开行前，该段货运营销小组就盯上了这块"肥肉"，通过采取降低运输价格、提升服务质量、开展接取送达等多种措施来吸引果农。如图8-18所示。

图8-18　苹果成熟

运输作业实务

9月中旬大批量的昭通苹果上市销售,"西南货物快运列车"如一阵春风吹进果农家中,"低运价、小批量、门到门"等多种运输方式切合了果农的实际需求。

"以前,每到苹果成熟的季节我就犯愁,成千上万吨苹果要运出乌蒙大山绝非易事,如今便民货运列车开到了家门口,为我们苹果销售带来了极大的方便。"昭通市昭阳区洒渔乡巡龙村村民马召勇黝黑的脸上满是笑意。来源:中国铁道网

任务要求

阅读任务情境资料,以小组为单位,以铁路运输工作人员的角度讨论分析:

为确保昭通苹果质量,及时运送到消费者手中,运输人员应采取什么措施?注意哪些操作事项?

知识准备

一、鲜活易腐物品

鲜活易腐物品是指在运输过程中,需要采取一定措施,以防止死亡和腐烂变质的物品。鲜活易腐物品分为易腐物品和活动物两大类,其中占比例最大的是易腐物品。

(一)易腐物品

易腐物品是指在一般条件下保管和运输时,极易受到外界气温及湿度的影响而腐坏变质的物品,主要包括肉、鱼、蛋、水果、蔬菜、冰、鲜活植物等,如表8-3所示。

表8-3 常见易腐物品运输温度表

名 称	运输温度℃	相对湿度%	名 称	运输温度℃	相对湿度%
冻结牛肉	-11.1 ~ -9.4	90 ~ 95	苹果	-0.6 ~ 0	85 ~ 88
冻蛋	-12.2 ~ -9.4	60	柑桔	3.9 ~ 4.4	85
鲜肉	0 ~ 1.1	90	白菜	0 ~ 1.1	90 ~ 95
猪油	0.6 ~ 4.4		香蕉	11.6 ~ 12.7	75
干鱼	4.4 ~ 10		干果	0 ~ 10	70 ~ 75

易腐物品按照其温度状况(即热状态)的不同,又可分为三类。

(1)冻结物品:是指经过冷冻加工成为冻结状态,温度达到承运温度范围内的易腐物品,如冻鱼、冻肉、冰淇淋等。冻结物品的承运温度(除冰外)应在-10℃以下。

(2)冷却物品:是指经过预冷处理后物品温度达到承运温度范围之内的易腐物品,如经过冷却的水果、蔬菜和夹冰鱼虾等。冷却物品的承运温度,除香蕉、菠萝为11 ~ 15℃外,其他冷却物品的承运温度均在0 ~ 7℃之间。

(3)未冷却物品,是指未经过任何冷冻工艺处理,完全处于自然状态的易腐物品。例如,采收后以初始状态提交运输的瓜果、鲜蔬菜,还有花苗、树苗等鲜活植物。

(二)活动物

活动物包括禽、畜、兽、蜜蜂、活鱼以及鱼苗等。

二、鲜活易腐物品运输的特点

（1）季节性强，运量波动变化大。
（2）品种多，运输工作复杂。
（3）运距长，运输时间紧迫。
（4）批量小，去向分散。
（5）物品质量易受外界气温、湿度和卫生条件的影响。

三、鲜活易腐物品运输设备

（一）陆地运输类

1. 冷藏卡车

一般是指一体式的卡车，其制冷箱体是固定在底盘上的，也可以是多功能面包车，车厢后部与驾驶室分开并且进行绝热处理以保持货物温度，如图 8-19 所示。

图 8-19 冷藏卡车

2. 冷藏拖车

拖头牵引的制冷拖车是另外一种运输方式，如图 8-20 所示。与安装在卡车上的独立式机组相似，安装在拖车车厢上的拖车机组尺寸更大，适应于需要更大制冷量的拖车厢体。拖车的制冷机组安装在箱体的前端，调节的空气通过拖车厢内顶部的风槽将冷空气送到车厢的各个部位并最终在压差的作用下回到制冷机组。

图 8-20 冷藏拖车

3. 铁路冷藏集装箱

拖车以及标准的冷藏集装箱都可以被用作铁路冷藏运输，如图 8-21 所示。一种特殊的拖车，被设计成能与火车底盘相匹配，也可通过铁路运输，然后采用标准的公路拖头将拖车拖至最终目的地，这些拖车采用与公路应用一样的制冷机组，经常采用空气悬挂系统。

图 8-21 铁路冷藏集装箱

4. 铁路冷藏车厢

铁路冷藏火车车厢一般采用集成的自带动力制冷机组，其送风系统和拖车的送风系统类似，制冷系统将冷空气送到车厢的顶部，冷空气流经货物，从车厢底部返回。铁路冷藏火车车厢具有大容量的特点，一般最多可运输 113 立方米，45 吨的货物，如图 8-22 所示。

图 8-22 B23 铁路机械冷藏车

（二）水运类

水上冷藏运输主要有两大类，一类是冷藏集装箱，另一类是冷藏船。

1. 冷藏集装箱

冷藏集装箱依靠电力驱动压缩机，其电力由船上的发电机或者便携式发电机提供。当集装箱到达码头之后，被转运到底盘上，这些底盘一般都会装有发电机组。这样，装在底盘上的冷藏集装箱就可以像拖车一样,由拖头牵引,在陆路继续运输,如图8-23所示。

图8-23 水运冷藏集装箱

2. 冷藏船

冷藏船的货舱为冷藏舱,常隔成若干个舱室。每个舱室是一个独立的封闭的装货空间。舱壁、舱门均为气密,并覆盖有泡沫塑料、铝板聚合物等隔热材料,使相邻舱室互不导热,以满足不同货物对温度的不同要求,如图8-24所示。

图8-24 冷藏船

（三）空运类

尽管成本高、温控效果也不尽如人意,运输公司还是选择航空冷藏运输作为一种快速的运输手段,通常用来运输附加值较高,需要长距离运输或者出口的易腐货品,如鲜切花及某些热带水果等。当采用空运时,为了适合飞机某些位置的特殊形状,需要将货品装入集装器（ULD,也称为航空集装箱）,如图8-25所示。

图8-25 航空冷藏集装箱

任务实施

步骤一：教师导入任务情境，引出本次任务，并强调任务要求。
步骤二：以小组为单位进行讨论，完成任务。
步骤三：小组代表发言，阐述苹果运输的具体措施和注意事项。
步骤四：小组互评，教师点评（见表8-4和表8-5）。

任务评价

表8-4 小组评价表

班级		小组		
任务名称		鲜活易腐物品运输技能训练		
考核项目	评价标准	参考分值	评价得分		
^	^	^	自评	组间互评（平均）	教师评价
任务完成	按时正确完成任务	20			
^	操作规范，具有良好的安全作业意识	20			
^	具有良好的团队协作精神和全局观念	10			
	小计	50			
合计（自评×20%+互评×40%+教师评×40%）					

表8-5 小组成员评价表

班级		小组		姓名	
任务名称		鲜活易腐物品运输技能训练			
评价项目	评价标准	参考分值	评价得分		
^	^	^	自评	组内互评（平均）	教师评价
基本素养	参与活动的态度	10			
^	语言表达与沟通能力	5			
^	团队合作	5			
专业知识和技能	掌握相关的专业基础知识	10			
^	在小组任务完成中能应用所学相关专业知识，发挥专业技能水平	20			
	小计	50			
合计（自评×20%+互评×40%+教师评×40%）					

注：1. 学生实际得分＝小组评价得分＋小组成员评价得分；
   2. 考评满分为100分，59分及以下为不及格；60~70分为及格；71~89分为良好；90分及以上为优秀。

拓展提升

鲜活易腐物品运输注意事项

（一）受理

托运鲜活物品，应提供最长运输期限及途中管理、照料事宜的说明书和有关部门提供的动植物检疫证明和准运手续，对于运输途中需要饲养和照料的动、植物，托运人必须派人押运。对于易腐需冷藏保温的货物，托运人应提供货物的冷藏温度和在一定时间的保持温度。鲜活、易腐物品原则上专车专运，不得与其他货物混装。

（二）装载

对装载水果、蔬菜、鲜活植物等，各货件之间应留有一定的间隙，使空气能在货件间充分流动。车厢底板最好有底格，装货时应使货件与车壁留有适当空隙，以便使经由车壁和底板传入车内的热量，可以由空气吸收而不至直接影响货物，至于易腐物品，除冷冻货物应采用紧密堆码不留空隙（使货物本身积蓄的冷量不易散失），对本身不发热的某些冷冻货物（如冷冻鱼虾），虽可以采用紧密堆码法，但应防止过分紧压，以免损伤物体，影响质量。对于活口动物，如牛、马需用绳索拴牢在高栏板内，禽、兽及其他小动物须用集装笼或专用工具，固定在车厢内，保持平稳、妥当。

（三）运送

对鲜活物品应及时运送，运行中不得随便紧急制动，应配合押运人定时停车照料。易腐物品要快速运输，压缩货物在途中的时间，以保障货运质量。

任务三　超限大件物品运输

任务情境：

新疆都市报讯　连霍高速小草湖收费站处，往乌鲁木齐方向的超宽车道卡住了一辆拉载大件化工设备的半挂牵引货车，巨大的罐体塞满了车道，如图8-26所示。

图8-26　大件化工设备运载货车被卡

运输作业实务

"这一卡住，其他超宽车就没法通过了，整整一夜，我们派人专门分流超宽货车至312国道绕行。"高等级公路交警支队吐鲁番大队副大队长花丰说。

超宽车道为4.6米宽，但因司机驾驶时判断失误，导致右侧卡住了。天亮后，民警们赶紧联系吊车，中午14时许，260吨的大吊车到了收费站，吊车固定好后，民警将该路段临时管制，开始对被卡货车进行"解救"。没想到，这个庞然大物竟很难被吊起。"一时大家又开始想办法，把后轮垫高，吊车配合将卡在柱子处的设备突出处微调旋转，尽量错开立柱，平板车拖着货车一起加油，将车'拽'了出来。"民警说，"设备上的一个盖子和水泥立柱都损坏了。"

民警介绍，司机武某的驾驶证上显示，武某在今年6月考取了A2驾照，目前尚处在实习期，而根据交通安全法规定，即便有老司机陪驾，武某也不能驾驶牵引车、牵引挂车。因此他将面临200元的处罚。

31岁的武某告诉民警，他才开上这辆牵引车几天，是从南京出发将设备送往乌鲁木齐。据了解，使用吊车的费用就有2万多元，而武某还将承担并赔偿收费站的损失及设备的损失。

任务要求

阅读任务情境资料，以小组为单位，讨论分析：
此次事故发生的原因是什么？如何做好超限大件物品的运输？

知识准备

一、超限大件物品运输的定义

超限大件物品运输是指被运输的设备、构件或货物，其外形尺寸长度、宽度、高度、重量超过了运输部门或交通部门所规定的范围，而采用了特殊设备和措施来进行运输作业，如图8-27所示。

图8-27 超限大件运输

二、超限大件物品类型

我国公路运输主管部门现行规定的公路超限大件物品外形、尺寸和重量要求如下：
(1) 长度在 14 米以上，或宽度在 3.5 米以上，或高度在 3 米以上的货物。
(2) 重量在 20 吨以上的单体货物或不可解组（捆）的货物。

公路超限大件物品分为四个级别，如表 8-6 所示。

表 8-6 公路超限大件物品等级表

级别	长度/m	宽度/m	高度/m	重量/t
一	14～(20)	3.5～(4)	3～(3.5)	40～(100)
二	20～(25)	4～(4.5)	3.5～(4)	100～(180)
三	25～(40)	4.5～(5.5)	4～(5)	180～(300)
四	40 以上	5.5 以上	5 以上	300 以上

三、超限大件运输业务流程

（一）办理托运

托运人必须在运单上如实填写超限大件物品的名称、规格、件数、件重、起运日期、收发货人详细地址及运输过程中的注意事项。

（二）理货

调查超限大件物品的几何形状和重量，调查它的重心位置和质量分布情况，查明物品的承载位置和装卸方式，查看特殊大型物品的有关技术经济资料，完成书面形式的理货报告。

（三）验道

查验运输沿线全部道路的路面、路基、纵向坡度、横向坡度及弯道超高处的横坡坡度等，然后根据上述查验结果预测作业时间，编制运行路线图，完成验道报告。

（四）制定运输方案

在充分研究、分析理货报告和验道报告的基础上，制定安全、可靠、可行的运输方案。

（五）签订运输合同

根据托运方填写的委托运输文件及承运方进行理货分析、验道、制定方案的结果，承托双方签订书面形式的运输合同。

（六）运输工作组织

建立临时性的超限大件物品运输工作领导小组负责实施运输方案，执行运输合同和相应的对外联系。

（七）运输统计与结算

完成超限大件物品运输工作各项技术经济指标的统计工作，完成运输工作后按运输合同规定结算运费及相关费用。

任务实施

步骤一：教师导入任务情境，引出本次任务，并强调任务要求。
步骤二：以小组为单位进行讨论，完成任务。
步骤三：小组代表发言，阐述对危险品运输的理解。

运输作业实务

步骤四：小组互评，教师点评（见表8-7和表8-8）。

任务评价

表8-7 小组评价表

班级		小组			
任务名称		超限大件物品运输技能训练			
考核项目	评价标准	参考分值	评价得分		
			自评	组间互评（平均）	教师评价
任务完成	按时正确完成任务	20			
	操作规范，具有良好的安全作业意识	20			
	具有良好的团队协作精神和全局观念	10			
	小计	50			
合计（自评×20%＋互评×40%＋教师评×40%）					

表8-8 小组成员评价表

班级		小组		姓名	
任务名称		超限大件物品运输技能训练			
评价项目	评价标准	参考分值	评价得分		
			自评	组内互评（平均）	教师评价
基本素养	参与活动的态度	10			
	语言表达与沟通能力	5			
	团队合作	5			
专业知识和技能	掌握相关的专业基础知识	10			
	在小组任务完成中能应用所学相关专业知识，发挥专业技能水平	20			
	小计	50			
合计（自评×20%＋互评×40%＋教师评×40%）					

注：1. 学生实际得分＝小组评价得分＋小组成员评价得分；
2. 考评满分为100分，59分及以下为不及格；60~70分为及格；71~89分为良好；90分及以上为优秀。

拓展提升

超限大件运输的特殊性

（一）特殊装载要求

一般情况下超重超大型货物装载在超重型挂车上，需用由高强度钢材和大负荷轮胎制成的超重型牵引车牵引。

（二）特殊运输条件

途经道路和空中设施必须满足所运货物车载和外形的通行需要，有时运前要对道路相关设施进行改造。

（三）特殊安全要求

超限货物一般均为国家重点工程的关键设备，因此运输组织需多部门配合，确保安全，万无一失。

巩固提高

一、名词解释

1. 危险品
2. 腐蚀性物质
3. 鲜活易腐物品
4. 易腐物品
5. 超限大件物品运输

二、选择题

1. 不属于危险品的特性的是（　　）。
   A. 爆炸　　　　　B. 感染　　　　　C. 腐蚀　　　　　D. 蒸发
2. 黑火药和 TNT 炸药属于（　　）。
   A. 整体爆炸品　　B. 燃烧爆炸品　　C. 一般爆炸品　　D. 抛射爆炸品
3. 易于自燃的危险品是（　　）。
   A. 酒精　　　　　B. 红磷　　　　　C. 白磷　　　　　D. 汽油
4. 属于氧化性物质的是（　　）。
   A. 次氯酸钠（84 消毒液）　　　　　B. 二氧化碳
   C. CO　　　　　　　　　　　　　　D. 硫磺
5. 锂聚合物电池芯属于哪种危险品（　　）。
   A. 腐蚀性物质　　　　　　　　　　B. 放射性物质
   C. 爆炸品　　　　　　　　　　　　D. 杂项危险物质和物品
6. 下列属于鲜活易腐物品的是（　　）。
   A. 真空包装的金鸽牌瓜子　　　　　B. 冰冻带鱼块
   C. 金星纯生啤酒　　　　　　　　　D. 根雕艺术品
7. 鲜活易腐物品中占比例最大的是（　　）。
   A. 活动物　　　　B. 瓜果蔬菜　　　C. 鲜肉类　　　　D. 易腐物品
8. 不属于冻结物品的是（　　）。
   A. 冻鱼　　　　　B. 夹冰鱼虾　　　C. 冻牛肉　　　　D. 冰淇淋
9. 公路超限大件物品是（　　）。
   A. 长度在 15 米以上　　　　　　　B. 宽度在 35 米以下
   C. 高度在 3 米以上　　　　　　　　D. 重量在 20 吨以下
10. 不属于超限大件运输的特殊性是（　　）。
    A. 特殊装载要求　B. 特殊运输条件　C. 特殊包装要求　D. 特殊安全要求

三、简答题

1. 危险品主要有哪几类？
2. 简述危险品运输的注意事项。
3. 鲜活易腐物品主要有哪些？
4. 简述鲜活易腐物品运输的特点。
5. 简述超限大件运输业务流程。

参考文献

[1] 孙玉直,邵清东. 运输作业实务[M]. 北京:中国劳动社会保障出版社,2013.

[2] 关善勇. 物流运输管理实务[M]. 武汉:华中科技大学出版社,2013.

[3] 韦克俭. 实用商流与物流经济地理[M]. 北京:清华大学出版社,2013.

[4] 毛宁莉. 运输作业实务[M]. 北京:机械工业出版社,2013.

[5] 张理,刘志萍. 物流运输管理[M]. 北京:清华大学出版社,北京交通大学出版社2012.

[6] 苗长川,杨爱花. 运输管理[M]. 北京:清华大学出版社,北京交通大学出版社,2012.